1re et Term BAC PRO

Métiers du Commerce et de la Vente

ANIMER ET GÉRER L'ESPACE COMMERCIAL

2e ÉDITION ACTUALISÉE ET ENRICHIE

OPTION A – COMMERCE

Sous la direction de Dominique Beddeleem :

Carole Ancelin, Naouel Ben Cherifa, Marilyne Dieye, Marc Faivre, Stéphanie Hermetet, Stéphanie Laisney, Sébastien Loichot, Michèle Lorton, Franck Nunes, Marlène Ponthus, Catherine Spagnesi, Marc Steckler, Pascale Stoupy, Valérie Vinet et Tatiana Zuzic

Nathan TECHNIQUE

Édition : Angélique Brézillon, Anna-Tatum Villalba
Coordination artistique : Vincent Rioult
Conception couverture : Vincent Rioult
Conception maquette intérieure : Anne-Danielle Naname
Mise en pages : Ghislaine Geneslay, Jean-Jacques Galmiche
Infographies : Vincent Landrin
Fabrication : Emmanuelle Perrier

Code éditeur : 853373
ISBN : 978-2-09-501930-3

Avec ce livre, une licence i-MANUEL 2.0

Le i-Manuel 2.0, un outil simple d'utilisation qui reprend l'ensemble des contenus de ce livre sous forme numérique et interactive.

Il permet d'accéder au contenu de ce manuel à tout moment et en tout lieu sur un ordinateur ou une tablette. L'utilisateur peut donc passer du papier au numérique et choisir le support qui lui convient le mieux selon le travail à faire et le lieu où il se trouve.

Une véritable interactivité entre l'enseignant et sa classe

- **Vidéoprojeter** en classe les activités, les documents et les corrections pour animer les cours et travailler collectivement.
- N **Feuilleter le livre papier enrichi et le télécharger** pour un usage sans connexion.
- N Bénéficier d'**une banque de ressources.**
- **Piloter la classe** en assurant le suivi du travail des élèves à distance et en cours (recevoir et envoyer du travail, faire des commentaires, intervenir en temps réel).
- **Intégrer et envoyer à la classe**, à un ou plusieurs élèves, **des documents personnels**.
- **Afficher les corrigés** ou la correction individuelle du travail de l'élève.
- **Imprimer** les documents nécessaires pour mettre les élèves en **situation d'examen**.

Des fonctionnalités innovantes pour favoriser l'intérêt, la motivation et l'implication des élèves

- **Saisir les réponses** en travaillant sur ordinateur ou tablette.
- **Faire les activités et les exercices**, préparer ou réviser le cours **en classe ou à la maison**.
- **Accéder** aux **ressources numériques**, vidéos, fichiers élèves (Word, Excel, GeoGebra...).
- **Sauvegarder** au **format Word** le travail effectué dans un dossier (classeur).
- **Envoyer le travail** au professeur.
- **S'enregistrer** pour les activités orales.
- **S'auto-évaluer**.

Toutes les infos et les tutos sur www.nathan.fr/i-manuel2

Avec ce livre, des ressources numériques en accès direct

Flashez les QR Codes avec votre smartphone ou saisissez les mini-liens associés pour accéder à des vidéos, animations, QCM...

SOMMAIRE

Grille d'auto-évaluation des compétences			7
Conseils et outils pour la 1re – Term			9
		COMPÉTENCES	
PARTIE 1	**Assurer les opérations préalables à la vente**		
DOSSIER 1 JouéClub!	Participer à l'approvisionnement et préparer les commandes	• Établir les commandes des produits auprès de la centrale d'achat et/ou d'un fournisseur direct, en tenant compte des contraintes • Préparer les commandes des clients issues de l'omnicanal	25
DOSSIER 2 L'Eau Vive mon magasin Bio	Réceptionner et contrôler les marchandises	• Réceptionner, contrôler et stocker les marchandises (quantitatif et qualitatif) • Effectuer les relances et préparer les retours fournisseurs	39
DOSSIER 3	Gérer les stocks	• Veiller à la gestion rigoureuse des stocks et au réapprovisionnement en tenant compte des règles d'hygiène et de sécurité • Enrichir et exploiter le système d'information commercial	57
DOSSIER 4 BOSE	Agencer la surface de vente en respectant les règles d'hygiène et de sécurité	• Participer à l'agencement de la surface de vente • Veiller au respect des règles d'hygiène et de sécurité • Respecter les règles de valorisation des déchets et réduire le gaspillage	73
DOSSIER 5 Les filles d'abord BOUTIQUE	Fixer le prix de vente	• Établir le prix en fonction de variables commerciales données	89
DOSSIER 6 Carrefour	Participer aux opérations d'inventaire	• Participer aux opérations d'inventaire • Identifier les invendus • Lutter contre la démarque • Étiqueter les produits et les sécuriser	103
DOSSIER 7 zalando	Gérer les retours et les échanges des clients	• Gérer les retours et les échanges des clients	117
SCÉNARIO 1	Assurer les opérations préalables à la vente	• Établir les commandes des produits auprès de la centrale d'achats et/ou des fournisseurs indépendants sélectionnés avec la hiérarchie, en tenant compte des contraintes • Réceptionner, contrôler les marchandises et stocker les marchandises (quantitatif et qualitatif) • Effectuer les relances et préparer les retours fournisseurs • Veiller à la gestion rigoureuse des stocks et au réapprovisionnement en tenant compte des règles de sécurité et d'hygiène • Établir le prix en fonction de variables commerciales données	133

PARTIE 2 Rendre l'unité commerciale attractive et fonctionnelle

DOSSIER 8 KIABI la mode à petits prix	Implanter les produits	• Assurer les opérations préalables à la vente • Mettre en scène l'offre et en assurer la visibilité	143
DOSSIER 9 coffea torréfacteurs passionnés	Mettre en scène l'offre	• Aménager la vitrine et/ou le rayon • Mettre en scène l'offre et en optimiser la visibilité • Accueillir, informer et orienter le client dans l'unité commerciale et à l'extérieur	161
DOSSIER 10 NATURE & DECOUVERTES	Valoriser l'offre sur les sites marchands et les réseaux sociaux	• Valoriser l'offre sur les sites marchands et les réseaux sociaux	175

PARTIE 3 Développer la clientèle

DOSSIER 11 Cultura La culture avec un grand AAAH!	Préparer l'action commerciale	• Proposer des actions commerciales génératrices de trafic dans l'unité commerciale • Sélectionner les gammes de produits à mettre en avant en lien avec la stratégie de l'unité commerciale	191
DOSSIER 12 King Jouet	Mener l'action commerciale et évaluer les résultats	• Participer à la planification et à l'organisation des actions de promotion des marchandises • Communiquer sur l'événement • Participer à l'évaluation et à l'analyse des performances des actions commerciales • Comparer les résultats aux objectifs fixés et proposer des actions correctrices	207
DOSSIER 13 Kalyana	Développer sa clientèle grâce aux canaux digitaux	• Démarcher une nouvelle clientèle • Recourir aux sites marchands et aux réseaux sociaux • Inciter à l'achat par une action commerciale interactive • Générer des contacts positifs, utiles	223
SCÉNARIO 2	Rendre l'unité commerciale attractive et développer la clientèle	• Aménager la vitrine et/ou le rayon • Mettre en scène l'offre et en optimiser la visibilité • Implanter les produits selon une logique commerciale et/ou d'entreprise • Mettre en place la signalétique • Communiquer sur l'événement • Participer à l'évaluation et à l'analyse des performances des actions commerciales	239

ENTRAÎNEMENT À L'ÉPREUVE E2

Entraînement n°1 : Kanata — KANATA 249

Entraînement n°2 : Monoprix — MONOPRIX 261

RESSOURCES

VIDÉOS

• JouéClub, à l'approche de Noël	liennathan.fr/1td93h	25
• À table - Nevers	liennathan.fr/liwwch	37
• Mon magasin bio L'Eau Vive	liennathan.fr/0y3go9	39
• Agréeur/Agréeuse	liennathan.fr/w0j5b1	53
• Découvrir la moutarde française	liennathan.fr/cy043w	57
• Ce que cache le prix (très) élevé des parfums	liennathan.fr/vgob01	89
• Un drone qui révolutionne l'inventaire	liennathan.fr/0imi51	103
• Zalando propose aux internautes d'essayer avant de payer	liennathan.fr/50l3lu	117
• Page d'accueil Shein	liennathan.fr/xtg59k	130
• Kiabi – Les magasins nouveau concept	liennathan.fr/9lnn06	143
• Découvrir Cofféa	liennathan.fr/1c64bn	161
• Les secrets du marketing sensoriel	liennathan.fr/5en9z7	164
• Le supermarché du futur	liennathan.fr/17qb3p	174
• Présentation de l'enseigne Nature & Découvertes	liennathan.fr/8d5a4l	175
• Comment faire une fiche produit qui vend (beaucoup) ?	liennathan.fr/n811gq	182
• Découvrir Cultura	liennathan.fr/7t7zf4	191
• Découvrir King Jouet Groupe	liennathan.fr/27tue5	207
• Chocolat Lindt – Ours Lindt	liennathan.fr/55hp2h	218
• Renforcer sa visibilité grâce aux réseaux sociaux	liennathan.fr/37b9rh	223
• Reciblage (retargeting) ou remarketing, comment ça marche ?	liennathan.fr/36be1d	238

AUTRES RESSOURCES

Accessibles via QR Codes

À VOUS DE JOUER ! — Cette rubrique propose des activités bonus pour favoriser l'animation de la classe (jeux de rôles, quiz, etc.)

ÉCO-DROIT MODULE 1 liennathan.fr/ — Cette rubrique propose des questions supplémentaires en lien avec le programme d'Économie-Droit.

SYNTHÈSE — Une synthèse audio à la fin de chaque dossier permet de mémoriser autrement.

QUIZ SCORE liennathan.fr — Un quiz en ligne permet de se tester sur les savoirs et compétences vus dans chaque dossier.

PICTOGRAMMES

★ ★★ — Niveau de difficulté de l'application.

pix — Compétences pix mobilisées.

Question qui fait appel à une simulation orale.

Conseil – Épreuve E32 Recensez... — Conseils pour préparer l'épreuve écrite.

ÉVALUEZ VOTRE RÉUSSITE

Grille d'auto-évaluation des compétences

Blocs de compétences 4 A : Animer et gérer l'espace commercial

- **Indiquez votre niveau de réussite dans la grille après avoir réalisé la synthèse de chaque dossier et les missions des scénarios.**

1	2	3	4
Non maîtrisé	Insuffisamment maîtrisé	Maîtrisé	Bien maîtrisé

	Dossiers et scénarios	Méta-compétences	Niveaux de compétences 1	2	3	4	Résultats attendus
BLOC 4A	**Dossier 1** Participer à l'approvisionnement et préparer les commandes	**Assurer les opérations préalables à la vente**	☐	☐	☐	☐	Le processus d'achat et d'approvisionnement est maîtrisé dans le respect des coûts et des délais impartis
	Dossier 2 Réceptionner et contrôler les marchandises	**Assurer les opérations préalables à la vente**	☐	☐	☐	☐	• La marchandise sensible est sécurisée • Les dates limites de vente et de péremption des produits sont respectées
	Dossier 3 Gérer les stocks	**Assurer les opérations préalables à la vente**	☐	☐	☐	☐	• L'état des stocks est correctement renseigné et analysé • Les stocks sont optimisés
	Dossier 4 Agencer la surface de vente en respectant les règles d'hygiène et de sécurité	**Rendre l'unité attractive et fonctionnelle** **Assurer les opérations préalables à la vente**	☐	☐	☐	☐	• L'agencement de l'unité commerciale est pertinent et différencié selon les types d'unités commerciales • Les déchets sont valorisés et le gaspillage est réduit • Les règles d'hygiène et sécurité sont scrupuleusement respectées
	Dossier 5 Fixer le prix de vente	**Assurer les opérations préalables à la vente**	☐	☐	☐	☐	Les produits commercialisés sont connus et leurs caractéristiques techniques (et commerciales) sont maîtrisées.
	Dossier 6 Participer aux opérations d'inventaire	**Assurer les opérations préalables à la vente**	☐	☐	☐	☐	Les causes et les conséquences de la démarque sont clairement identifiées et les solutions proposées sont adaptées
	Dossier 7 Gérer les retours et les échanges des clients	**Assurer les opérations préalables à la vente**	☐	☐	☐	☐	Les axes d'amélioration proposés sont réalisables
	Scénario 1 Assurer les opérations préalables à la vente	**Assurer les opérations préalables à la vente**					• Le processus d'achat et d'approvisionnement est maitrisé dans le respect des coûts et des délais impartis • L'état des stocks est correctement renseigné et analysé • Les stocks sont optimisés

	Dossiers et scénarios	Méta-compétences	Niveaux de compétences 1	2	3	4	Résultats attendus
BLOC 4A	**Dossier 8** Implanter les produits	**Rendre l'unité commerciale attractive et fonctionnelle**	▢	▢	▢	▢	• Les enjeux de la mise en valeur des produits et des services associés sont précisés • L'attractivité des produits, des rayons et de l'unité commerciale est analysée et des actions de remédiation sont mises en place le cas échéant
	Dossier 9 Mettre en scène l'offre	**Rendre l'unité commerciale attractive et fonctionnelle**	▢	▢	▢	▢	L'attractivité des produits, des rayons et de l'unité commerciale est analysée et des actions de remédiation sont mises en place le cas échéant
	Dossier 10 Valoriser l'offre sur les sites marchands et les réseaux	**Rendre l'unité commerciale attractive et fonctionnelle**	▢	▢	▢	▢	• L'information est conforme à la politique de l'enseigne, visible et attractive • La politique de communication est en adéquation avec l'offre produit et la clientèle
	Dossier 11 Préparer l'action commerciale	**Développer la clientèle**	▢	▢	▢	▢	• Les propositions d'actions commerciales sont argumentées et cohérentes avec les objectifs à atteindre • Les recommandations de l'enseigne sont respectées
	Dossier 12 Mener l'action commerciale et évaluer les résultats	**Développer la clientèle**	▢	▢	▢	▢	• Les performances commerciales et financières des actions de conquête de nouveaux clients sont contrôlées et évaluées en analysant des tableaux de bord • Les solutions/axes d'amélioration sont justifiées.
	Dossier 13 Développer sa clientèle grâce aux canaux digitaux	**Développer la clientèle**	▢	▢	▢	▢	Les supports utilisés respectent les contraintes et la règlementation et sont attractifs pour les clients actuels et potentiels
	Scénario 2 Rendre l'unité commerciale attractive et développer la clientèle	**Rendre l'unité commerciale attractive et fonctionnelle** **Développer la clientèle**					• L'agencement de l'unité commerciale est pertinent et différencié selon les types d'unités commerciales • L'attractivité des produits, des rayons et de l'unité commerciale est analysée et des actions de remédiation sont mises en place le cas échéant • Les performances commerciales et financières des actions de conquête de nouveaux clients sont contrôlées et évaluées en analysant des tableaux de bord

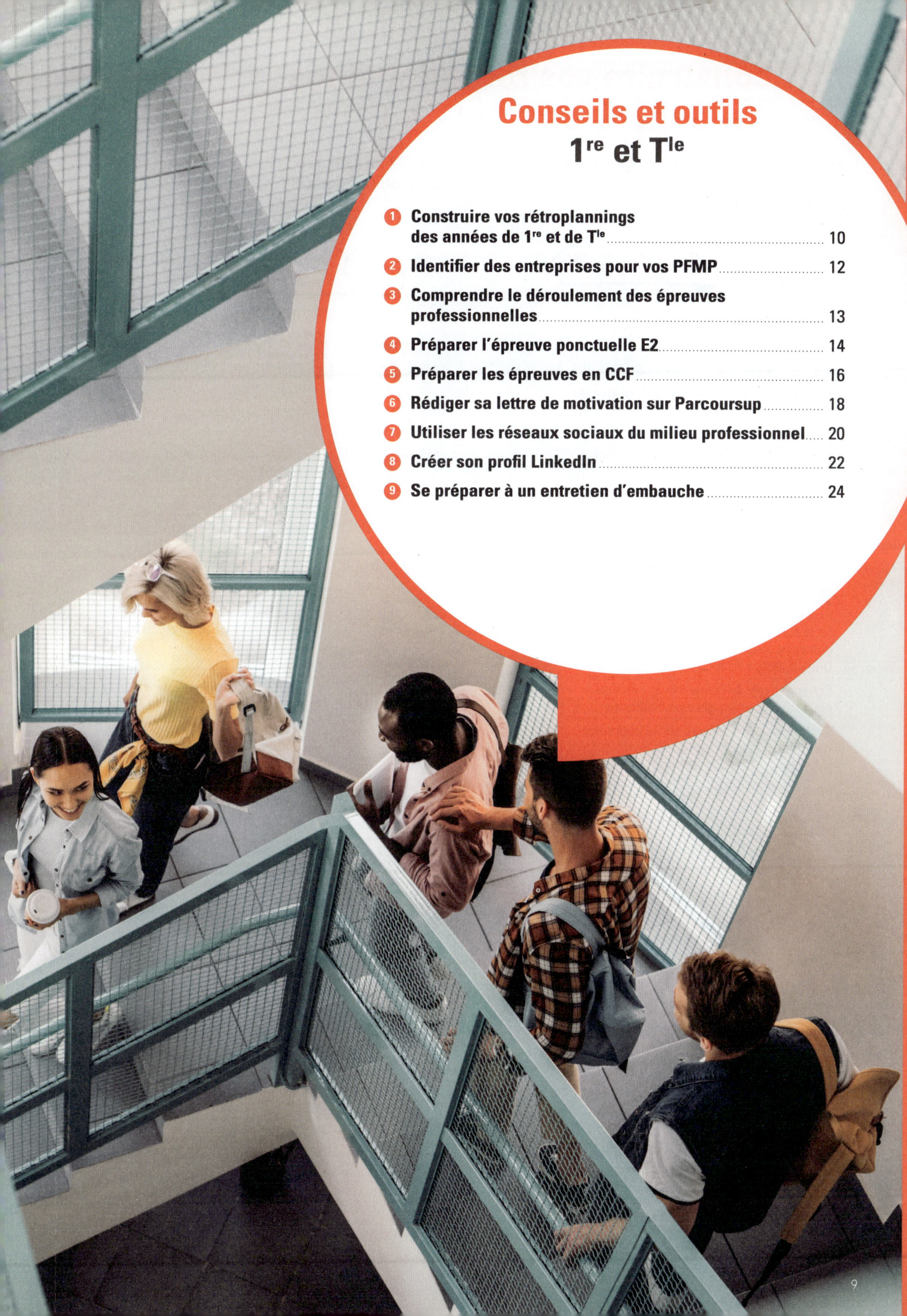

Conseils et outils
1re et Tle

1. Construire vos rétroplannings des années de 1re et de Tle 10
2. Identifier des entreprises pour vos PFMP 12
3. Comprendre le déroulement des épreuves professionnelles 13
4. Préparer l'épreuve ponctuelle E2 14
5. Préparer les épreuves en CCF 16
6. Rédiger sa lettre de motivation sur Parcoursup 18
7. Utiliser les réseaux sociaux du milieu professionnel 20
8. Créer son profil LinkedIn 22
9. Se préparer à un entretien d'embauche 24

1 Construire vos rétroplannings des années de 1re et de Tle

Réalisez vos rétroplannings pour les années de 1re et de Tle en complétant les tableaux suivants. Vous pouvez aussi réaliser ces rétroplannings sur poste informatique et les intégrer à votre portfolio numérique.

Rétroplanning 1re

À FAIRE*	Sept.	Oct.	Nov.	Déc.	Janv.	Fév.	Mars	Avril	Mai	Juin	Juil.	Réalisé
PFMP : SE PRÉPARER / RECHERCHER / METTRE À JOUR SON CV ET SA LETTRE DE MOTIVATION												
Mettre à jour son CV (PFMP 2nde, puis suite aux PFMP de 1re)												☐
Trouver la PFMP 3 et signer la convention												☐
Trouver la PFMP 4 et signer la convention												☐
…………………………												☐
…………………………												☐
…………………………												☐
ORIENTATION : S'INFORMER/ ÉCHANGER												
Créer et mettre à jour son profil LinkedIn												☐
Procéder à une veille informationnelle (actualités liées à sa formation, aux entreprises de son secteur d'activité…) : Onisep, Pôle emploi…												☐
Échanger régulièrement avec l'équipe éducative pour progresser, s'informer…												☐
Participer à des forums sur la poursuite d'études et l'orientation												☐
Prendre RDV avec le/la COPsy pour faire des bilans réguliers												☐
…………………………												☐
…………………………												☐
…………………………												☐
BACCALAURÉAT : S'ENTRAÎNER / S'ORGANISER / METTRE À JOUR SON PORTFOLIO												
Créer son portfolio numérique pour conserver vos travaux professionnels												☐
Mettre à jour son portfolio numérique												☐
Suivre l'actualité pour parfaire sa culture générale (économie et droit, lettres, histoire…)												☐
Réaliser des entraînements à l'oral (sketchs, entretiens d'embauche…)												☐
Créer des fiches de rappel sur bristol par matière												☐
S'entraîner à des études de cas, des oraux et des commentaires structurés												☐
…………………………												☐
…………………………												☐
…………………………												☐

* Liste non exhaustive (à compléter par le professeur).

Rétroplanning T^le^

To do

À FAIRE*	Sept.	Oct.	Nov.	Déc.	Janv.	Fév.	Mars	Avril	Mai	Juin	Juil.	Réalisé
PFMP : SE PRÉPARER / RECHERCHER / METTRE À JOUR SON CV ET SA LETTRE DE MOTIVATION												
Mettre à jour son CV (emplois saisonniers potentiels et PFMP de T^le^)												☐
Mettre à jour son profil LinkedIn (PFMP de 1re, événementiels, compétences supplémentaires...)												☐
Trouver la PFMP 5 de T^le^ et signer la convention												☐
Trouver la PFMP 6												☐
....												☐
....												☐
ORIENTATION : S'INFORMER / SE PREPARER												
Rechercher des informations précises sur les formations, les entreprises (si apprentissage par ex.)...												☐
Participer à des forums ou des salons sur la poursuite d'étude, l'apprentissage, l'emploi...												☐
Identifier les dates et participer aux JPO des formations ciblées												☐
Prendre RDV avec le/la COPsy pour réaliser un bilan												☐
....												☐
....												☐
S'INSCRIRE / COMPLETER SES VOEUX PARCOURSUP												
S'informer sur Parcoursup / Comprendre le fonctionnement, ce qui est attendu												☐
S'inscrire sur Parcoursup												☐
Créer son projet motivé et son CV sur Parcoursup												☐
Saisir ses vœux et les valider sur Parcoursup												☐
Vérifier les vœux retenus et valider ceux qui sont intéressants												☐
....												☐
....												☐
BACCALAURÉAT : S'ENTRAÎNER / S'ORGANISER / METTRE À JOUR SON PORTFOLIO												
Mettre à jour son portfolio numé rique avec les travaux professionnels réalisés en classe de 1re												☐
Réaliser et mettre à jour les travaux professionnels												☐
S'entraîner à des études de cas, des commentaires structurés / S'entraîner aux oraux												☐
Organiser ses révisions / Réaliser un planning personnel												☐
....												☐
....												☐

* Liste non exhaustive (à compléter par le professeur).

2 Identifier des entreprises pour vos PFMP

Listez ci-après les entreprises que vous avez repérées pour la réalisation de vos PFMP de première et terminale. Pour chacune d'elles, indiquez ses coordonnées et le résultat de votre prise de contact. Vous pouvez vous aider des sites ci-dessous.

Stages en entreprises : vos questions, nos réponses (Onisep)
liennathan.fr/9pgrtt

Moteur de recherche d'emploi 1 jeune 1 solution
liennathan.fr/akmyey

Entreprise (nom, coordonnées, responsable à contacter)	Ce qui m'intéresse dans la structure	Structure contactée ?
....	....	☐ Par courrier/mail ☐ Téléphone ☐ Déplacement physique Date : .... Résultat obtenu : ....
....	....	☐ Par courrier/mail ☐ Téléphone ☐ Déplacement physique Date : .... Résultat obtenu : ....
....	....	☐ Par courrier/mail ☐ Téléphone ☐ Déplacement physique Date : .... Résultat obtenu : ....
....	....	☐ Par courrier/mail ☐ Téléphone ☐ Déplacement physique Date : .... Résultat obtenu : ....
....	....	☐ Par courrier/mail ☐ Téléphone ☐ Déplacement physique Date : .... Résultat obtenu : ....
....	....	☐ Par courrier/mail ☐ Téléphone ☐ Déplacement physique Date : .... Résultat obtenu : ....

3 Comprendre le déroulement des épreuves professionnelles

Les compétences, c'est quoi ?
liennathan.fr/ithl9l

Métiers du commerce et de la vente

1 bloc de compétences = 1 épreuve

Bloc 1 : Conseiller et vendre
→ **Sous-épreuve E31 « Vente-conseil »**
Coef. 4
Évaluée en CCF*

Bloc 2 : Suivre les ventes
→ **Sous-épreuve E32 « Suivi des ventes »**
Coef. 4
Évaluée en CCF*

→ Évaluation tout au long de la formation, à partir d'un dossier contenant vos travaux professionnels présentés, pour certains, sous forme de comptes rendus d'activité écrits et oraux.

Bloc 3 : Fidéliser la clientèle et développer la relation client
→ **Sous-épreuve E2 « Fidélisation de la clientèle et développement de la relation client »**
Coef. 4
Épreuve ponctuelle
→ Évaluation, à partir de votre présentation, d'une action de fidélisation menée dans votre PFMP de terminale.

→ La commission d'évaluation comprend :
– votre (vos) professeur(s) d'économie-gestion ;
– votre tuteur en entreprise, dans la mesure du possible.

Bloc 4A : Animer et gérer l'espace commercial
→ **Épreuve E2 « Analyse et résolution de situations professionnelles »**
Coef. 4
Épreuve ponctuelle
→ L'examen écrit prend la forme d'une **étude de cas** (sujet national) avec un contexte professionnel et des documents.
→ Les copies sont corrigées au niveau national et les résultats officiels paraissent début juillet.

Les épreuves en CCF (contrôle en cours de formation) sont évaluées tout au long du cycle de formation, à l'écrit comme à l'oral.

Les épreuves ponctuelles sont évaluées une seule fois à l'écrit en fin d'année de terminale.

4 Préparer l'épreuve ponctuelle E2

Pour réussir l'épreuve E2 « Analyse et résolution de situations professionnelles », vous devez identifier les compétences évaluées (document 1) et connaître les exigences de l'épreuve ainsi que la structure de l'étude de cas.

DOC. 1 Les compétences évaluées par l'épreuve E2

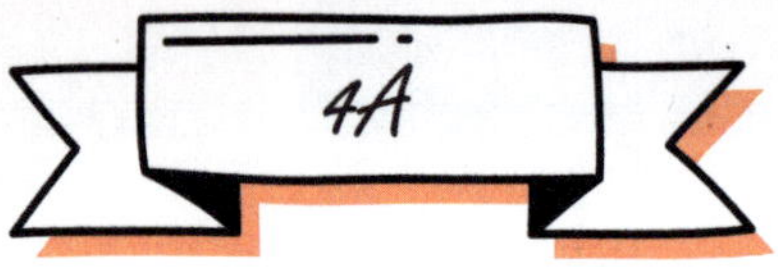

Animer et gérer l'espace commercial

- Assurer les opérations préalables à la vente
- Rendre l'unité commerciale attractive et fonctionnelle
- Développer la clientèle

Présentation du bloc 4A
liennathan.fr/gzhemp

DOC. 2 La présentation de l'épreuve E2

Présentation de l'épreuve E2
liennathan.fr/ut2wmj

1 Visionnez la vidéo du document 1. En quoi les unités commerciales présentées sont-elles plus attractives et fonctionnelles ?

....

....

....

2 Visionnez la vidéo du document 2. Quelles sont les compétences transversales évaluées dans l'étude de cas ?

....

....

....

3 Quels sont les différents niveaux de maîtrise des compétences évaluées ?

....

....

4 Quelles sont les compétences évaluées dans les missions du sujet AGEC ?

....

....

....

Conseils pour préparer le jour J

- *Entraînez-vous régulièrement en faisant des exercices et des études de cas afin d'acquérir une méthode de travail.*
- *Constituez un lexique des termes professionnels, des techniques et méthodes de vente les plus courants.*
- *Entraînez-vous sur les calculs commerciaux.*

Entraînez-vous à l'étude de cas à la fin de l'ouvrage

Exemple de sujet tombé au bac
liennathan.fr/b98zwe

L'étude de cas est structurée en plusieurs parties. Chacune d'entre elles propose un questionnement et des ressources. Le contexte introductif donne les principaux repères sur l'entreprise support. Vous devez être attentif aux quelques points de vigilance ci-dessous (document 2) pour réussir le jour de l'épreuve.

DOC. 2 Epreuve E2 : méthodologie de travail

1 REPÉRER LA CONSIGNE

Le questionnement de l'étude de cas est précis. Il importe de bien saisir le sens de la consigne. La consigne principale est formulée par un verbe qui précise le travail à réaliser. Parmi ces verbes, on trouve : « rédiger », « comparer », « indiquer », « présenter »… Le verbe donne précisément l'étendue de la réponse attendue.

2 RÉDIGER ET METTRE EN FORME VOTRE RÉPONSE

Il n'y a pas forcément d'annexe à compléter. Vous devez mettre en forme votre réponse sur votre copie, ce qui peut être simple ou plus complexe. Ainsi, elle peut consister à :

- reporter simplement une réponse (ex. : « Lister les personnes à contacter ») ;
- concevoir un document type (ex. : « Indiquer dans un tableau de votre conception »), qui peut être clairement défini ou non dans la consigne ;
- mettre en œuvre une technique qui n'est pas forcément précisée dans la consigne (ex. : pour répondre à la consigne implicite « Réaliser la découverte du client », on pourra utiliser la technique de l'entonnoir, par exemple).

3 APPRÉCIER LES INDICATEURS DE RÉUSSITE

La correction de votre copie s'appuie sur des indicateurs de réussite qui vont de 1 à 4. Ces indicateurs permettent au correcteur de situer la qualité et la précision de la réponse attendue.

Ex. : à la question « Établir sous forme de tableau le budget prévisionnel… », le corrigé a prévu plusieurs critères de notation comme la présentation sous forme d'un tableau, la maîtrise des calculs… Ainsi, les calculs faux, non présentés sous forme de tableau, seront logiquement pénalisés.

5 Quelle différence faites-vous entre ces deux consignes « Lister les personnes à contacter » et « classer les personnes à contacter » ?

…………………………………………………………………………

…………………………………………………………………………

…………………………………………………………………………

6 Indiquez d'autres documents types de votre connaissance.

…………………………………………………………………………

…………………………………………………………………………

…………………………………………………………………………

7 Citez d'autres techniques vues en classe ou en entreprise.

…………………………………………………………………………

…………………………………………………………………………

…………………………………………………………………………

8 Quels pourraient être les critères de réussite d'une lettre commerciale, selon vous ?

…………………………………………………………………………

…………………………………………………………………………

…………………………………………………………………………

Retrouvez, à la fin de chaque étude de cas du manuel, une grille d'évaluation avec les critères de réussite du correcteur. Ces grilles peuvent vous aider dans la réalisation de l'étude.

Conseils pour préparer le jour J

- *Prévoyez une montre et une calculatrice (le portable est interdit).*
- *Surlignez les éléments importants : travail à réaliser (consigne), idées principales dans les documents.*
- *Prenez le temps de rédiger intégralement vos réponses sans vous précipiter.*
- *Vérifiez vos calculs et relisez-vous pour éliminer les fautes d'orthographe.*

5 Préparer les épreuves en CCF

Les épreuves en CCF (E31, E32, E33) concernent les blocs 1, 2 et 3. Elles s'appuient sur les activités réalisées en classe ou en entreprise (document 1). Certaines de ces activités pourront être explicitées et détaillées dans un compte rendu d'activités.

1 À l'aide des vidéos, complétez le schéma (document) en ajoutant les compétences évaluées pour chaque épreuve ainsi que des exemples d'activités de votre choix vécues en entreprise.

DOC. Les modalités d'évaluation des épreuves en CCF

E31
« Vente-Conseil »

Bloc 1
« Conseiller et vendre »

Présentation bloc 1
liennathan.fr/d9zn0v

Compétences évaluées

....

....

....

....

....

E32
« Suivi des ventes »

Bloc 2
« Suivre les ventes »

Présentation bloc 2
liennathan.fr/1agty1

Compétences évaluées

....

....

....

....

....

E33
« Fidélisation de la clientèle et développement de la relation client »

Bloc 3
« Fidéliser la clientèle et développer la relation client »

Présentation bloc 3
liennathan.fr/2wd86j

Compétences évaluées

....

....

....

....

....

En lien avec vos PFMP

Évaluation
Comptes rendus d'activité écrits et oraux réalisés tout au long du cycle de formation

Compte rendu d'activités

Exemples d'activités

....

....

....

Évaluation : 2 entretiens oraux
à partir d'une action de fidélisation en entreprise, au cours des 2 PFMP de terminale, présentée à l'aide d'un outil numérique.

Le livret de suivi des compétences

Ce suivi des compétences est assuré par vos professeurs.

Tout au long de votre formation, vous serez amené(e) à croiser les compétences des différents blocs de compétences (blocs 1 à 4). Les travaux réalisés en classe ou en entreprise permettent d'alimenter un livret de suivi des compétences croisées, et parfois évaluées. Le niveau atteint dans chacune des compétences permet aussi de compléter votre livret scolaire.

Compétences du référentiel — *Niveau atteint dans la compétence croisée* — *Date et contexte de la compétence évaluée*

Épreuves	Compétences croisées, observées, évaluées			Niveau de compétences				Lieu de validation			
				MI*	MF*	MS*	TBM*	PFMP	Classe	Projet classe	Autre
E31	Bloc 1 - Conseiller et vendre	**Assurer la veille commerciale**	Rechercher, hiérarchiser, exploiter et actualiser en continu les informations sur l'entreprise et son marché	☐	☐	☑	☐	14/12/N			
			Maîtriser la technologie des produits	☐	☐	☐	☐				

* MI = maîtrise insuffisante (novice) – MF = maîtrise fragile (débrouillé) – MS = maîtrise satisfaisante (averti) – TBM = très bonne maîtrise (expert)

2 **Au vu du livret ci-dessus, que pouvez-vous en déduire sur l'élève évalué le 14 décembre ?**

Vos comptes rendus d'activité

Modèle de compte rendu d'activités
liennathan.fr/qv7f10

Les activités réalisées en classe ou en entreprise peuvent donner lieu à des comptes rendus écrits et oraux. Le compte rendu écrit pourra suivre le modèle ci-contre. Il viendra alimenter le portfolio. Le compte rendu oral avec l'enseignant s'appuiera sur le compte rendu écrit.

Consultez un exemple de compte rendu d'activité écrit à la fin des scénarios.

3 **Repérez les principales rubriques du compte rendu d'activité à télécharger ci-contre.**

Votre portfolio

Le portfolio contient l'essentiel de vos travaux avec vos comptes rendus d'activité. Certains travaux emblématiques de votre formation serviront d'appui pour l'évaluation de vos épreuves en CCF. Le portfolio peut être au format papier ou numérique.

Il est possible d'utiliser une application comme Padlet, Cahier multimédia ou le classeur de votre i-manuel Nathan pour créer votre portfolio numérique.

4 **Créez maintenant votre portfolio avec l'application numérique de votre choix, qui conservera vos travaux tout au long de ces deux années.**

Le classeur de votre i-Manuel 2.0
liennathan.fr/kdudyj

6 Rédiger sa lettre de motivation sur Parcoursup

Dans le cadre de votre poursuite d'études, vous allez devoir formuler des vœux sur Parcoursup. Pour chacun, vous devrez exprimer en quelques lignes vos motivations pour intégrer cette formation. Il s'agit de compléter l'onglet « Projet de Formation Motivé ». Voici donc quelques conseils pour le faire au mieux (documents 1 et 2).

DOC. 1 Les informations préalables nécessaires à la rédaction

- Quelles sont les caractéristiques de la formation (contenus, débouchés ou poursuite d'études, savoir-être et savoir-faire attendus…) ?
- Quel est votre niveau par rapport à ce qui est attendu dans la formation souhaitée ?
- Quelle a été votre démarche pour connaître les modalités de la formation ?
- Quelles sont vos compétences et vos expériences ?

N'hésitez pas à présenter l'ensemble de vos projets ou réalisations entrepris dans le cadre scolaire ou extrascolaire.

DOC. 2 Conseils pour la rédaction

La forme

- 1 500 caractères, police Calibri taille 11 (équivaut à plus d'un quart d'une page A4).
- Une phrase d'introduction, le développement de votre projet et une phrase de conclusion.
- Pas d'en-tête, de date, ni vos coordonnées personnelles (nom, prénom…).
- Pas de fautes d'orthographe, de mauvaise syntaxe. Privilégier des phrases courtes et claires.

Le fond

- Faire un plan logique qui développe les éléments listés dans le schéma ci-dessous et qui soit en adéquation avec les attentes de la formation choisie.
- Pas de copier-coller de votre projet d'une formation à l'autre : vous devez rédiger un projet pour chaque formation souhaitée en adaptant vos compétences et vos savoirs par rapport à ce qui est attendu dans la formation pour laquelle vous postulez.

1 Reportez, dans le schéma ci-dessous, le numéro du conseil correspondant à chaque exemple.

- .... *« Je suis très intéressé par… », « Mes passions sont… »*
- .... *« Mes PFMP m'ont permis de… », « Je pourrais mettre en pratique mes savoirs grâce à mes compétences dans le domaine… »*
- .... *« J'ai constaté sur votre site Internet… », « J'ai rencontré des étudiants lors du forum… »*
- .... *« Dans l'attente de votre réponse… », « En espérant que ma lettre attire votre attention… »*
- .... *« Pour ma part », « à mes yeux », « en ce qui me concerne »… (ne jamais mettre « moi, je… »)*
- .... *« J'ai eu l'occasion de faire un stage à l'étranger grâce à Erasmus… »*

2 Choisissez une formation compatible et cohérente avec votre baccalauréat professionnel d'origine.

3 Réalisez les recherches nécessaires pour vous permettre d'en savoir plus sur la formation retenue (site Onisep, salons...) et vous renseigner sur ce qui est proposé dans l'établissement (portes ouvertes...).

4 Rédigez votre projet de formation motivé, sur l'annexe ou à l'aide d'un logiciel de traitement de texte et de la trame à télécharger ci-contre, en tenant compte de ce que propose l'établissement et en mettant en avant vos compétences, savoir-être et savoir-faire. Vous pouvez vous aider du document 2.

Trame du projet de formation motivé
liennathan.fr/lct1hr

ANNEXE Préparation de votre projet de formation motivé

Conseil : rédigez un brouillon et faites-le valider par vos enseignants. Ne dépassez pas le nombre de caractères préconisés.

Projet de formation motivé

Intitulé de la formation : ....

Secteur d'activité : ....

Établissement concerné : ....

Exprimer votre demande	....
Connaissance de la formation visée	....
Exprimer votre motivation	....
Parler de vous	....
Mobilité	....
Liens avec vos compétences et expériences	....
Formule de politesse	....

7 Utiliser les réseaux sociaux du milieu professionnel

Les réseaux sociaux sont désormais incontournables pour identifier les entreprises qui recrutent. Celles-ci communiquent sur les supports qui correspondent à leur cible. Vous devez réaliser une veille permanente pour être alerté(e) des profils de poste qui pourraient correspondre à vos attentes/recherches en matière d'emploi.

1 Cochez la définition d'un réseau social.

☐ Seul moyen pour communiquer à notre époque
☐ Moyen de mettre en relation les utilisateurs pour échanger/communiquer, s'informer et se distraire
☐ Moyen qui permet de gagner rapidement de l'argent, en étant « créateur de contenus ».

2 Entourez, dans le document 1, les réseaux sociaux utilisés surtout entre professionnels et indiquez oralement à votre professeur leurs spécificités.

DOC. 1 Quelques réseaux sociaux professionnels

** Job board : site Internet regroupant des offres et des annonces d'emploi qui sont classées suivant le site géographique, la grille salariale...*
Ces sites permettent de déposer une candidature qui sera par la suite centralisée dans une CVthèque.

3 Décrivez 4 réseaux sociaux que vous connaissez ou que vous utilisez dans votre vie quotidienne.

Réseau social	Spécificités de ce réseau social	Quel est l'intérêt pour une entreprise/marque de communiquer sur ce réseau social ?
....	....	....
....	....	....
....	....	....
....	....	....

LinkedIn est l'un des réseaux sociaux professionnels les plus utilisés par les entreprises qui cherchent à recruter. La création de votre profil sur cette plateforme vous permettra d'accélérer votre recherche d'emploi ou d'élargir votre réseau professionnel.

DOC. 2 Statistiques : LinkedIn pour la recherche d'emploi

https://passport-photo.online.fr, 20 février 2023.

4 **Indiquez l'intérêt de vous créer un profil LinkedIn pour rechercher un emploi. Quel autre site officiel et national devez-vous également consulter pour votre recherche d'emploi ?**

....

....

5 **À quoi devez-vous faire attention pour la réalisation de votre photo de profil ?**

....

....

6 **Vous devez faire attention à votre e-réputation dans le cadre de votre future entrée sur le marché du travail. Donnez 3 conseils pour préserver sa e-réputation.**

- ....
- ....
- ....

E-réputation : correspond à l'image de l'entreprise générée sur Internet (via les réseaux sociaux, les avis, les blogs ou les forums). L'e-réputation participe activement à construire ou déconstruire l'image d'une entreprise ou d'un de ses membres auprès des internautes.

8 Créer son profil LinkedIn

La plateforme LinkedIn propose des outils permettant de créer un CV qui pourra vous permettre de vous démarquer et donc de « plaire » aux recruteurs.

1 **À l'aide du document 1, préparez sur un brouillon les informations essentielles à faire figurer sur votre profil LinkedIn.**

DOC. 1 Préparation des informations pour votre profil LinkedIn

MON PROFIL LINKEDIN
Le fond

Vous présenter	Vos formations et diplômes
• Renseignez votre identité complète et une adresse électronique professionnelle. • Indiquez votre poste/statut actuel : étudiant, apprentissage, stage, intérim…	• Détaillez votre/vos formations (nom, durée, contenu…). • Mentionnez les diplômes que vous avez obtenus dans le cadre scolaire et/ou extrascolaire, vos distinctions.
Vos expériences professionnelles	**Vos compétences / expertises**
• Listez vos différentes PFMP, emplois saisonniers, projets personnels, expériences de bénévolat… • Expliquez vos missions réalisées dans le cadre de ces différents stages/emplois.	• Renseignez vos compétences et/ou *soft skills* adaptées à l'emploi/la formation recherché(e). • N'hésitez pas à mettre en avant vos compétences linguistiques et vos compétences digitales.

Vos recommandations

• Faites appel à votre réseau pour avoir des recommandations, notamment sur vos compétences, et sortir du lot.
• Vous pouvez élargir votre réseau en entrant en relation avec des professionnels qui vous connaissent (anciens tuteurs de PFMP, enseignants, employeurs…).

DOC. 2 Les *soft skills* les plus recherchées par les recruteurs

www.abcp-competences.com

Soft skills

Les soft skills, *en français « compétences douces », s'acquièrent par l'expérience, les interactions sociales et une réflexivité personnelle. Elles vous permettront d'interagir avec les autres. Ces* soft skills *sont déterminantes lors de votre entretien d'embauche pour faire la différence auprès des recruteurs.*

2 **Flashez le QR Code ci-contre et réalisez les mots croisés en vous appuyant sur le document 2. Vous pourrez ainsi vous entraîner à découvrir quelle *soft skill* est attendue pour un poste en particulier.**

Mots croisés *soft skills*
liennathan.fr/zbppw8

3 **À l'aide du document 3 et du brouillon que vous avez rédigé, créez votre profil LinkedIn sur le site LinkedIn ou l'application. Vous pouvez vous aider de la vidéo explicative.**

DOC. 3 Conseils pour la mise en forme de votre profil LinkedIn

Comment construire son profil LinkedIn
liennathan.fr/ncc1ei

MON PROFIL LINKEDIN
La forme

Photo de profil

Soignez votre photo de profil. Elle doit vous représenter auprès des recruteurs. Elle doit être actualisée, lumineuse et professionnelle. Veillez à votre tenue/coiffure (soignée, professionnelle), à votre posture et à l'arrière-plan de votre photo (neutre et uni, de préférence). Soyez souriant(e) !

Photo de couverture

Vous pouvez ajouter une photo en arrière-plan de votre profil (facultatif). Elle doit être percutante et attirer l'œil des recruteurs. Vous pouvez en choisir une en lien avec votre domaine d'études ou à vos intérêts. Canva propose plusieurs modèles avec les bonnes dimensions pour LinkedIn.

Slogan

Le slogan sur LinkedIn désigne la mention située juste en dessous du nom et du prénom de l'utilisateur. Il doit être accrocheur afin d'attirer l'attention des recruteurs.
- *Indiquez en quelques mots (220 caractères maximum) votre statut actuel et le poste que vous recherchez/votre but professionnel.*
- *Utilisez des mots-clés afin d'aider l'algorithme à sortir votre profil dans les premiers résultats de recherche des recruteurs.*

Expériences/Formations

- *Soyez clair(e) et concis(e) dans la description de vos formations et expériences professionnelles.*
- *Classez-les, comme sur votre CV, de la plus récente à la plus ancienne.*
- *Utilisez des listes à puces pour décrire vos tâches/ responsabilités.*
- *Insérez des liens, par exemple vers le portfolio numérique de votre chef-d'œuvre ou vers un portfolio numérique qui regroupe vos réalisations (en PFMP ou travaux professionnels), etc.*

Résumé

Le résumé doit permettre de vous présenter de manière succincte.
- *Décrivez brièvement votre parcours et ce que vous recherchez.*
- *Utilisez des mots-clés liés à votre secteur professionnel.*
- *Soignez tout particulièrement les trois premières lignes : elles seules sont visibles lorsqu'une personne clique sur votre profil.*

9 Se préparer à un entretien d'embauche

Lors d'un entretien d'embauche, il est important de bien savoir communiquer à l'oral. Selon les statistiques, les 90 premières secondes d'un entretien sont les plus importantes. Voici quelques informations utiles pour y parvenir au mieux (document).

DOC.

Conseils pour passer un entretien d'embauche : communication verbale

Renseignez-vous sur l'entreprise, et montrez que vous vous êtes intéressé(e).

Révisez les registres de langue, entraînez-vous à l'oral, faites attention à vos tics de langage.

Exprimez-vous dans un langage adapté (courant ou soutenu) et professionnel.

« J'ai eu la chance de pouvoir venir à vos journées portes ouvertes et cela m'a conforté(e) dans l'idée que je voulais intégrer votre entreprise car elle correspond tout à fait à mes attentes professionnelles. »
« J'ai pu me renseigner sur votre site Internet et découvrir votre univers, votre savoir-faire… »

« Dans le cadre de mon parcours scolaire en …, j'ai eu la chance d'accroître mes compétences en matière de …, par le biais des différents stages que j'ai pu réaliser. »
« Soucieux(se) de me perfectionner, j'ai acquis un savoir-faire en matière de … »

Utilisez des termes positifs qui vont donner confiance en vous.

Valorisez vos compétences, votre expérience professionnelle et vos savoirs (être ou faire).

« Je suis une personne motivée, volontaire. »
« Je prendrai plaisir à travailler dans votre entreprise car elle correspond à mon profil… »
« Je saurai répondre à vos attentes en matière de … »

Portez une tenue adaptée au poste pour lequel vous postulez.

1 **Recherchez une offre d'emploi qui vous intéresse, par exemple sur le site https://fr.indeed.com.**

2 **Réalisez une simulation de l'entretien d'embauche pour ce poste avec l'un(e) de vos camarades ou votre enseignant(e). Évaluez-vous à l'aide de la grille d'observation à télécharger.**

Grille d'observation
liennathan.fr/jlsy58

Vous pouvez filmer votre prestation afin de voir les points positifs et ceux à améliorer, de préférence le jour de la tenue professionnelle. N'hésitez pas à vous servir d'une salle adaptée (boutique pédagogique ou console d'accueil) afin de théâtraliser la situation.

DOSSIER 1

Participer à l'approvisionnement et préparer les commandes

COMPÉTENCES

Assurer les opérations préalables à la vente
- Établir des commandes de produits auprès de la centrale d'achat et/ou d'un fournisseur direct en tenant compte des contraintes.
- Préparer les commandes des clients issues de l'omnicanal.

RÉSULTAT ATTENDU
- Le processus d'achat et d'approvisionnement est maîtrisé dans le respect des coûts et des délais impartis.

JouéClub, à l'approche de Noël
liennathan.fr/20kqgd

- Quelle stratégie de prix JouéClub a-t-il choisi malgré la hausse du coût des transports ?
- Précisez la politique d'approvisionnement de JouéClub.

Contexte professionnel

JouéClub est le spécialiste français du jouet de 0 à 15 ans depuis 1950. Avec son réseau de plus de 348 points de vente, dont 300 en France, et sa boutique en ligne (www.joueclub.fr), JouéClub offre un large choix de jeux et de jouets pour bébés, pour filles et garçons, à des prix compétitifs.

À l'heure où d'autres grandes enseignes du jouet sont en difficulté, JouéClub affiche un chiffre d'affaires en progression grâce à son modèle économique (coopérative), qui permet aux directeurs de magasin de proposer un assortiment adapté à l'environnement local et de gérer leurs magasins en véritables chefs d'entreprise.

Vous êtes en PFMP au sein du magasin JouéClub de Marzy (58). Son directeur, M. Marion, souhaite vous faire participer à la gestion des approvisionnements, vous faire découvrir l'e-traitement des commandes dans le cadre omnicanal ainsi que l'importance de la gestion des stocks.

Raison sociale	…………
Activité	…………
Type de commerce	…………
Statut juridique	Coopérative
Localisation	…………
Concurrents	…………

1) **Quelle est la particularité des enseignes JouéClub au niveau du choix de l'assortiment et de la gestion des magasins ?**

2) **Selon vous, à quelle période de l'année la gestion des commandes et des stocks est-elle stratégique chez JouéClub ?**

MISSION 1

Identifier les circuits d'approvisionnement

JouéClub est organisé en coopérative : chaque magasin physique représente un adhérent et reste une entité indépendante. Chaque responsable de magasin prend donc lui-même ses décisions en matière d'achat et d'approvisionnement. En tant que directeur du JouéClub Marzy, je peux donc commander soit auprès de la centrale d'achat, soit directement chez un fournisseur.

L'enseigne JouéClub propose également un site marchand avec un service de *drive*, permettant au consommateur de retirer son achat dans le magasin de son choix sous 2 heures. Il est donc important pour le point de vente d'avoir le bon produit, en bonne quantité, au bon moment et au bon endroit.

Après avoir pris connaissance des documents 1 et 2, indiquez les deux circuits d'approvisionnement utilisés par JouéClub en complétant l'annexe 1, puis identifiez les avantages et inconvénients de chaque canal pour JouéClub Marzy (annexe 2).

DOC. 1 Les canaux de distribution

Un canal de distribution est le chemin parcouru par un produit entre son producteur et le consommateur final.

- On parle de canal « direct » lorsque le consommateur achète directement le produit au producteur (ex. : un pâtissier vend les gâteaux qu'il a lui-même confectionnés).
- Le canal est dit « court » lorsqu'il n'y a qu'un intermédiaire entre le consommateur et le producteur (ex. : un magasin de détail). Ce type de distribution permet généralement de proposer des produits de qualité, sélectionnés par le magasin. Le détaillant peut aussi négocier directement les tarifs et les quantités, ainsi que les délais de livraison et de paiement. Il peut disposer d'un contrat d'exclusivité à une marque ou à une licence. Le canal court implique toutefois des dépenses pour gérer l'administration des ventes ainsi que la gestion d'un stock parfois important.
- Le canal de distribution est dit « long » lorsqu'on dénombre plusieurs intermédiaires entre le consommateur et le producteur (ex. : un magasin de détail, un grossiste, une centrale d'achat). L'ajout d'étapes supplémentaires entre le producteur et le consommateur augmente le prix des produits et peut rendre moins lisible leur provenance et leur qualité. Ce modèle a aujourd'hui tendance à être remis en question par les consommateurs, qui souhaitent plus de transparence et un meilleur respect de l'environnement.

DOC. 2 Le rôle de la centrale d'achat

Une centrale d'achat regroupe les commandes pour un ensemble de magasins. L'objectif est d'obtenir de meilleures conditions commerciales (remises, délais de livraison et de paiement...) grâce aux volumes obtenus par le regroupement.

En général, la centrale recherche les fournisseurs, s'occupe de leur référencement, négocie les conditions et réalise les achats.

La plupart du temps, les produits sont livrés par le fournisseur à l'entrepôt de la centrale d'achat. Les magasins passent ensuite commande auprès de leur centrale et sont livrés « à la demande », ce qui facilite la gestion de leurs stocks.

ANNEXE 1 L'approvisionnement de JouéClub Marzy

ANNEXE 2 Les atouts et les limites des deux canaux pour JouéClub Marzy

	Avantages	Inconvénients
Canal court		
Canal long		

MISSION 2

Établir une commande auprès d'une centrale d'achat

Chez JouéClub, nous commandons nos produits 6 mois à l'avance afin d'avoir les marchandises pour la fin de l'année, période très importante pour notre chiffre d'affaires. Nous commandons notamment, auprès de la centrale d'achat, les produits des marques propres développées par JouéClub comme « L'Atelier du bois ». Cette marque rassemble les jouets et jeux en bois, sous-traitée par un grand fabricant situé dans le département du Jura.

Nous devons commander aujourd'hui des barils en carton de 200 planchettes en bois ; ce produit fait partie des meilleures ventes. Vous disposez des documents 1 à 4 pour calculer les prévisions de vente (annexe 1) puis passer commande auprès de la centrale (annexe 2).

DOC. 1 Le baril de 200 planchettes en bois

WWW

UNIVERS DE PRODUITS : JOUETS EN BOIS

Descriptif :
Baril de 200 planchettes. Jeu d'équilibre et de construction en bois naturel. Des planchettes qui se posent les unes sur les autres en une infinité de combinaisons afin de laisser libre cours à la créativité et à l'inventivité des enfants. Avec un livret de 12 modèles de constructions : présentation des différentes étapes et niveaux de difficulté. Livré dans un baril en carton réutilisable et pratique pour le rangement et le transport. Permet de construire : maisons, tours, châteaux, ponts.... Ce jeu de construction favorise la dextérité, la maîtrise du geste de l'enfant, son adresse et son habilité. Avec des photos de réalisations possibles sur la boîte.

Dimensions d'un baril : 27 × 15 × 35 cm.
Dimensions d'une planchette : 11 × 2,2 × 0,73 cm

Prix de vente TTC : 34,99 €
Coefficient multiplicateur : 1,8

DOC. 2 Éléments à prendre en compte pour déterminer le nombre de barils à commander

Le baril de 200 planchettes de la marque « L'Atelier du bois » est un produit français distribué exclusivement chez JouéClub. La marque « L'Atelier du bois » est très prisée par les clients. Le baril de 200 planchettes apparaît dans la sélection JouéClub. Les produits catalogue doivent être commandés à la centrale ; ce sont des produits de qualité que les clients demanderont et que le magasin doit avoir en rayon.

L'ATELIER DU BOIS

	Magasin	Drive
Ventes réalisées en N-1 (en quantité)	30	5
Prévisions des ventes pour N	+ 10 %	+ 60 %
Fréquence des livraisons	1 fois par semaine	
Colisage (nombre de produits par colis)	2	

DOC. 3

Informations transmise par le siège

PROCÉDURE DE COMMANDE À LA CENTRALE JOUÉCLUB

- Se connecter à la plateforme JouéClub SIDJ (Société internationale de diffusion du jouet) grâce à l'extranet.
- Cliquer sur « Commandes ».
- Rechercher le produit désiré par univers.
- Respecter le colisage (la quantité commandée doit être effectuée à l'unité) : lorsque le colisage ou le conditionnement correspond à 2, le carton contient 2 produits.
- Valider la commande.
- Vérifier la confirmation de la commande reçue par e-mail.
- La commande est transmise instantanément à la centrale par le réseau informatique JouéClub et traitée sous 2 jours ouvrés.

DOC. 4

Rappel sur le coefficient multiplicateur

Le coefficient multiplicateur permet à une entreprise commerciale de fixer le prix de vente d'un produit toutes taxes comprises (PV TTC) par rapport à son prix d'achat hors taxes (PA HT).

Exemple : un commerçant acquiert un produit à un coût de revient de 10 € HT. Il applique un coefficient multiplicateur de 2. Il revendra donc ce produit : 2 × 10 = 20 € TTC.

ANNEXE 1

Prévision des ventes du baril de 200 planchettes

	Magasin physique	Magasin virtuel
Nombre de ventes prévues en N en quantité (arrondir à l'entier supérieur)	....	....
Total à commander (arrondir selon le colisage)	....	
PV TTC	....	
Coefficient multiplicateur appliqué	....	
PA HT	....	
Montant de la commande HT en N	....	

ANNEXE 2

Saisie de la commande sur l'extranet

JouéClub!

SIDJ – JouéClub
www.joueclub.fr

Univers	Désignation	Référence	Colisage	Quantité	Prix d'achat HT	Total HT
....	....	....	....	....	....	....

À VOUS DE JOUER !
Flashez le QR Code et répondez aux questions à l'aide de la vidéo « UGAP - La centrale d'achat public ».
liennathan.fr/m4itll

MISSION 3

Établir une commande en direct auprès d'un fournisseur

Le magasin JouéClub Marzy a l'exclusivité d'être un « magasin expert Playmobil ». Un accord commercial a été signé avec la marque, obligeant chacune des parties à respecter certains engagements (document 1). J'ai passé une commande auprès de ce fournisseur pour l'année à venir. Je mets à votre disposition le bon de commande (document 3) et vous demande de vérifier que les engagements ont bien été respectés par le magasin (document 2). Complétez l'annexe.

DOC. 1 Extrait de l'accord commercial spécialiste jouet

➤ [...] **Le magasin expert s'engage à :**

- Réaliser un minimum de chiffre d'affaires : **20 000 € par an.**
- Implanter la marchandise dans un minimum de mètres linéaires : 55 m².
- Avoir en magasin un pourcentage minimum de références tout au long de l'année : 60 %.
- Avoir en magasin un pourcentage minimum de nouveautés : 90 %.
- Avoir en magasin un pourcentage minimum de produits « licence » : 60 %.

➤ **Conditions en termes de communication :**

- Mettre à disposition des clients le catalogue Playmobil, à l'entrée du magasin et dans le rayon, à l'aide du présentoir dédié.
- Afficher la publicité et l'information sur le lieu de vente dans l'espace Playmobil.
- Mettre à disposition des clients les maquettes de théâtralisation dans l'espace Playmobil du magasin.
- Diffuser le catalogue du magasin avec 2 doubles pages réservées aux produits de la marque.

➤ **Le fournisseur s'engage à :**

- Répondre à la demande du magasin.
- Livrer les produits conformes à la composition, à la qualité, au conditionnement, à l'emballage, à l'étiquetage, à la présentation des produits, à la protection de l'environnement, à la santé, à la sécurité des consommateurs ainsi qu'à la codification du produit (EAN).
- Effectuer une remise de 2 % à la commande.
- Attribuer une remise supplémentaire par tranche de chiffre d'affaires réalisé (base : CA N-1) :
  - de 0 € à 20 000 € : 0 %
  - de 20 001 € à 40 000 € : 1 %
  - de 40 001 € à 60 000 € : 1,5 %
  - à partir de 60 001 € : 2 %

➤ **Conditions en termes de communication :**

- Le fournisseur s'engage à approvisionner le magasin en catalogues durant toute l'année et à fournir un présentoir.
- Le fournisseur s'engage à fournir de la PLV en quantité suffisante au moment des promotions (périodes de Pâques et de Noël).
- Le fournisseur s'engage à envoyer régulièrement des maquettes de démonstration afin de présenter les nouveautés en période de Noël.

DOC. 2 Bilan de l'année N-1 pour la marque Playmobil

- Chiffre d'affaires réalisé dans le rayon Playmobil : 68 000 €
- Linéaire attribué à la marque : 76 m²
- Références en magasin : 60 %
- Nouveautés en magasin : 92 %
- Produits « licence » en magasin : 36 %

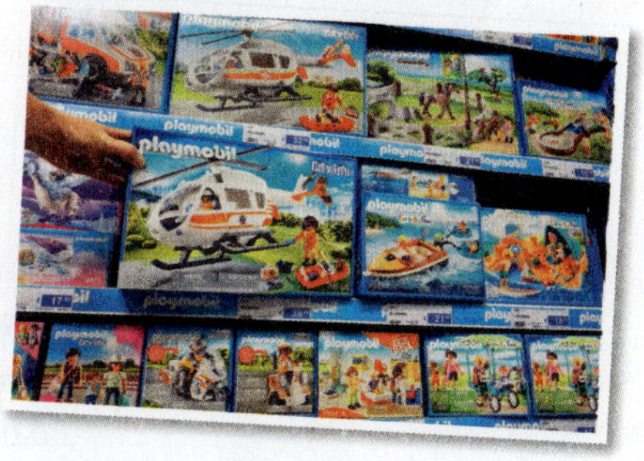

DOC. 3 Bon de commande

Facturé à :
JouéClub
RD40
58180 MARZY

Bon de commande n° 20200518

Playmobil

[...]	**Montants**
Total HT	84 000,00 €
Remise 2 % Partenaire expert	1 680,00 €
Net commercial	82 320,00 €
Remise 2 % CA	1 646,40 €
Total HT	**80 673,60 €**
TVA (20 %)	16 134,72 €
Total TTC	**96 808,32 €**

ANNEXE Respect de l'accord commercial

Engagements	Respect du contrat
Chiffre d'affaires minimum	☐ Oui ☐ Non
Actions à mener par le magasin pour atteindre l'objectif de chiffre d'affaires	....
Remise de 2 % appliquée :	☐ Oui ☐ Non Détail du calcul : ....
Remise supplémentaire par tranche de CA :	☐ Oui ☐ Non Détail du calcul : ....
Pourcentage minimum de références et de nouveautés Playmobil en rayon	☐ Oui ☐ Non
Nombre minimum de mètres linéaires Playmobil dans le magasin	☐ Oui ☐ Non
Quel est l'intérêt pour le magasin d'une telle collaboration avec Playmobil ?	
Quelles sont les conséquences, pour le magasin, en termes de mètres linéaires occupés ?	

MISSION 4

Préparer une commande issue de l'omnicanal

Nous sommes en novembre, la saison bat son plein pour notre secteur d'activité, les clients viennent avec le catalogue de Noël afin d'acheter les jouets. Ils peuvent aussi commander sur Internet et venir retirer les produits dans les deux heures qui suivent la commande (service appelé « drive » ou « Click & Collect »).

En tant que partenaire expert Playmobil exclusif dans la région, le magasin de Marzy génère un trafic plus important lié aux ventes de cette marque, y compris en Click & Collect.

Je suis absent aujourd'hui. Je voudrais que vous commenciez à anticiper les commandes. Dans un premier temps, prenez connaissance des conditions de fonctionnement du site JouéClub (document 1) et complétez l'annexe 1.

DOC. 1 La centrale de JouéClub

Pionnier de la vente de jouets sur Internet en France, JouéClub a rénové totalement sa plateforme technique, avec pour objectif d'accélérer sa stratégie omnicanale.

[...] « Les membres du réseau ont rapidement compris qu'Internet pouvait être une vitrine et un moyen de communication pour l'enseigne et compléter notre maillage de 300 magasins en France » [explique Évelyne Nicolini, directrice générale de JouéClub]. C'est en 2012 que l'enseigne lançait un service de Click & Collect dans l'ensemble de ses points de vente.

[...] Aujourd'hui, l'enseigne souhaite mettre en œuvre une réelle approche multicanal permettant à la fois une livraison à domicile mais aussi la réservation d'un jouet en magasin.

[...] « Lorsqu'on fait un retrait en magasin, le jouet est extrait du stock du magasin et le paiement tombe dans la caisse du magasin » [ajoute Évelyne Nicolini].

[...] Le délai actuel est de l'ordre de 3 minutes, mais JouéClub peut faire varier celui-ci selon la saison. À Noël, la synchronisation sera en quasi-temps réel, mais le reste de l'année, le délai pourra être un peu allongé.

[...] Actuellement, 10 000 références produits sont proposées à la vente en ligne sur JoueClub.fr, sachant que chaque magasin propose entre 12 000 à 15 000 références qui peuvent aussi être accessibles *via* le site.

www.lemagit.fr

ANNEXE 1 Analyse du Click & Collect chez JouéClub

Quelles sont les deux modalités de livraison proposées aux clients du site ?	
En quoi les 300 magasins du réseau sont-ils un atout pour le Click & Collect ?	
Quels sont les deux atouts de JouéClub qui contribuent à l'efficacité du Click & Collect ?	
Quels sont les avantages du Click & Collect pour le magasin de Marzy ?	
Quels sont les avantages du Click & Collect pour le client ?	

Pour faire face à cette demande, il faut toujours avoir des produits en stock en magasin.
Nous avons à notre disposition un outil de gestion de préparation de commandes : le cadencier.
À l'aide du document 2 et du document 3, remplissez le cadencier du mois de novembre (annexe 2).

DOC. 2 Le cadencier

Le cadencier permet de gérer les stocks en tenant compte de la fréquence des mouvements de marchandises (entrées et sorties). L'objectif est d'éviter les ruptures de stock ou, à l'inverse, le surstockage. Le principe repose sur la connaissance de la cadence des ventes et le niveau moyen des stocks afin de déclencher des commandes.

Les livraisons sont réalisées une semaine après les commandes.

DOC. 3 Bon de livraison du fournisseur Playmobil

Facturé à :
JouéClub
RD40
58180 MARZY

Playmobil

Le 13/11/N

Référence	Quantité	Colisage
9468	16	4
9462	28	4
9463	34	2
9466	52	4

La semaine 49 est une grosse semaine en termes de chiffre d'affaires. Nous devons anticiper les commandes supplémentaires sur la référence 9462 pour faire face aux commandes *via* Internet. Nous commanderons donc 36 boîtes supplémentaires lors de la semaine 48.
Pensez à bien les ajouter !

ANNEXE 2 Cadencier du mois de novembre – Références Playmobil (extrait)

Référence	Colisage	Semaine 45 (02/11 – 07/11)				Semaine 46 (09/11 – 14/11)				Semaine 47 (16/11 – 21/11)				Semaine 48 (23/11 – 28/11)			
		S	C	L	V	S	C	L	V	S	C	L	V	S	C	L	V
9468	4	0	16	20	**8**	**12**	16	**16**	20	8	**8**	16	20	4	8	8	10
9462	4	0	28	20	10	10	28	28	...	5	...	28	20	13	44	20	19
9463	2	0	34	15	10	5	34	...	36	...	...	34	...	0	...	20	45
9466	4	0	52	32	30	2	28	...	...	10	...	28	...	26	...	28	18

S = Stock C = Commande L = Livraison V = Ventes

Détails des calculs pour la référence 9468 :
Stocks S46 : Stock S45 + Livraison S45 – Ventes S45 = 0 + 20 – 8 = 12
Ventes S45 : Stock S45 + Livraison S45 – Stock S46 = 0 + 20 – 12 = 8
Livraisons S46 : reporter les informations à partir du document 3, donc 16
Commandes S47 : (Ventes S45 + Ventes S46)/2 – Stock S47 = (8 + 20)/2 – 8 = 6 mais colisage de 4 donc 8

À VOUS DE JOUER !
Flashez le QR Code et répondez aux questions à l'aide du site Jouéclub.fr.
liennathan.fr/610fki

Évaluez votre réussite du dossier P. 7

SYNTHÈSE

liennathan.fr/9c8r28

1 Identifier les circuits d'approvisionnement

CANAL COURT : Fournisseur → .... → Consommateur

CANAL LONG : Fournisseur → .... → .... → Consommateur

2 Établir une commande auprès d'une centrale d'achat

Magasin → Transmet les références et les quantités selon les prévisions de vente du magasin → Centrale d'achat → Négocie les prix, les remises, les délais... → Fournisseur

Fournisseur → LIVRAISON → Centrale d'achat

Centrale d'achat → LIVRAISON → Magasin

3 Établir une commande en direct auprès d'un fournisseur

Magasin → Transmet les références et quantités selon les prévisions de vente du magasin et négocie directement les conditions commerciales → Fournisseur

COMMANDE

Fournisseur → LIVRAISON → Magasin

4 Préparer une commande issue de l'omnicanal

Ventes du magasin

.... (Click & Collect)

↓

La cadence des ventes est calculée à l'aide du cadencier, dans deux objectifs :

↓

....
....

Éviter le surstockage

MOTS-CLÉS

Canal court • Canal long • Centrale d'achat • Fournisseur • Cadencier

QUIZ

liennathan.fr/segs48

SCORE ....

APPLICATION ★

1 Choisir un fournisseur

Vous réalisez une de vos PFMP dans la boutique À Table à Nevers (58). Cette boutique sélectionne uniquement des produits du terroir et travaille directement avec ses fournisseurs. Elodie Delhomme, la responsable du point de vente, souhaite élargir sa gamme de produits en proposant une nouvelle marque de confitures. Elle a contacté trois producteurs : La Trinquelinette, Le Comptoir de Mathilde, et la Maison Francis Miot. Elle met à votre disposition les documents reçus et vous demande de l'aider à faire le meilleur choix. Elle souhaite commander 500 pots de confiture, tous parfums confondus.

1 Calculez, pour chacun des trois fournisseurs, le montant d'une commande de 500 pots.

Producteur	La Trinquelinette
Produit	....
Contenance du pot	....
Prix TTC	....
Prix HT	....
Quantité	....
Total HT	....
Montant de la réduction	....
Net commercial HT	....
Frais de livraison	....
Délai de livraison	....
Montant de la commande HT	....

DOC. 1 La Trinquelinette

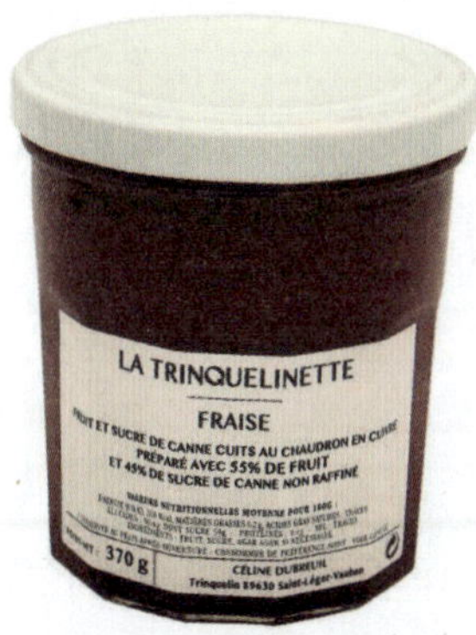

Confitures 100 % naturelles
Conditionnement en pots de **370 g**
6,50 € TTC soit 29,55 € le kg
Livraison offerte à partir de 1 500 €
Règlement sous 30 jours
Expédition sous 48 h
3 % de remise pour toute commande de 500 pots
Taux de TVA : à 5,5 %.

Producteur	Le Comptoir de Mathilde
Produit	
Contenance du pot	
Prix TTC	
Prix HT	
Quantité	
Total HT	
Montant de la réduction	
Net commercial HT	
Frais de livraison	
Délai de livraison	
Montant de la commande HT	

DOC. 2 Le Comptoir de Mathilde

Confitures traditionnelles avec 55 % de fruits
Conditionnement par pots de **350 g**
7 € TTC soit 24,14 € le kg
Expédition sous 48 h
Frais de port offerts à partir de 1 000 €
Paiement sous 30 jours
4 % de remise pour toute commande de 500 pots
Taux de TVA : 5,5 %.

Producteur	Maison Francis Miot
Produit	
Contenance du pot	
Prix TTC	
Prix HT	
Quantité	
Total HT	
Montant de la réduction	
Net commercial HT	
Frais de livraison	
Délai de livraison	
Montant de la commande HT	

DOC. 3 Maison Francis Miot

Confitures traditionnelles avec 60 % de fruits
Conditionnement par pots de **340 g**
5,40 € TTC soit 15,88 € le kg
Livraison sous 48 h, offerte à partir de 2 000 €
Paiement sous 30 jours
2 % de remise pour toute commande de 500 pots
Taux de TVA : 5,5 %.

Conseil – Épreuve E2

Vous devez être capable de construire le tableau comparatif ci-dessous s'il n'est pas proposé en annexe le jour de l'examen.

2 **Complétez le tableau comparatif des trois fournisseurs afin d'identifier le moins cher. Justifiez votre choix de fournisseur.**

Éléments	La Trinquelinette	Le Comptoir de Mathilde	Maison Francis Miot
Contenance du pot			
Montant de la réduction			
Montant de la commande HT			
Choix et justification			

2 Compléter un cadencier

Vous poursuivez votre PFMP dans la boutique À Table à Nevers (58), qui travaille directement avec ses fournisseurs et producteurs (document 1).
Votre responsable, Élodie Delhomme, vous remet le cadencier des produits de « La Comtesse du Barry » (document 2).

À Table - Nevers
liennathan.fr/liwwch

DOC. 1 A Table

WWW

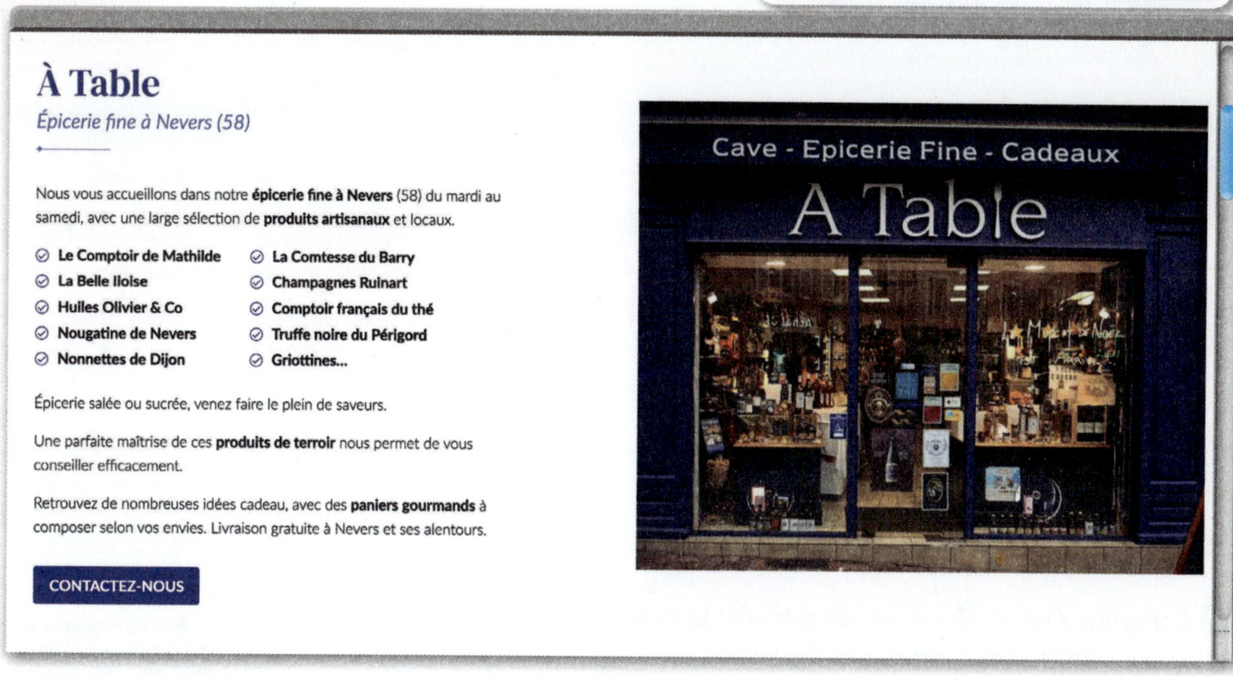

1 **Identifiez le type de canal d'approvisionnement utilisé par la boutique À Table.**

....

....

....

2 **À l'aide du document 1 et du site Internet de la boutique https://www.a-table-nevers.com, justifiez le choix de ce canal et listez les critères de sélection utilisés.**

....

....

....

....

....

....

DOC. 2 Les livraisons des semaines 1 à 4

Facturé à :
À Table
16 place Saint-Sébastien
58000 Nevers

La Comtesse du Barry
Route de Touget
32200 Gimont

Le 31/01//N

Références	Semaine 1	Semaine 2	Semaine 3	Semaine 4
	Quantité	Quantité	Quantité	Quantité
Sauce à la truffe	16	24	8	0
Noix de cajou à la truffe	28	24	8	0
Brisures de truffe noire	24	12	12	12

DOC. 3 Les ventes des semaines 1 à 4

Références	Semaine 1	Semaine 2	Semaine 3	Semaine 4
	Quantité	Quantité	Quantité	Quantité
Sauce à la truffe	12	15	13	4
Noix de cajou à la truffe	18	16	13	5
Brisures de truffe noire	15	17	16	5

3 Complétez (ci-dessous ou sur tableur) le cadencier pour le mois de janvier en tenant compte des livraisons (document 2) et des ventes (document 3). Les commandes sont livrées la semaine suivante.

Conseil – Épreuve E2
Vous devez connaitre la logique de fonctionnement d'un cadencier pour anticiper les commandes

Réf.	Semaine 1 (03/01 – 08/01)				Semaine 2 (10/01 – 15/01)				Semaine 3 (17/01 – 22/01)				Semaine 4 (24/01 – 29/01)			
	S	C	L	V	S	C	L	V	S	C	L	V	S	C	L	V
Sauce à la truffe 	0	24	16	12	......	8	......	......	......	......	......	......	......	......	......	......
Noix de cajou à la truffe 	0	24	28	18	......	......	......	......	......	......	......	......	......	......	......	......
Brisures de truffe noire 	0	12	24	15	......	......	......	......	......	......	......	......	......	......	......	......

DOSSIER 2

Réceptionner et contrôler les marchandises

COMPÉTENCES

Assurer les opérations préalables à la vente

- Réceptionner, contrôler et stocker les marchandises (quantitatif et qualitatif).
- Effectuer les relances et préparer les retours fournisseurs.

RÉSULTATS ATTENDUS

- La marchandise sensible est sécurisée.
- Les dates limites de vente et de péremption des produits sont respectées.

Mon magasin bio L'Eau Vive
liennathan.fr/0y3go9

- Quels sont les points forts du magasin selon les clients ?

Contexte professionnel

L'Eau Vive mon magasin Bio

Vous effectuez une PFMP au sein du magasin L'Eau Vive situé dans le Territoire de Belfort (90). Fondée sur un concept de magasin bio moderne et chaleureux, cette enseigne sélectionne des produits de qualité, à des prix accessibles et équitables pour tous, afin de soutenir les producteurs locaux.

La directrice du magasin, Magaly Rose, souhaite vous sensibiliser à la réception des marchandises, qui a un rôle stratégique. Elle vous sollicite pour aider ses collaborateurs dans les tâches liées au contrôle des commandes fournisseurs.

Fiche d'identité de l'entreprise

Raison sociale	....
Activité	Vente de produits alimentaires
Type de commerce	....
Statut juridique	SARL (Société à responsabilité limitée)
Localisation	....
Concurrents	Biocoop, La Vie saine
Clientèle cible	....

1 Quels sont les différents produits vendus par l'enseigne L'Eau Vive ?

2 Expliquez ce qu'est l'espace « Vrac ».

MISSION 1

Mettre à jour le planning des réceptions

Les vérifications liées à la réception des marchandises débutent dès la mise à jour du planning de livraison des fournisseurs. Nous recevons des livraisons chaque jour, soit depuis notre entrepôt régional, soit directement depuis nos fournisseurs. Il est donc important de bien tenir le planning afin de suivre les arrivages.

J'aimerais que vous mettiez à jour le planning (annexe) à l'aide des documents 1 à 4. Nous sommes le 30 septembre.

DOC. 1 Bons de commande passés

BON DE COMMANDE n° 0372

L'Eau Vive
10 rue des Prés
90400 ANDELNANS
☎ 03 74 95 10 89

Entreprise COOP Alsace
Rue des Vignes
68000 COLMAR

Andelnans, le 28 septembre N
Livraison le 29 septembre N

N° ordre	Référence	Désignation	Quantité commandée	Prix unitaire HT
1	3 524 658 230 364	Tomates 1 kg	40	0,98 €
2	4 025 013 698 421	Poireaux 2 kg	30	2,35 €
3	4 002 364 789 219	Pommes de terre Sabane 1 kg	100	0,62 €
4	3 569 741 034 650	Noix fraîches filet de 750 g	25	4,59 €
5	3 654 023 821 046	Noisettes filet de 500 g	40	5,68 €

Mode de paiement : virement fin de mois
Frais de port : franco de port

Document Validé

LIVRÉ LE 29 SEPT N

BON DE COMMANDE n° 0374

L'Eau Vive
10 rue des Prés
90400 ANDELNANS
☎ 03 74 95 10 89

LE MOULIN DE PAPÉ
Rue des Oliviers
83210 LA FARLÈDE

Andelnans, le 30 septembre N
Livraison le 6 octobre N

N° ordre	Référence	Désignation	Quantité commandée	Prix unitaire HT
1	3 220 145 698 136	Huile d'olive vierge 75 cl	25	6,52 €
2	3 220 145 600 456	Huile d'olive extra 75 cl	30	6,98 €
3	3 220 145 634 697	Huile d'olive au miel 50 cl	20	4,95 €
4	3 220 145 603 025	Olives nature 250 g	100	1,32 €
5	3 220 145 654 893	Olives à l'ancienne 250 g	80	1,52 €

Mode de paiement : virement fin de mois
Frais de port : franco de port

Document Validé

BON DE COMMANDE n° 0375

L'Eau Vive
10 rue des Prés
90400 ANDELNANS
☎ 03 74 95 10 89

LES FRUITIÈRES RÉUNIES
11 rue des Fruitières
25470 TRÉVILLERS

Andelnans, le 30 septembre N
Livraison le 2 octobre N

N° ordre	Référence	Désignation	Quantité commandée	Prix unitaire HT
1	3 145 697 035 697	Comté doux	50	10,20 €
2	3 145 697 004 008	Morbier	30	9,80 €
3	3 145 697 314 731	Cancoillotte nature 280 g	20	2,10 €
4	3 145 697 504 367	Mont d'or 600 g	25	5,20 €
5	3 145 697 005 367	Tomme du Haut-Doubs	10	13,85 €

Mode de paiement : virement fin de mois
Frais de port : franco de port

Document Validé

Remarque : les produits reçus endommagés ou ne respectant pas la chaîne du froid ne seront pas acceptés. Les références en surplus ne seront pas acceptées. Les produits ne respectant pas les dates de durabilité minimale ne seront pas acceptés.

DOC. 2 Information pour les relances fournisseurs

Comme convenu dans nos accords avec nos fournisseurs, en cas de commande prévue mais non livrée, nous relançons le fournisseur dès le lendemain par mail.

DOC. 3 Mail du fournisseur Fruiter

De : expedition_fruiter@gmail.com
À : reception@eauvive-andelnans.fr
Objet : Pb livraison cde n° 370
Date : lundi 28/09 7:48

Bonjour,

Ce matin, nous avons eu un problème avec les légumes que nous devions vous livrer. Certains ont été abîmés par la grêle. Nous vous livrons les produits dès mercredi.

Cordialement,

Mme ANDRÉ
Responsable Expédition

DOC. 4 Mail d'un transporteur

De : layadi_b@xpo.com
À : reception@eauvive-andelnans.fr
Objet : Pb livraison cde n° 371
Date : mardi 29/09 6:08

Bonjour,

Certains de nos chauffeurs sont en grève. De ce fait, nous sommes dans l'impossibilité d'assurer notre livraison cette semaine. Celle-ci aura lieu lundi 5 octobre.

Cordialement,

M. LAYADI
Responsable Expédition

ANNEXE Planning de suivi des livraisons

Du 21/09/N au 13/10/N

Jours / N° commandes	L 21	M 22	M 23	J 24	V 25	S 26	D 27	L 28	M 29	M 30	J 1	V 2	S 3	D 4	L 5	M 6	M 7	J 8	V 9	S 10	D 11	L 12	M 13
368	▲				○	■			●														
369			▲												○								
370					▲			○															
371					▲				○														
372								▲	○														
373									▲			○											
374																							
375																							

▲ Date de commande
○ Date prévisionnelle de livraison
● Date effective de livraison
■ Date de relance

- **Y a-t-il des relances à effectuer ? Justifiez.**

MISSION 2

Améliorer la procédure de réception des produits

Afin de renforcer notre qualité de service, j'ai décidé de revoir la procédure de réception des marchandises. Je souhaite la formaliser par écrit et l'afficher afin qu'elle soit bien appliquée par tous les collaborateurs.

Complétez la procédure en annexe 1 en vous aidant des documents 1 et 2.

Ensuite, j'aimerais que vous repériez dans l'annexe 2 le transporteur, le fournisseur et le client.

DOC. 1 Étapes de la procédure de réception

- Vérifier le bordereau de livraison et les étiquettes de colisage.
- Compléter le document de transport et le remettre au chauffeur.
- Déballer les produits par référence.
- Compléter la fiche de contrôle.
- Mettre à jour le stock en se connectant au logiciel GSMAG.

DOC. 2 Informations sur la réception des marchandises au magasin L'Eau Vive

➤ Heures de réception des marchandises : 7 h-11 h 30.

➤ Le réceptionnaire doit vérifier que la marchandise est bien destinée à notre magasin à l'aide du bordereau de livraison et des étiquettes de colisage. Une fois cette étape validée, il procède au déchargement à l'aide d'un transpalette manuel ou d'un gerbeur en respectant les règles de sécurité.

➤ Il contrôle ensuite l'état apparent des palettes et récupère les documents :
– le bordereau de livraison représente la liste de colisage, c'est-à-dire qu'il énonce les produits expédiés par le fournisseur ; ce bordereau constitue le contrat de vente ;
– un document de transport peut être présent si c'est une entreprise de transport qui livre les produits expédiés par le fournisseur. Il matérialise le contrat de transport, c'est-à-dire la convention par laquelle un transporteur exécute une prestation pour le compte du client ou du fournisseur moyennant un prix et en respectant les délais fixés.

➤ Lorsque le réceptionnaire a terminé la vérification de l'état apparent, il complète le bordereau de livraison ou le document de transport et en remet un exemplaire au transporteur, qui peut alors repartir.

➤ Lors de la réception, deux types de litiges peuvent survenir :
– on parle de « réserve » lorsque le litige concerne le transporteur : colis manquant, colis endommagé ;
– on parle d'« anomalie » lorsque cela concerne le fournisseur : produit manquant, produit en surplus, erreur de référence.

➤ Enfin, pour terminer le process de réception, il faut ranger la zone afin d'être prêt à accueillir la prochaine livraison.

ANNEXE 1 Procédure de réception de marchandises

L'Eau Vive mon magasin Bio	PROCÉDURE DE RÉCEPTION D'UNE MARCHANDISE
Matériels : table roulante, documents, fournitures de bureau, transpalette	
1. Accueillir le livreur.	
2.	
3. Récupérer les documents : bordereau de livraison, document de transport. *(Voir modèle plus bas.)*	
4. Récupérer la marchandise et mettre à jour le cadenciez de commandes.	
5. Contrôler l'état apparent des colis et la température du chargement si nécessaire.	
6. Accepter ou refuser les colis.	
7.	
Le chauffeur repart.	
8.	
9. Contrôler les références en rapprochant le BC, le BL et les produits effectivement reçus.	
10.	
11. Rechercher les adresses de stockage dans le fichier informatique pour mise en réserve ou déposer les produits en bout de rayon pour mise à disposition en magasin.	
12.	
13. Informer le transporteur des réserves en préparant une LRAR sous 3 jours. Informer le fournisseur des anomalies en envoyant un mail dès réception des produits.	
14. Ranger les documents et le poste de travail.	
15. Rendre compte au responsable.	

ANNEXE 2 Document de transport

....

Coopérative bioagricole	L'Eau Vive	RÉCÉPISSÉ D'EXPÉDITION N° 368					Transports du Doubs	
4 impasse des Cols 25500 MORTEAU	10 rue des Prés 90400 ANDELNANS						30 rue de la Liberté 25500 MORTEAU	
Date : 2 octobre N	Dpt : 90	6	90	xxx	xxx	xxx	xxx	xxx
Nature de la marchandise		Nb colis	Poids en kg	Port dû	TVA	Débours	Remboursement	TOTAL
Produits alimentaires		**UNITÉ DE MANUTENTION**					**Matières dangereuses**	
		Nombre			Nature UM			
		6			cartons		~~OUI~~	NON
Instructions de l'expéditeur		**Reçu l'expédition, visa du client :**						
Respecter la chaîne du froid. Certains produits doivent être transportés à température dirigée entre 4 °C et 7 °C.		**Réserves :** **Le** ...... / ...... /						

À VOUS DE JOUER !

Flashez le QR Code et répondez aux questions à l'aide de la vidéo « Découvrir le métier de réceptionnaire ».

liennathan.fr/sdugq1

MISSION 3 Assurer la réception d'un produit et traiter les litiges

Je suis Ian, l'employé en charge des réceptions. J'aimerais que vous m'aidiez à réceptionner les livraisons aujourd'hui, vendredi 2 octobre.

Contrôlez la livraison de la commande n°375 (documents 1, 2 et 3) en appliquant la nouvelle procédure. Vous compléterez les annexes 1 et 2 puis rédigerez le mail de litige directement sur la messagerie.

ÉCO-DROIT
MODULE 1
liennathan.fr/hygx2y

DOC. 1 Bordereau de livraison

BORDEREAU DE LIVRAISON N° 62149

Les FRUITIÈRES RÉUNIES
11 rue des Fruitières
25470 TRÉVILLERS

L'Eau Vive
10 rue des Prés
90400 ANDELNANS

Livraison le 2 octobre N
Vos références : commande n° 0375 du 30 septembre N
Mode de paiement : virement fin de mois
Conditions de transport : franco de port. Transport à température dirigée entre 4 °C et 7 °C
Emballage : cartons sur palette

Référence	Désignation	Unité	Quantité commandée	Quantité livrée
3 145 697 005 637	Tomme du Haut-Doubs	Pièce	10	10
3 145 697 035 697	Comté doux	Pièce	50	50
3 145 697 004 008	Morbier	Pièce	30	30
3 145 697 314 731	Cancoillotte nature 280 g	Pièce	20	20
3 145 697 504 367	Mont d'or 600 g	Pièce	25	20

Nombre de colis : 7
Poids total : 120 kg

Visa du réceptionnaire : | Observations :

DOC. 2 Colis reçus

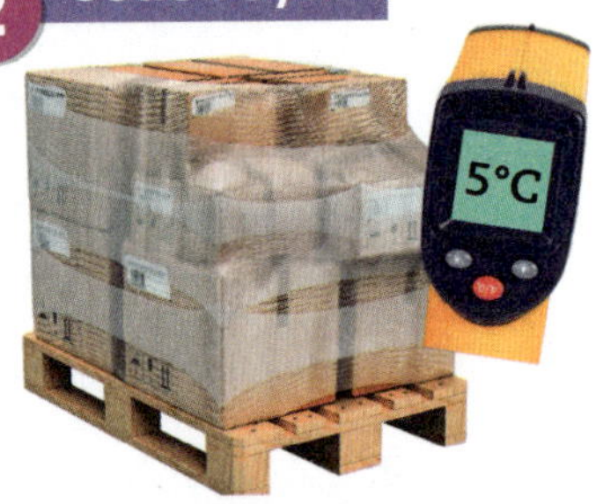

3 145 697 005 637 : 10 kg
3 145 697 035 697 : 50 kg
3 145 697 004 008 : 30 kg
3 145 697 314 730 : 20 pots
3 145 697 504 367 : 20 boîtes

✔ État apparent des colis
✔ Les dates limites de consommation des produits sont toutes respectées : supérieures à 3 mois.

Le visa comporte votre nom, la date et votre signature. Les observations recensent tous les litiges.

DOC. 3 Document de transport

LES FRUITIÈRES RÉUNIES	L'Eau Vive	RÉCÉPISSÉ D'EXPÉDITION N° 25/687	TR 25
11 rue des Fruitières 25470 TRÉVILLERS	10 rue des Prés 90400 ANDELNANS		302 rue Japy 25460 ÉTUPES
Date : 2 octobre N	Dpt : 90		

Nb colis	Poids en kg	Port dû	TVA	Débours	Remboursement	TOTAL
7	120	xxx	xxx	xxx	xxx	xxx

UNITÉ DE MANUTENTION		Matières dangereuses	
Nombre	Nature UM		
1	Palette EUROPE	~~OUI~~	NON

Nature de la marchandise

Produits alimentaires

Instructions de l'expéditeur

Respecter la chaîne du froid.

Certains produits doivent être transportés à température dirigée entre 4°C et 7 °C.

Reçu l'expédition, visa du client :

Réserves :

Le ...... / ...... / ......

ANNEXE 1 Fiche de contrôle de la réception

BULLETIN D'ARRIVAGE DU __ / __ / N

Fournisseur :	N° de commande : ....
Transporteur :	N° de livraison : ....

CONTRÔLE RÉCEPTION MARCHANDISE

Arrivage conforme	☐
Arrivage non conforme	☐

Visa du réceptionnaire :

Litige(s) :

☐ **Colis manquant(s)**. Indiquer le nombre : __

☐ **Colis défectueux.** Précisez la nature du litige : ________________

☐ **Produit(s) :**

Référence	Désignation	RÉSERVE	ANOMALIE				Observations
		Température non conforme	Produit manquant/ surplus		Erreur de référence	Date non conforme	
			Qté attendue	Qté reçue			
....	....	....	....	....	....	....	....
....	....	....	....	....	....	....	....
....	....	....	....	....	....	....	....
....	....	....	....	....	....	....	....
....	....	....	....	....	....	....	....
....	....	....	....	....	....	....	....

☐ **Document(s) manquant(s)**

☐ **Divers :**

Action engagée :

....

....

Le __ /__ /N par ________________

ANNEXE 2 Analyse du litige

- **Qui est responsable du (des) litiges(s) survenu(s) pour la livraison n° 62149 ?**

  ☐ Le fournisseur ☐ Le transporteur

- **D'après la procédure, quelle action devez-vous engager ?**

....

....

....

....

....

....

....

....

Conseils de rédaction d'un mail

– L'objet comporte le n° de la livraison.
– Saluer l'interlocuteur, utiliser un titre de civilité.
– L'introduction rappelle le numéro de livraison et la date de livraison.
– Le développement indique les litiges.
– Conclure.
– Utiliser une formule de politesse simplifiée.
– Signer le mail par votre nom et votre fonction.

MISSION 4

Réaliser une mise en stock

Ce matin, 5 octobre, nous avons réceptionné des produits (document 2). À l'aide du plan de la réserve (document 1) je souhaite que vous complétiez les bons d'entrée en stock (bon_entree_en_stock.docx). Vous compléterez un bon d'entrée par réception.

DOC. 1 Plan de la réserve

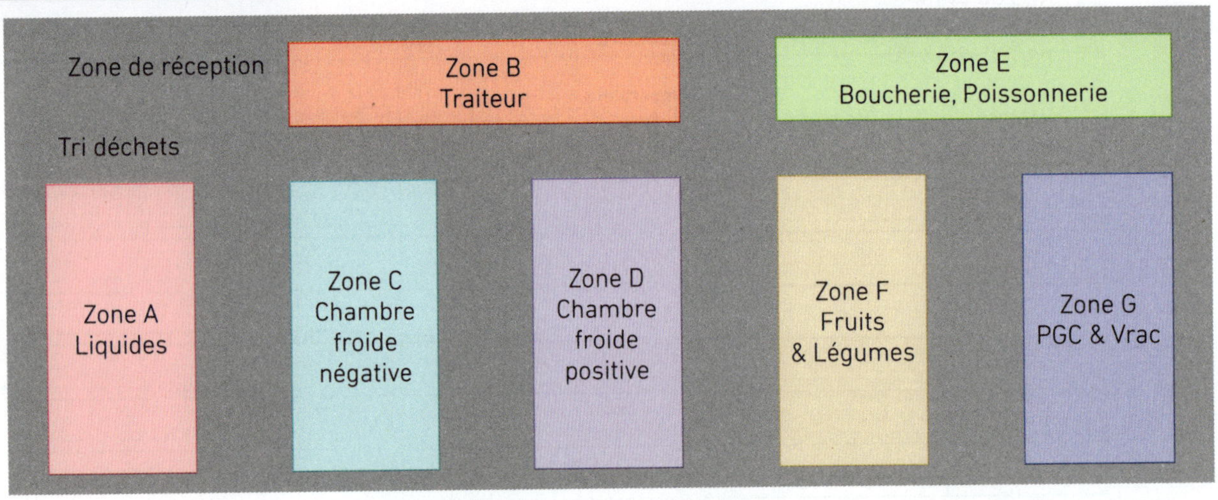

L'Eau Vive mon magasin Bio	**PROCÉDURE DE RANGEMENT DE LA RÉSERVE**
La réserve doit être correctement rangée et propre. La vigilance de chacun est exigée.	
Zone A : les liquides y sont stockés sur palettes : rangement aux niveaux 0 (au sol), 1 et 2. Utiliser le gerbeur pour réduire les efforts car les palettes sont lourdes. Respecter les règles de manutention des chariots.	
Zones B et E : les produits doivent être rangés en stock en appliquant la méthode FIFO*. Utiliser les chariots à roulettes.	
Zone C : stockage des produits en congélateurs (– 18 °C). Utiliser les chariots à roulettes.	
Zone D : stockage des produits en meubles réfrigérés (4 °C à 8 °C). Les fruits et légumes à stocker à 4 °C ou 5 °C doivent être rangés dans cette zone (ex. : fraises, cerises, framboises, myrtilles, pêches, mirabelles). Utiliser les chariots à roulettes.	
Zone F : stockage des fruits et légumes stockés à température ambiante (ex. : ananas, fruits exotiques, kiwis, pommes, poires, agrumes). Utiliser les chariots à roulettes.	
Zone G : stockage de tous les autres produits. Utiliser le gerbeur pour réduire les efforts car les palettes peuvent être lourdes. Respecter les règles de manutention des chariots.	
Dans tous les cas, trier les déchets dans les bacs identifiés.	

* Le FIFO (*First In First Out*) est une technique de stockage permettant de ranger, dans des rayonnages dynamiques, les produits dont la date est proche en premier et ceux dont la date est plus éloignée au fond. Il permet une rotation des produits.

DOC. 2 **Documents de livraison**

1

BULLETIN D'ARRIVAGE DU 05/10/N		
Fournisseur : LE MOULIN DE PAPÉ	**N° de commande :** 374 (voir Mission 1)	
Transporteur : XPO Logistics	**N° de livraison :** 203024	
CONTRÔLE RÉCEPTION MARCHANDISE		
Arrivage conforme	☑	**Visa réceptionnaire :** Maëlle
Arrivage non conforme	☐	

2

BON DE LIVRAISON N° 203698

Plateforme SCAP
Rue du Lahdof
68000 COLMAR
03 89 62 43 00

L'Eau Vive
10 rue des Prés
90400 ANDELNANS

Commande n° 369 du 23 septembre N
Date prévisionnelle de livraison : le 5 octobre N

Référence	Désignation	Quantité commandée	Quantité livrée	Prix unitaire HT
3 017 760 256 984	Lait demi-écrémé 1 L bio	150	150	0,82 €
3 335 760 259 310	Potatoes du jardin 1 kg - congelées	50	50	1,59 €
3 325 654 789 623	Frites traditionnelles 2 kg - congelées	30	30	2,38 €
3 256 874 368 009	Steak traiteur de soja x 4	30	30	3,69 €
3 314 698 206 364	Canettes thé vert x 6	40	40	2,39 €
3 300 254 637 991	Canettes orange x 6	30	30	2,99 €

Mode de paiement : virement fin de mois
Frais de port : franco de port

VÉRIFIÉ

3

BON DE LIVRAISON N° 20-36-674

La Coopérative maraîchère
Rue des Jardins
68000 COLMAR

Adresse de livraison :
L'Eau Vive
10 rue des Prés
90400 ANDELNANS

Le dernier numéro de bon d'entrée est 0259.

Livraison le 5 octobre N
Commande n° 371 du 25 septembre
Mode de paiement : virement fin de mois
Conditions de transport : franco de port
Emballage : cartons sur palettes

Référence	Désignation	Quantité commandée	Quantité livrée	Observations
3 158 630 125 479	Miel de châtaigner	40	40	RAS
3 158 630 126 874	Miel de forêt	35	35	RAS
3 256 874 023 608	Galettes de céréales - Traiteur	16	16	RAS
3 674 028 068 049	Tomates primeur 1 kg	30	30	RAS
3 674 028 067 456	Salade Batavia	40	40	RAS
3 674 028 410 008	Myrtilles - barquette de 1 kg	20	20	RAS

Nombre de colis : 2 palettes
Poids total : 200 kg

Observations à la livraison :
Livraison conforme

Visa du réceptionnaire :
Maëlle

REÇU LE 5 OCTOBRE

MISSION 5

Respecter les règles de manutention et de sécurité

Afin de prévenir les risques d'accident liés à la manutention des colis et des charges, j'ai conçu une fiche d'information et de formation à l'attention de mes collaborateurs. Je souhaiterais que vous la testiez. Complétez l'annexe.

ANNEXE Top Sécurité lié à la manutention des charges

L'Eau Vive mon magasin Bio — **TOP SÉCURITÉ n° 06**

Magaly ROSE / Version 1 – N

1 Indiquez le nom de chaque matériel.

a. **Chariot :** engin de manutention permettant de transporter des charges pondéreuses

b. **Diable :** matériel équipé de 2 roulettes permettant de transporter des charges

c. **Palette :** support de manutention en bois ou en plastique

d. **Rayonnage / Palettier :** structure de stockage métallique permettant de stocker des marchandises

e. **Roll :** structure métallique équipée de 4 roulettes permettant de déplacer des produits

f. **Gerbeur :** engin de manutention permettant de déplacer et de lever des charges

g. **Transpalette :** matériel de manutention permettant de déplacer des charges (plutôt légères) sur de courtes distances

....

....

....

....

....

....

....

2 Complétez la signification de chaque pictogramme de l'entrepôt en utilisant les items suivants :

- Sortie de secours
- Interdiction d'utiliser le téléphone
- Attention danger, circulation de chariots
- Interdiction de tourner à gauche
- Interdit aux chariots
- Port obligatoire des chaussures de sécurité
- Interdiction de monter à plusieurs sur un chariot
- Interdiction de stocker une charge à cet emplacement

La zone de travail doit être rangée correctement chaque jour et les espaces doivent être dégagés et non encombrés. Cette rigueur permet de gagner du temps dans les opérations quotidiennes et de réduire les risques d'accidents.

3 Cochez la case Vrai ou Faux pour chaque affirmation.

Affirmations	Vrai	Faux
a. Le port des chaussures de sécurité est facultatif lorsque je réceptionne des marchandises ?	☐	☐
b. Je peux transporter des collègues sur mes chariots.	☐	☐
c. Lorsque le transpalette n'est pas disponible, je peux pousser les palettes pour les déplacer.	☐	☐
d. Je peux laisser les chariots dans les allées lorsqu'ils sont inutilisés.	☐	☐
e. Le respect des consignes vise à favoriser la sécurité et à réduire les risques et les dangers.	☐	☐
f. L'implication de tous les collaborateurs de l'entreprise n'est pas obligatoire.	☐	☐
g. Le Code de la route ne s'applique pas à la circulation des chariots (exemples : les stops, les passages piétons).	☐	☐
h. Je peux laisser les fourches d'un chariot en position haute le temps de déballer les cartons.	☐	☐
i. Je peux laisser les déchets s'accumuler au sol au long de la journée et tout ramasser le soir.	☐	☐

À VOUS DE JOUER !
Flashez le QR Code et retrouvez les situtions à risque sur l'infographie.
liennathan.fr/62z6na

MISSION 6

Respecter les règles d'hygiène

Je veux que les clients soient entièrement satisfaits : la qualité de nos produits doit donc être irréprochable. Les normes de conservation doivent être suivies scrupuleusement, notamment celles garantissant le respect de la chaîne du froid (documents 1, 2 et 3).

Je vous confie l'activité de la gestion des dates pour les produits stockés. Ian a préparé le travail en recensant les produits dont une action est à envisager (annexe 1). Je souhaite que vous vérifiiez également le rangement des produits à température dirigée pour les arrivées du 5 octobre (annexe 2).

DOC. 1 Notice d'information sur les DDM et DLC

La présence d'une **date de durabilité minimale** (DDM) sur l'étiquetage des denrées alimentaires a pour objectif de faire connaître au consommateur la date jusqu'à laquelle ces denrées conservent leurs qualités organoleptiques, physiques, nutritives, gustatives. Une fois la date passée, la denrée peut avoir perdu une partie de ses qualités spécifiques, sans pour autant présenter un risque pour celui qui la consommerait.
Ainsi, il n'est pas nécessaire de jeter les produits concernés quand la DDM est dépassée, pourvu que leur emballage ne soit pas altéré. Tel est le cas, par exemple : du café qui, passé un certain délai, perd de son arôme ; des pâtisseries sèches qui, en vieillissant, perdent de leurs qualités gustatives.

La DDM est exprimée sur les conditionnements par la mention « *À consommer de préférence avant le…* ».

Dans le cas de denrées alimentaires microbiologiquement très périssables, la DDM est remplacée par une **date limite de consommation** (DLC). La denrée ne peut plus être commercialisée au-delà de cette date et est susceptible de présenter un risque en cas de consommation. La DLC indique donc une limite impérative. Elle est apposée sur des produits tels que les charcuteries, les viandes fraîches ou les plats cuisinés réfrigérés.

La DLC s'exprime sur les conditionnements par la mention « *À consommer jusqu'au…* » suivie de l'indication du jour et du mois.

Seuls les produits munis d'une DLC doivent impérativement être retirés de la vente et de la consommation, dès lors que cette date est atteinte.

www.economie.gouv.fr

DOC. 2 Fiche pratique sur la chaîne du froid

Respecter la chaîne du froid, c'est assurer le maintien constant des aliments à une certaine température. Ce processus permet de conserver les qualités des produits et de les garder sains. Le froid limite, voire stoppe la prolifération des micro-organismes qui peuvent être à l'origine d'intoxications alimentaires. Ainsi, toute hausse de température provoque et accélère la croissance microbienne et réduit la durée de vie des produits.
La date indiquée sur l'étiquette ne reste valable que si la température de conservation indiquée est respectée.
Les températures maximales de conservation des denrées alimentaires périssables sont fixées par la réglementation :
– les poissons, viandes cuites, produits frais entamés sont conservés entre 0 °C et 4 °C ;
– les viandes crues, produits frais, pâtisseries à la crème et fromages découpés sont conservés à 4 °C maximum ;
– les fruits et légumes sont conservés à 4 °C ;
– les produits laitiers, produits traiteurs, œufs, desserts lactés et beurres sont conservés entre 6 °C et 8 °C ;
– tout aliment surgelé est conservé à – 18 °C.

www.economie.gouv.fr

DOC. 3 Charte de qualité de L'Eau Vive (extrait)

Article 5 – La gestion des dates des produits est effectuée tous les 15 jours. Les produits frais stockés dont la DLC est à 6 jours seront sortis des stocks et mis en vente. Les produits dont la DDM est à 2 mois seront déstockés et mis en vente.
Les produits frais stockés dont la DLC est à 3 jours et les produits dont la DDM est à 3 semaines seront donnés à une association d'aide aux démunis.

ANNEXE 1 Gestion des dates des produits

L'Eau Vive
mon magasin Bio

Le 8 octobre

N° ordre	Zone	Référence	Désignation	Quantité	DLC	DDM	Décision à prendre
1	B	3 158 263 547 960	Délices de la mer	2	13-oct		....
2	B	3 260 145 874 009	Paniers gourmets	3	12-oct		....
3	B	4 058 697 036 459	Tranches de poissons aux légumes	1	11-oct		....
4	D	3 527 269 841 069	Myrtilles - barquette de 500 g	6	15-oct		....
5	D	3 568 014 006 079	Mirabelles - 1 kg	10	13-oct		....
6	E	3 156 984 756 028	Filets de colin	3	13-oct		....
7	E	3 158 903 337 008	Filets de thon	15	20-oct		....
8	G	3 158 632 045 990	Flocons multi céréales - paquet de 750 g	8		15-nov	....
9	G	3 687 459 008 067	Céréales aux noix - 500 g	4		20-oct	....
10	G	3 338 324 560 007	Pois et carottes à l'ancienne - conserve de 550 g	3		29-nov	....

ANNEXE 2 Vérification des températures

L'Eau Vive
mon magasin Bio

Le 6 octobre

N° commande	N° livraison	Référence	Quantité	Température relevée	OK ou NOK / Observations (Action à envisager)
374	203024	3 220 145 603 025	100	5,1 °C	....
....	....	3 220 145 654 893	80	5,1 °C	....
369	203698	3 335 760 259 310	50	– 19,4 °C	....
....	....	3 325 654 789 623	30	– 20,7 °C	....
....	....	3 256 874 368 009	30	12,5 °C	....
371	20-36-674	3 256 874 023 608	16	6,1 °C	....
....	....	3 674 028 068 049	30	4,2 °C	....
....	....	3 674 028 067 456	40	4,2 °C	....
....	....	3 674 028 410 008	20	4,2 °C	....

Évaluez votre réussite du dossier P. 7

SYNTHÈSE

liennathan.fr/tecklc

1 Mettre à jour le planning des réceptions

- Bon ……………………

Date de commande → **Date prévisionnelle de livraison** → **Date de livraison effective**

- Bon ……………………
- Document de transport

2 Améliorer la procédure de réception des produits

Accueil du chauffeur → …………………… → …………………… → Renseignement du document de transport → Départ du chauffeur

Déballage des produits → …………………… → Rangement en stock physique et informatique → ……………………

3 Assurer la réception d'un produit et traiter les litiges

Les litiges sont notifiés par écrit (mail ou LRAR). Ils peuvent être de deux types :

- …………………… concernent le transporteur (colis endommagé ou manquant, température non conforme)
- …………………… concernent le fournisseur (produit manquant ou en surplus, date non conforme, erreur de référence)

4 Réaliser une mise en stock

Stockage en froid négatif | …………………… | **Stockage à température ambiante**

5 6 Respecter les règles de manutention, de sécurité et d'hygiène

- Gérer les DDM (D…………………… D…………………… M……………………)
- Gérer les DLC (D…………………… L…………………… C……………………)
- Respecter la chaîne du froid
- Prévenir les risques professionnels

MOTS-CLÉS

Planning • Procédure • Contrôles • Litiges • FIFO • Chaîne du froid • Sécurité

QUIZ ☑ liennathan.fr/tz1ls7 SCORE ……………

APPLICATION ★

1 Découvrir le métier d'agréeur

HYPER U

Vous réalisez une PFMP au sein de l'hypermarché U de Fort-de-France en Martinique (97). Les premiers jours, vous êtes encadré(e) par Maxime, qui a le poste d'agréeur au sein du point de vente.
Votre tuteur vous demande de découvrir ses activités à travers une vidéo.
Maxime vous demande ensuite de prendre en charge l'agréage des fruits et légumes, et plus particulièrement le contrôle des fraises (document).

Vidéo : Agréeur / Agréeuse
liennathan.fr/w0j5b1

1 **Quel est le 2e nom d'un agréeur ?**
☐ Commercial ☐ Contrôleur qualité
☐ Responsable environnement

Conseil – Épreuve E2
Ajouter le métier d'agréeur à votre lexique des métiers de la grande distribution.

2 **Quelles sont les activités d'un agréeur ?**

....

....

....

....

....

....

3 **Quelles sont les évolutions de carrière d'un agréeur ?**

....

....

....

4 **Complétez la fiche d'agréage sur informatique (fiche_agreage.xlsx).**

DOC. **Bordereau de livraison et cahier des charges**

BORDEREAU DE LIVRAISON N° 203157

Les Fruits de la Montagne Pelée
Quartier Cheval Blanc
97222 BELLEFONTAINE

Hyper U
49 boulevard de la Marine
97200 FORT-DE-FRANCE

Livraison le 10 octobre N
Vos références : commande n° 25MAD02 du 7 octobre
Mode de paiement : virement fin de mois
Conditions de transport : franco de port. Transport à température dirigée entre 4 °C et 7 °C
Emballage : cagettes sur palette

Référence	Désignation	Unité	Quantité commandée	Quantité livrée
3 256 870 064 008	Fraises - calibre 3 - maturité 2	Pièce	800	800
3 256 870 367 119	Fruits de la passion	Pièce	150	150
3 256 870 368 743	Ananas	Pièce	500	500
Nombre de colis : 4 palettes				
Poids total : 800 kg				
Visa du réceptionnaire :	Observations :			

Produits reçus :
16 barquettes de 500 g par cagette
Réception de 50 cagettes
Fraises calibrées à 50 mm environ

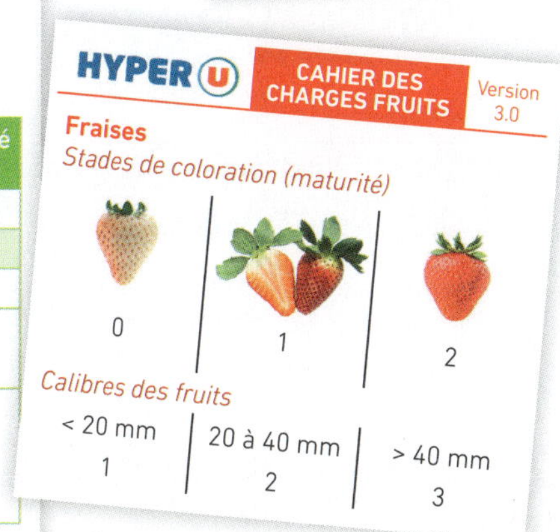

APPLICATION ★★

2 Réceptionner une livraison

Vous poursuivez votre formation en milieu professionnel au sein de l'hypermarché U de Fort-de-France. Aujourd'hui, vous êtes chargé(e) de réceptionner les livraisons. Juliette, la responsable Réception, vous charge de réceptionner la livraison n° 203679.

DOC. 1 Mail de commande

De : appro972fdf@hyperu.com
À : commercial@litte.fr
Objet : Commande n° 203186

Bonjour,

Je souhaiterais passer commande des références de produits laitiers suivants :
- 3 222 658 702 368, qté : 80
- 3 222 658 426 907, qté : 60
- 3 222 658 900 347, qté : 150
- 3 222 658 934 037, qté : 40

Cordialement,

Mme LÉMY
Responsable Approvisionnements

DOC. 2 Bon de livraison

BON DE LIVRAISON N° 203679

LITTÉE
Quartier Vert Pré
97231 LE ROBERT

Adresse de livraison :
HYPER U
49 boulevard de la Marine
97200 FORT-DE-FRANCE

Livraison le 11 octobre
Commande n° 203186 du 7 octobre
Mode de paiement : suivant conditions du contrat de vente
Conditions de transport : franco de port

Référence	Désignation	Unité	Quantité commandée	Quantité livrée	Observations
3 222 658 900 347	Yaourt Littée Amande	Pack de 4	150	150	
3 222 658 934 037	Yaourt Littée Acérola	Pack de 4	40	40	
3 222 658 426 907	Yaourt Littée Coco	Pack de 4	60	60	
3 222 658 702 368	Yaourt Littée Goyave	Pack de 4	80	80	

Nombre de colis : 2 palettes

Poids total : 320 kg

Observations à la livraison : Visa du réceptionnaire :

DOC. 3 Document de transport

LITTÉE	HYPER U	RÉCÉPISSÉ D'EXPÉDITION N° 220114					TRANSPORTS LOUISOR	
Quartier Vert Pré 97231 LE ROBERT	49 boulevard de la Marine 97200 FORT-DE-FRANCE						ZI du Lamentin 97233 SCHOELCHER	
Date : 11 octobre	**Dpt : 972**	2	320	xxx	xxx	xxx	xxx	xxx
Nature de la marchandise		Nb colis	Poids en kg	Port dû	TVA	Débours	Remboursement	TOTAL
Produits laitiers à transporter entre 4 et 6 °C		**UNITÉ DE MANUTENTION**					**Matières dangereuses**	
		Nombre		**Nature UM**				
		2		Palettes			~~OUI~~	NON
Instructions de l'expéditeur		**Reçu l'expédition conforme et en bon état**						
Respecter la chaîne du froid.		Réserves éventuelles : **Le**						

DOC. 4 Extraits du contrat avec le fournisseur Littée

Article 6. Les livraisons doivent être conformes aux demandes d'approvisionnement.

Les produits reçus endommagés ou ne respectant pas la chaîne du froid seront laissés au chauffeur.

Les produits reçus en surplus ou les erreurs de référence seront mis en zone Litige et seront traités ultérieurement avec le service Gestion des litiges.

Article 8. Gestion des litiges

Les **réserves** seront notifiées sur le document de transport. Elles seront confirmées par lettre recommandée avec AR sous 3 jours.

Les produits seront soit jetés, soit remis au transporteur suivant leur état.

Le transporteur est responsable de l'arrimage des marchandises transportées, c'est-à-dire qu'elles doivent être bien sanglées aux parois de la remorque.

Il doit veiller à ce que les marchandises soient livrées en bon état et conformes aux instructions données par l'expéditeur. À ce titre, il a une obligation de résultat.

Les **anomalies** seront notifiées sur le bon de livraison. Elles seront également notifiées par mail au fournisseur.

DOC. 5 Marchandises reçues

PALETTE N° 1
3 222 658 934 037 : 40
3 222 658 426 907 : 60
3 222 658 900 347 : 50

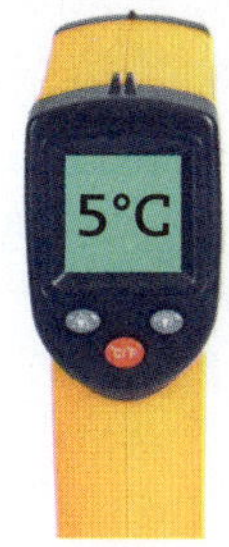

25 packs
3 222 658 900 347
éventrés

PALETTE N° 2
3 222 658 701 638 : 80
3 222 658 900 347 : 100

1 **Les produits reçus nous sont-ils bien destinés ?**

☐ Oui ☐ Non

Justifiez : ....

....

2 **Contrôlez la livraison et pointez chaque ligne du mail de commande, du bon de livraison et des palettes.**

3 **La livraison est-elle conforme ?**

☐ Oui ☐ Non

Si non, quelles sont les anomalies constatées ? ....

....

4 **Notifiez les litiges sur le bon de livraison et sur le document de transport.**

5 **Complétez la fiche de contrôle (fiche_controle.docx).**

6 **À l'aide d'un logiciel de traitement de texte, traitez les litiges en rédigeant une LRAR au transporteur puis le mail.**

Conseil – Épreuve E2

Ajouter à votre lexique les noms des documents commerciaux utilisés dans la grande distribution.

APPLICATION ★

3 Recenser les manquements aux règles de sécurité et d'hygiène

Le responsable administratif de votre stage souhaite vous sensibiliser aux règles de sécurité. Il vous demande de recenser dans un tableau (annexe) les manquements aux règles de manutention et de sécurité constatés aujourd'hui et d'indiquer les solutions à apporter.

ANNEXE Relevé des situations problématiques et solutions à apporter

Situation	Description	Risque lié à	Solutions à apporter
1 	Manuel, le réceptionnaire, roule souvent avec le chariot fourches hautes.	☐ la sécurité ☐ la manutention ☐ l'hygiène	
2 	Maxime a déposé des colis reçus ce matin à cet emplacement.	☐ la sécurité ☐ la manutention ☐ l'hygiène	
3 	Les fromages reçus il y a 2 heures sont toujours posés sur le comptoir du bureau Réception.	☐ la sécurité ☐ la manutention ☐ l'hygiène	
4 	Ces cartons menacent à tout moment de tomber.	☐ la sécurité ☐ la manutention ☐ l'hygiène	
5 	Cette poubelle déborde et est située dans l'allée Piétons.	☐ la sécurité ☐ la manutention ☐ l'hygiène	
6 	Rémy se rend en sandales et en short en zone Réception pour décharger les camions.	☐ la sécurité ☐ la manutention ☐ l'hygiène	

DOSSIER 3

Gérer les stocks

COMPÉTENCES

Assurer les opérations préalables à la vente

- Veiller à la gestion rigoureuse des stocks et au réapprovisionnement en tenant compte des règles d'hygiène et de sécurité
- Enrichir et exploiter le système d'information commerciale

RÉSULTATS ATTENDUS

- L'état des stocks est correctement renseigné et analysé
- Les stocks sont optimisés

Découvrir la moutarde française
liennathan.fr/cy043w

- Quel est le sens du message de cette publicité Biocoop ?
- Quel est le concept des magasins Biocoop ?

Contexte professionnel

Vous débutez une période de formation chez Germinal à Perrigny (89), l'un des 600 magasins du réseau Biocoop, qui agit pour une agriculture biologique durable et un commerce équitable. L'enseigne distribue exclusivement des produits alimentaires bio ainsi que quelques références non alimentaires. Cette grande surface spécialisée de 500 m² doit répondre chaque jour aux besoins d'une clientèle exigeante.

Le directeur du magasin, Benoît Gontrand, souhaite vous sensibiliser à l'importance d'une gestion des stocks rigoureuse. Vous prenez connaissance du dernier post sur Facebook :

> **Germinal Biocoop**
> 6 août, 14 h 25
>
> Notre plateforme a subi des inondations et nous rencontrons actuellement des problèmes d'approvisionnement sur certaines références. Certains produits frais sont en rupture de stock. Veuillez nous excuser pour le désagrément occasionné. Biocoop met tout en œuvre pour très rapidement vous proposer en rayon tous vos produits 100 % bio.

Fiche d'identité de l'entreprise

Raison sociale	....
Activité	....
Type de commerce	....
Forme juridique	SAS
Localisation	....
Concurrents	Les Comptoirs de la Bio, l'eau vive
Engagement sur l'approvisionnement	....

1. Quel est le problème rencontré par ce magasin Biocoop ?
2. Quelles sont les conséquences de cette situation sur les produits en magasin ?
3. Quelle est l'utilité de communiquer cette information sur la page Facebook du point de vente ?

MISSION 1

Découvrir les indicateurs de gestion des stocks

Chez Biocoop, nous proposons un rayon de produits en vrac en libre-service qui plaît beaucoup à notre clientèle avec ses 260 références alimentaires. Cela nécessite, plus que pour les autres produits, une vigilance quotidienne sur les quantités en stock (en magasin et en réserve). Un logiciel de gestion des stocks me permet de suivre chaque référence. Je vous ai laissé un mémo à consulter avant votre activité (document 1).

Analysez la fiche de stock de la semoule en vrac (document 2) que nous achetons en unités de 5 kg et complétez l'annexe.

DOC. 1 Mémo sur les indicateurs et outils de gestion des stocks

FICHE DE STOCK : document qui permet de suivre les mouvements et de connaître l'état des stocks. Une fiche est renseignée par référence de produits. Le **stock initial** correspond à la quantité de produits en stock en début de période.

Ventes =
sorties de stock

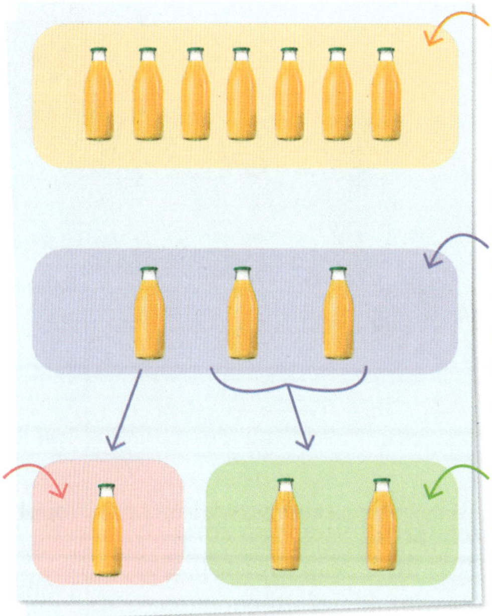

Stock maximum : quantité de produits en stock à ne pas dépasser.

Stock d'alerte ou **seuil de réapprovisionnement** : quantité de produits en stock qui déclenche la commande. Il permet d'assurer les ventes pendant le délai de livraison tout en tenant compte des imprévus.
Stock d'alerte = Stock minimum + Stock de sécurité

Stock de sécurité : quantité de produits en stock en plus du stock minimum qui permet de faire face à un imprévu (exemples : retard de livraison, variation des ventes).

Stock minimum : quantité de produits en stock qui correspond aux ventes pendant le délai de livraison.

DOC. 2 Fiche de stock

Fiche de stock

Rayon : Vrac
Fournisseur : Plateforme logistique Centre Nord-Est
Produit : Semoule couscous
Référence : VA 241
Unité de conditionnement : 5 kg
Délai de livraison : 1 semaine
Ventes moyennes hebdomadaires : 10 kg

Stock maximum : 7
Stock minimum : 2
Stock de sécurité : 1
Stock d'alerte : 3

Date	Opération	Entrée	Sortie	Stock
02/09/N	Stock initial			3
05/09/N	Sortie		1	2
09/09/N	Entrée	4		6
10/09/N				

ANNEXE Analyse de la fiche de stock de la semoule en vrac

1. Quelle était la quantité de semoule en stock au 2 septembre ?	
2. Quelles ont été les quantités vendues entre le 2 et le 9 septembre ? À quel mouvement de stock cela correspond-il ?	
3. Que s'est-il passé le 9 septembre ?	
4. Quel est le niveau de stock à ne pas dépasser ? Quel est l'intérêt de fixer ainsi une limite ?	
5. Étant donné que le délai de livraison est d'une semaine, comment le stock minimum a-t-il pu être évalué ?	
6. Sachant qu'une semaine correspond à 6 jours ouvrables, quel est le nombre de jours de vente couverts par le stock de sécurité ? (Arrondir à l'unité la plus proche.)	
7. Quel est l'intérêt de prévoir un stock de sécurité ?	
8. Comment le stock d'alerte a-t-il été déterminé ?	
9. Quelle est la date à laquelle ce stock a été atteint ? Quelle décision a été prise ? Justifiez.	

Nous sommes le 10 septembre. Mme Binta, une cliente, vous sollicite en rayon.

Bonjour, je vais vous prendre 3 sacs de semoule pour mon restaurant.

10. Mettez à jour la fiche de stock au 10 septembre (document 2).	
11. Suite à la mise à jour du stock, quelle décision allez-vous prendre et pour quelle quantité ? Quand aura lieu la livraison ?	

À VOUS DE JOUER !

Flashez le QR Code et répondez aux questions à l'aide de la vidéo « Dans les coulisses d'un magasin de déstockage alimentaire - La Quotidienne ».

liennathan.fr/qrd445

MISSION 2 Surveiller les variations de stocks

Nous informons nos clients sur notre page Facebook de tous les événements concernant le magasin. Ces publications sont largement suivies et ont un impact sur nos ventes. Cela nécessite d'anticiper les variations de nos stocks et d'avoir la bonne réaction lorsque nous sommes confrontés à des imprévus.

Je vous invite à découvrir différents événements qui ont eu lieu dans notre magasin (document). Proposez des actions à prévoir en conséquence en complétant l'annexe.

DOC. Publications sur la page Facebook du magasin

www

1 **Germinal Biocoop**
18 octobre

Vous qui êtes sociétaire de la coopérative, n'oubliez pas de profiter de votre avantage -10%, le jour de votre choix, jusqu'au 31 octobre.

À bientôt dans vos magasins.

2 **Germinal Biocoop**
20 septembre

Vous connaissez les pâtes d'Hildegarde à l'épeautre non-hybridé ?
Rencontrez la productrice locale d'Egriselles-le-Bocage qui vous explique la fabrication, la valeur nutritive, et vous donne des idées de préparations culinaires. 😊

Profitez-en !

AUJOURD'HUI DANS VOS MAGASINS :... Afficher la suite

3 **Germinal Biocoop**
9 octobre

DES CONFITURES TELLEMENT DÉLICIEUSES !

Nos nouvelles références de confiture du fournisseur « Coteaux Nantais », aux mirabelles, aux quetsches, et fraise rhubarbe ont rencontré un FRANC SUCCÈS et nous sommes en rupture de stock. Veuillez nous excuser de ce désagrément. Notre fournisseur met tout en œuvre pour rapidement répondre à vos envies.

À BIENTÔT DANS VOTRE MAGASIN 100 % BIO !

ANNEXE Gestion du stock en fonction des événements et aléas

ÉVÉNEMENT 1 – LA JOURNÉE SOCIÉTAIRE « – 10 % »

Consignes de Bertrand, chef du rayon « Épicerie »

L'opération commence dans une semaine. Il faut réajuster nos indicateurs et augmenter nos stocks de sécurité de deux unités pour chaque référence. Merci de mettre à jour l'extrait du logiciel de gestion des stocks, et de m'indiquer si je dois passer des commandes et en quelle quantité.

État des stocks au 23 septembre					
Référence	Désignation	Stock disponible	Stock maximum	Stock d'alerte	Nouveau stock d'alerte
VA 156	Riz basmati	4	12	4	....
VA 157	Lentilles vertes	6	10	3	....
VA 158	Coquillettes blanches	6	10	4	....
VA 159	Coquillettes complètes	0	9	3	....

Décision à prendre pour la référence VA 156 :

....

....

Décision à prendre pour la référence VA 157 :

....

....

Décision à prendre pour la référence VA 158 :

....

....

Décision à prendre pour la référence VA 159 :

....

....

ÉVÉNEMENT 2 – ANIMATION « PÂTES D'HILDEGARDE »

Les animations en magasin triplent en moyenne nos ventes habituelles du produit. Pour la dégustation, nous prévoyons deux unités de produit en plus par jour. L'animation est prévue sur deux jours. Dans cette situation, je ne peux pas suivre mes indicateurs habituels et je réalise donc une commande exceptionnelle. Calculez la quantité à prévoir en plus pour l'animation.

Ventes moyennes : 3,5 paquets/jour
Quantité à commander en plus :

....

....

ÉVÉNEMENT 3 – RUPTURE DE STOCK DES CONFITURES « COTEAUX NANTAIS »

1. À quoi est due la rupture de stock des confitures « Coteaux Nantais » ?

....

2. Cette situation est-elle liée à une mauvaise gestion des stocks dans le magasin ?

....

3. En plus d'un post sur la page Facebook, que peut faire le magasin pour informer les clients ?

....

4. Quel indicateur de gestion des stocks devrait être augmenté pour anticiper ce type d'aléas ?

....

MISSION 3

Connaître la valeur du stock

Loïc, gestionnaire de stocks : En gestion, il est important de toujours connaître la quantité de produits que nous avons en stock mais aussi la valeur du stock en euros, qui nous servira notamment au moment de l'inventaire. Les produits qui entrent en stock sont valorisés en fonction de leur prix d'achat, qui peut parfois varier (selon les saisons ou les années, par exemple). Nous utilisons pour notre rayon « Hygiène » la méthode du coût moyen unitaire pondéré (CUMP), bien adaptée à ce type de produits (non périssables) qui peuvent rester en stock sur une longue période.

Je dois m'absenter. Merci de me remplacer dans la mise à jour du stock. J'ai laissé mon logiciel de gestion ouvert sur l'état des stocks du fournisseur Bio Seasons (document 1). Mettez-le à jour avec le bon de réception du 10 octobre (document 2 et annexe 1). Je compte ensuite sur vous pour trouver la valeur du stock concernant ce fournisseur (annexe 2).
Loïc

DOC. 1 État des stocks du rayon « Hygiène » au 10 octobre – Fournisseur Bio Seasons

	A	B	C	D	E
1	Etat des stocks		Date : **10/10**		
2	Référence	Désignation	Quantité	Prix de vente HT	Prix d'achat HT
3	DPG123	Gel douche Argan Bio Seasons 1 l	6	13,59 €	9,71 €
4	DPG124	Gel douche Karité Bio Seasons 1 l	7	13,59 €	9,71 €
5	DPG125	Gel douche Thé Vert Bio Seasons 1 l	4	13,59 €	9,71 €
6	DPG126	Gel douche Miel Bio Seasons 1 l	3	13,48 €	9,63 €
7	DPG127	Gel douche Mangue Bio Seasons 1 l	1	13,64 €	9,74 €
8	DPG128	Gel douche Agrumes Bio Seasons 1 l	7	13,64 €	9,74 €
9	DPG129	Gel douche Argan Bio Seasons 300 ml	2	4,69 €	3,35 €
10	DPG130	Gel douche Karité Bio Seasons 300 ml	0	4,69 €	3,35 €
11	DPG131	Gel douche Thé Vert Bio Seasons 300 ml	1	4,69 €	3,35 €
12	DPG132	Gel douche Miel Bio Seasons 300 ml	5	4,68 €	3,34 €
13	DPG133	Gel douche Mangue Bio Seasons 300 ml	6	4,72 €	3,37 €
14	DPG134	Gel douche Agrumes Bio Seasons 300 ml	2	4,72 €	3,37 €

DOC. 2 Bon de réception du rayon « Hygiène » – Fournisseur Bio Seasons (10 octobre)

Bordereau d'expédition n° 165879
Préparation du 09/10
Livraison prévue le 10/10

Client : Germinal Biocoop 89000 Perrigny
Nombre de colis : 18

Référence	Désignation	UC*	Quantité livrée	Prix d'achat unitaire HT	Remarques
DPG123	Gel douche Thé vert Bio seasons 1 L	4	2	9,69 €	–
DPG126	Gel douche Miel Bio seasons 1 L	4	2	9,65 €	–
DPG127	Gel douche Mangue Bio seasons 1 L	4	3	9,73 €	–
DPG129	Gel douche Argan Bio seasons 300 mL	6	2	3,34 €	–
DPG130	Gel douche Karité Bio seasons 300 mL	6	3	3,35 €	–
DPG131	Gel douche Thé vert Bio seasons 300 mL	6	2	3,34 €	–
DPG132	Gel douche Miel Bio seasons 300 mL	6	1	3,32 €	–
DPG134	Gel douche Agrumes Bio seasons 300 mL	6	3	3,35 €	–

* UC : unité de commande (ex. : pour la référence DPG123, 1 carton commandé comprend 4 unités).

ANNEXE 1 Enregistrement des mouvements de stock

Ajouter un mouvement

Date 10-oct

Type de mouvement : Entrée

Articles	Quantité	Prix unitaire
Gel douche Thé vert Bio Seasons 1 l	8	9,69

Coût unitaire moyen pondéré
= (PA HT × Quantité en stock)
+ (PA HT × Quantité entrée)
/ (Quantité en stock + Quantité entrée)

ANNEXE 2 Valorisation du stock Gel douche Bio Seasons

58,26 + 77,52 → Valeur totale

135,78 / (6 + 8) → Coût unitaire (CUMP)

Référence	État des stocks au 10 octobre			Entrée en stock le 10 octobre			Valeur totale	Coût unitaire (CUMP)
	Quantité	PA HT	Montant	Quantité	PA HT	Montant		
DPG123	*6*	*9,71*	*58,26*	*8*	*9,69*	*77,52*	*135,78*	*9,70*
DPG124								
DPG125								
DPG126								
DPG127								
DPG128								
DPG129								
DPG130								
DPG131								
DPG132								
DPG133								
DPG134								
		Total				**Total**		

1. Quelle est la valeur totale du stock avant les entrées du 10 octobre ? après les entrées ?	
2. Quel est l'intérêt de calculer une moyenne du coût unitaire pour chaque produit en stock ?	

MISSION 4

Optimiser la durée de stockage

Malgré un suivi rigoureux des stocks, nous ne sommes pas à l'abri d'aléas qui peuvent occasionner soit des ruptures de stock, soit du surstockage. De plus, nous ne pouvons pas nous permettre de stocker trop longtemps nos produits car cela peut représenter un coût élevé pour l'entreprise.

Pour ajuster vos décisions, je vous propose plusieurs indicateurs (document 1) qui vous permettront d'identifier précisément la durée de stockage de vos produits et de repérer les produits les plus à risque.

Analysez quelques références d'épicerie sucrée qui subissent depuis quelques semaines des ruptures de stock fréquentes : complétez les annexes 1 et 2.

Vous trouverez sur mon ordinateur un extrait du cadencier (document 2).

DOC. 1 Indicateurs de suivi du stock

Exemple : Nutella, pot de 400 g – mois de janvier

	Semaine 1				Semaine 2				Semaine 3				Semaine 4				SF*
Produit	SI*	C*	L*	V*	SI	C	L	V	SI	C	L	V	SI	C	L	V	
Nutella	35	15	15	22	28	18	18	23	23	25	25	19	29	18	18	25	22

* SI : stock initial – C : commandes – L : livraisons – V : ventes – SF : stock final

Indicateur à utiliser	Formule de calcul	Définition et outils d'analyse	Exemple : Nutella, pot de 400 g
Stock moyen	$\frac{\text{Stock initial + Stock final}}{2}$	Nombre moyen de produits (ou valeur moyenne) en stock sur une période	(35 + 22) / 2 = 28,5 En moyenne, il y a eu 28,5 pots de Nutella en stock.
Coefficient de rotation du stock	$\frac{\text{Quantité vendue}}{\text{Stock moyen en quantité}}$ Ou : $\frac{\text{Chiffre d'affaires HT}}{\text{Stock moyen en valeur}}$	Nombre de fois où le stock moyen est renouvelé sur une période	Quantité vendue : 22 + 23 + 19 + 25 = 89 **Coefficient de rotation :** 89 / 28,5 = 3,12 Le stock moyen de pots de Nutella a été renouvelé 3,12 fois.
Durée de stockage (ou vitesse de rotation)	$\frac{\text{Période en jours}}{\text{Coefficient de rotation}}$ On considère qu'un an correspond à 360 jours et un mois à 30 jours.	Nombre moyen de jours pendant lequel le produit reste en stock Plus la durée est courte, plus il y a un risque de rupture de stock.	Période : 1 mois, donc 30 jours **Durée de stockage :** 30 / 3,12 = 9,62 Un pot de Nutella reste donc en moyenne 10 jours en stock.

DOC. 2 Extrait du cadencier des trois derniers mois

Désignation	Mai				Juin				Juillet				SF*
	SI*	C*	L*	V*	SI	C	L	V	SI	C	L	V	
Chocolat noir 80 % Équateur	18	114	114	125	7	102	102	98	11	116	116	115	12
Chocolat noir super fruit d'Amazonie	7	19	19	22	4	24	24	16	12	19	19	20	11
Chocolat noir muesli	15	10	10	13	12	15	15	16	11	12	12	16	7
Chocolat noir super fruit d'Afrique	3	19	19	18	4	28	28	23	9	21	21	22	8

* SI : stock initial – C : commandes – L : livraisons – V : ventes – SF : stock final

ANNEXE 1 Calcul des indicateurs de suivi de stock *(arrondir à deux décimales)*

Désignation	Ventes de la période (mai, juin, juillet)	Stock moyen sur la période	Coefficient de rotation	Durée de stockage en jours
Chocolat noir 80 % Équateur	....	....	....	....
Chocolat noir super fruit d'Amazonie	....	....	....	....
Chocolat noir muesli	....	....	....	....
Chocolat noir super fruit d'Afrique	....	....	....	....

ANNEXE 2 Analyse des résultats

Pour une bonne gestion des stocks sur l'épicerie sucrée, l'enseigne Biocoop préconise une durée moyenne de stockage de 8 jours.

Loïc, gestionnaire de stocks

Référence	Analyse de la durée de stockage	Décision à prendre
 Chocolat noir 80 % Équateur	**Constat :** ☐ Durée supérieure aux préconisations ☐ Durée inférieure aux préconisations ☐ Durée correspondant aux préconisations **Risque :** ☐ Surstockage ☐ Rupture de stock ☐ Pas de risque détecté	☐ Diminuer le niveau de stock d'alerte et/ou le stock maximum ☐ Augmenter le niveau de stock d'alerte et/ou le stock maximum ☐ Organiser une promotion pour diminuer le nombre de produits en stock ☐ Gestion satisfaisante, poursuivre ainsi
 Chocolat noir super fruit d'Amazonie	**Constat :** ☐ Durée supérieure aux préconisations ☐ Durée inférieure aux préconisations ☐ Durée correspondant aux préconisations **Risque :** ☐ Surstockage ☐ Rupture de stock ☐ Pas de risque détecté	☐ Diminuer le niveau de stock d'alerte et/ou le stock maximum ☐ Augmenter le niveau de stock d'alerte et/ou le stock maximum ☐ Organiser une promotion pour diminuer le nombre de produits en stock ☐ Gestion satisfaisante, poursuivre ainsi
 Chocolat noir muesli	**Constat :** ☐ Durée supérieure aux préconisations ☐ Durée inférieure aux préconisations ☐ Durée correspondant aux préconisations **Risque :** ☐ Surstockage ☐ Rupture de stock ☐ Pas de risque détecté	☐ Diminuer le niveau de stock d'alerte et/ou le stock maximum ☐ Augmenter le niveau de stock d'alerte et/ou le stock maximum ☐ Organiser une promotion pour diminuer le nombre de produits en stock ☐ Gestion satisfaisante, poursuivre ainsi
 Chocolat noir super fruit d'Afrique	**Constat :** ☐ Durée supérieure aux préconisations ☐ Durée inférieure aux préconisations ☐ Durée correspondant aux préconisations **Risque :** ☐ Surstockage ☐ Rupture de stock ☐ Pas de risque détecté	☐ Diminuer le niveau de stock d'alerte et/ou le stock maximum ☐ Augmenter le niveau de stock d'alerte et/ou le stock maximum ☐ Organiser une promotion pour diminuer le nombre de produits en stock ☐ Gestion satisfaisante, poursuivre ainsi

À VOUS DE JOUER !

Faites un compte rendu oral de l'état des stocks sous forme de jeu de rôle.

liennathan.fr/34adu7

MISSION 5

Optimiser la gestion des stocks grâce à la méthode des 20/80

Notre rayon « Fruits et légumes » doit être géré avec beaucoup de vigilance pour éviter des pertes trop importantes. Nous ne pouvons pas nous permettre d'avoir du surstockage étant donné que ce sont des produits périssables. Les ruptures de stock sont également très négatives pour notre image auprès de la clientèle. Afin de mettre en évidence les produits sur lesquels il faut avoir une attention plus particulière, il peut être utile de procéder à une segmentation à l'aide de la méthode des 20/80 (document 1). Repérez pour moi les 20 % des légumes les plus vendus en utilisant cette méthode (document 2 et annexe).

DOC. 1 La méthode des 20/80

Principe de la méthode

L'analyse consiste à rechercher les 20 % des références qui représentent 80 % des ventes ou de la valeur en stock. Ainsi, on pourra effectuer un suivi plus rigoureux sur ce groupe de produits.
À l'inverse, les 80 % des références restantes ne représentent que 20 % des ventes ou de la valeur en stock.

Remarque : la loi des 20/80 n'est pas toujours identifiable ou vérifiée.

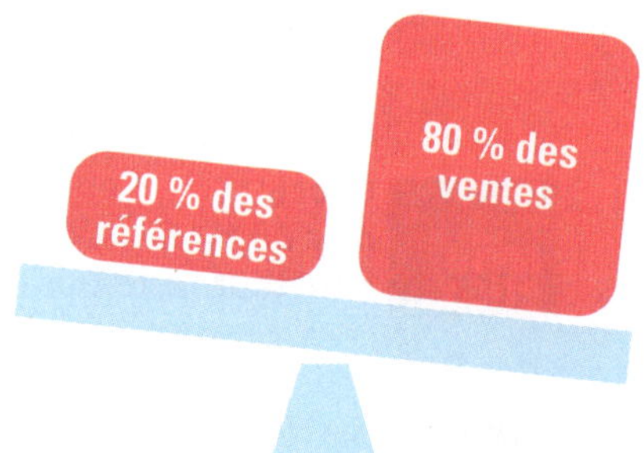

Démarche

1. Classer les produits dans l'ordre décroissant des ventes en termes de chiffres d'affaires.
2. Calculer la part de chaque référence dans le total.
3. Cumuler le pourcentage des références.
4. Calculer la part de valeur de chaque référence dans le total.
5. Cumuler le pourcentage des CA.
6. Repérer si 20 % des produits représentent 80 % de la valeur (des ventes ou du stock).

DOC. 2 État des ventes de légumes du 01/06 au 30/06

Désignation	CA HT en €	Désignation	CA HT en €
Artichauts	153,60	Choux-fleurs	177,60
Asperges	340,80	Concombres	744,10
Brocolis	331,20	Courgettes	2 151,60
Tomates	7 560,25	Carottes	2 640,20
Épinards	148,80	Aubergines	446,40
Salades	504,00	Haricots verts	551,90
Poivrons	456,00	Navets	56,40
Champignons de Paris	172,80	Petits pois	91,20
Radis	196,80	Poireaux	427,20
Pommes de terre	6 479,75	Oignons	158,40
Total nombre de références	**20**	**Total CA HT en €**	**23 789,00**

ANNEXE Analyse du stock du 01/06 au 30/06

Démarche	① CA classé par ordre décroissant	② (Référence / Nombre total de références) × 100	③ Poids de la référence en % + % des références précédentes	④ (CA de la référence / CA total de toutes les références × 100)	⑤ CA en % + % des CA des références précédentes
Désignation	**CA HT en €**	**Part des références en %**	**Références cumulées en %**	**Part du CA HT en %**	**CA cumulé en %**
Tomates	*7 560,25*	*5*	*5*	*31,78*	*31,78*
Pommes de terre	*6 479,75*	*5*	*10*	*27,24*	*59,02*
……………………	……………………	……………………	……………………	……………………	……………………
……………………	……………………	……………………	……………………	……………………	……………………
……………………	……………………	……………………	……………………	……………………	……………………
……………………	……………………	……………………	……………………	……………………	……………………
……………………	……………………	……………………	……………………	……………………	……………………
……………………	……………………	……………………	……………………	……………………	……………………
……………………	……………………	……………………	……………………	……………………	……………………
……………………	……………………	……………………	……………………	……………………	……………………
……………………	……………………	……………………	……………………	……………………	……………………
……………………	……………………	……………………	……………………	……………………	……………………
……………………	……………………	……………………	……………………	……………………	……………………
……………………	……………………	……………………	……………………	……………………	……………………
……………………	……………………	……………………	……………………	……………………	……………………
……………………	……………………	……………………	……………………	……………………	……………………
……………………	……………………	……………………	……………………	……………………	……………………
……………………	……………………	……………………	……………………	……………………	……………………
……………………	……………………	……………………	……………………	……………………	……………………
……………………	……………………	……………………	……………………	……………………	……………………
Total	**23 789**	**100 %**		**100 %**	

Analyse selon la méthode des 20/80

1. Quelles sont les 4 références qui génèrent 80 % du CA à elles seules ?	– – – –
2. Pourquoi faut-il les surveiller ?	…………………………………………………………
3. Quelle référence a le moins d'impact sur le CA ?	…………………………………………………………

Évaluez votre réussite du dossier P. 7

SYNTHÈSE

liennathan.fr/g589jh

1 Découvrir les indicateurs de gestion des stocks

Pour gérer les niveaux de stock, on utilise des indicateurs.

- À ne pas dépasser : ……………………………………
- Le moment pour commander : le stock d'alerte = …………………… + ……………………

2 Surveiller les variations de stocks

Objectifs

- ……………………………………
  ……………………………………
- Limiter les coûts de stockage et pour cela éviter les surstocks

3 Connaître la valeur du stock

Il est important de connaître la valeur du stock.

- ……………………………………
  ……………………………………
- Afin de respecter la réglementation au moment de l'inventaire

4 Optimiser la durée de stockage

Suivi d'indicateurs (pour éviter le surstockage et les ruptures de stock)

- …………………… (Nombre moyen de jours de stockage)
- …………………… (Nombre de renouvellements du stock sur la période)
- …………………… (Quantités moyennes stockées)

5 Optimiser la gestion des stocks grâce à la méthode des 20/80

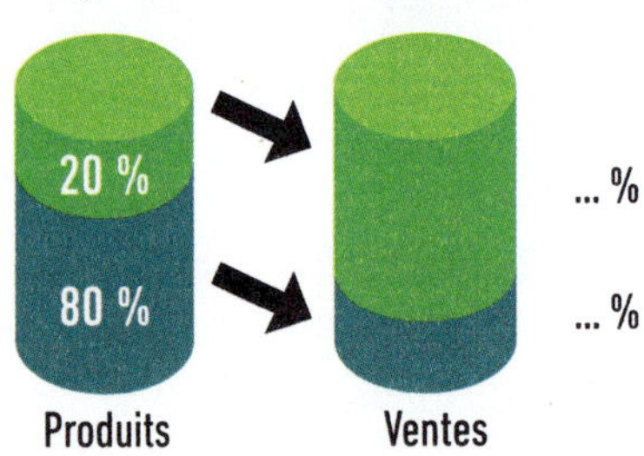

MOTS-CLÉS

Stock maximum • Stock minimum • Stock d'alerte • Stock de sécurité • Rupture de stock • Surstockage

QUIZ
liennathan.fr/9y3k8x
SCORE
……………

APPLICATION ★

1 Fixer et repérer les niveaux de stock

Vous êtes employé(e) chez E.Leclerc et assistez le chef du rayon « Surgelés » durant la période estivale. Celui-ci vous demande de l'aider à référencer un nouveau produit, la glace Magnum Praliné Noisette, et de fixer les indicateurs de niveaux de stock à l'aide du document.

DOC.

Gestion du rayon « Surgelés »

- La dernière nouveauté Magnum s'est vendue à 15 unités par jour en moyenne sur la période d'été.
- Habituellement, sur les glaces, le stock de sécurité correspond à 1 jour de vente et le délai d'approvisionnement est de 2 jours.
- Pour les surgelés, le stock maximum est fixé au double du stock d'alerte.

Conseil – Épreuve E2
Il vous faut connaitre le rôle des indicateurs de gestion des stocks pour pouvoir les justifier.

1 À partir de l'expérience de gestion de stock sur ce rayon, établissez les niveaux de stock pour la glace Magnum Praliné Noisette.

	Nombre d'unités	Justification
Stock de sécurité	…………	…………
Stock minimum	…………	…………
Stock d'alerte	…………	…………
Stock maximum	…………	…………

2 Vous faites le point sur les autres produits de la marque. Déterminez, pour les références suivantes, s'il est nécessaire de passer une commande et en quelle quantité (vous justifierez oralement vos réponses auprès du chef de rayon).

Références	Unité de commande[1]	Stock disponible	Stock maximum	Stock d'alerte	Commande	Quantité éventuelle à commander (en unités de commande)[2]
Magnum Double Chocolat	10	38	80	40	☐ Oui ☐ Non	…………
Magnum Classic	10	54	100	50	☐ Oui ☐ Non	…………
Magnum Vanille Amandes	10	0	70	35	☐ Oui ☐ Non	…………
Magnum Chocolat blanc	10	25	50	25	☐ Oui ☐ Non	…………
Assortiment 6 mini Magnum	8	49	100	50	☐ Oui ☐ Non	…………

1. Nombre de produits dans 1 carton.
2. Arrondir si besoin à l'unité de commande inférieure afin de ne pas dépasser le stock maximum.

APPLICATION

pix 1.3. Traiter des données

2 Optimiser la durée de stockage

Vous réalisez une de vos PFMP dans une boutique Carré Blanc récemment ouverte à Marseille. Votre responsable, Mme Remadna, s'inquiète de la quantité de produits en réserve et vous charge de faire un bilan sur les durées de stockage moyennes de ces produits. Elle vous transmet un fichier Excel à compléter (« stock-carre-blanc.xlsx »).

DOC. Préconisations de l'enseigne

Catégorie	**Chambre** (parures de lit, housses de couette, linge de lit, literie)	**Salle de bains** (ensembles de bain, linge de bain, peignoirs, plage)	**Cuisine** (linge de table, linge de cuisine)
Durée de stockage préconisée	80 jours	75 jours	90 jours

1 Ouvrez le fichier Excel et complétez le tableau réalisé par votre responsable :
– commencez par la ligne « Parures de lit » en intégrant les bonnes formules de calcul ;
– servez-vous des « points de réussite » pour vérifier vos réponses de la première ligne (si le chiffre passe de 0 à 1 : bonne réponse !) ;
– utilisez la poignée de recopie pour recopier votre formule pour les autres familles de produits.

2 Formez trois groupes d'élèves. À partir des préconisations de l'enseigne (document), proposez une analyse et des améliorations possibles pour les familles de chaque catégorie (chaque groupe traitera une catégorie). Complétez le tableau ci-dessous.

ANALYSE ET AMÉLIORATIONS POSSIBLES (un tableau à compléter par groupe)

Catégorie de produits :	
Constats sur les durées de stockage par rapport aux préconisations	**Risques et améliorations possibles par famille**
• Familles dont la durée est supérieure aux préconisations :	• Risque de rupture pour .... ➡ il faut augmenter le niveau de stock d'alerte.
• Familles dont la durée est inférieure aux préconisations :	• Risque de surstockage pour .... ➡ il faut réduire le niveau de stock d'alerte.
• Familles dont la durée correspond aux préconisations :	• Il ne faut rien changer pour ....

3 Utiliser la méthode des 20/80

Vous venez d'obtenir votre Bac Pro et êtes embauché(e) dans une entreprise d'e-commerce spécialisée dans la vente de vêtements sportswear pour hommes en provenance des États-Unis. Votre responsable, M. Lamy, le créateur du site, vous demande de réaliser une étude de son stock afin de repérer les produits à surveiller plus particulièrement. En effet, il veut éviter de se retrouver en surstockage sur certains produits et donc mettre en avant les produits à écouler en priorité. Il vous a donné ses consignes par courriel (document 1) et vous a fourni une aide méthodologique sur Excel (document 2).

DOC. 1 Instructions de M. Lamy

Objet : Analyse du stock

Bonjour,
Je m'inquiète de la situation du stock. J'ai l'impression d'immobiliser beaucoup de trésorerie sur certaines références. J'essaie de répondre le plus possible à la demande et d'anticiper les modes et besoins de mes clients en commandant certaines références en plus grande quantité.
J'aimerais que vous m'aidiez à visualiser la valeur du stock en segmentant les familles de produits afin que je repère celles qui sont les plus importantes dans le stock et que je vais devoir écouler en priorité. Pour cela, vous pouvez vérifier si le stock suit la loi de Pareto (20/80). Vous trouverez en pièce jointe un tableau Excel à compléter en utilisant l'état du stock actuel.
Merci ensuite d'analyser les données obtenues.
M. Lamy

Conseil – Épreuve E2

Vous pouvez être amené à analyser le tableau ci-dessous déjà complété. Dans ce cas, ce sont les « colonnes cumulées » (D et G) qu'il faut repérer pour identifier les produits à surveiller.

DOC. 2 Méthodologie Excel

3. Saisir en C2 la formule de calcul en utilisant la fonction F4 qui permet de geler la cellule « TOTAL » (B12) dans la formule. Ainsi, lors de la recopie de la formule, la même cellule sera utilisée. Pour cela, sélectionner B12 dans la formule puis F4 pour obtenir : "B12"

	A	B	C	D	E	F	G
1	Catégories de produits	Nombre de références en stock	Part des références (en %)	Références cumulées (en %)	Valeur du stock en €	Part du stock (en %)	Valeur du stock cumulée (en %)
2	Accessoires	26			296		
3	Casquettes de baseball	23			514		
4	Joggings	11			498		
5	Polos	19			522		
6	Shorts-Bermudas	16			878		
7	Sous-vêtements	26			339		
8	Sweats à capuche	29			8 794		
9	Tee-shirts manches courtes	43			889		
10	Tee-shirts manches longues	33			769		
11	Veste à capuche	22			11 136		
12	TOTAL						

1. Utiliser la fonction « trier et filtrer » pour classer les données dans l'ordre décroissant.

2. Faire le total de la colonne B en B12 avec la fonction « somme ».

4. Saisir la formule.

5. Utiliser à nouveau F4 dans la formule.

6. Saisir la formule.

1 **Complétez le fichier Excel « Sportswearusa.xlsx » à l'aide du document 2.**

2 **Préparez un bilan à l'attention de M. Lamy.**

☐ La loi des 20/80 n'est pas vérifiée. ☐ La loi des 20/80 est vérifiée.

Si la loi des 20/80 est vérifiée, les catégories de produits présentes dans les 20 % à mettre particulièrement en avant sur le site sont les suivantes :

....

....

APPLICATION ★★ pix 1.3. Traiter des données

4 Déterminer la valeur du stock

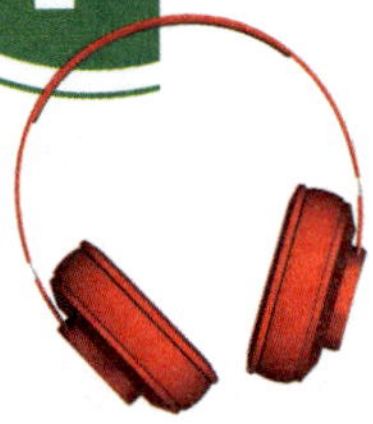

Vous effectuez une période de formation en milieu professionnel durant votre Bac Pro chez Boulanger, grande surface spécialisée dans la vente d'appareils électroménagers. Votre responsable, M. Laurent, vous demande de l'aider dans la gestion de stock de la référence « Casque Beats Solo3 Red ».

DOC. Mouvements observés pour la référence « Casque Beats Solo3 Red »

1er juin	Quantité disponible après comptage manuel : 5 casques achetés 122 € l'unité
4 juin	Commande de 4 casques pour un prix d'achat de 126 € l'unité
6 juin	Livraison de la commande du 4 juin
8 juin	Mise en avant du produit. Vente de 4 casques
9 juin	Commande de 7 casques pour un prix d'achat de 124 € l'unité
11 juin	Le produit est toujours mis en avant. Vente de 5 casques, rupture de stock
12 juin	Livraison de la commande du 9 juin
14 juin	Le produit n'est plus mis en avant. Vente d'un casque
20 juin	Vente de 2 casques
22 juin	Commande de 3 casques pour un prix d'achat de 125 € l'unité
24 juin	Livraison de la commande du 22 juin
29 juin	Vente de 2 casques

1 **À partir des mouvements de stock observés pour la référence « Casque Beats Solo3 Red » (document), calculez, sur le fichier Excel CasqueBeats.xlsx (onglet « CUMP après chaque entrée »), la valeur du stock de ce produit pour le mois de juin en utilisant la méthode du CUMP après chaque nouvelle entrée de produits.**

2 **M. Laurent souhaite vous faire essayer une autre méthode de valorisation : le CUMP en fin de période. Ouvrez, sur le même fichier Excel, l'onglet « CUMP fin de période » et complétez le tableau avec les informations sur les mouvements de la référence « Casque Beats Solo3 Red ». Complétez le prix d'achat unitaire moyen puis le montant du stock (cellules rouges).**

3 **En consultant les montants de fin de période au 29 juin, indiquez la méthode qui a donné la valeur la plus importante à votre stock.**

....

4 **Une rupture de stock a eu lieu pendant la période du mois de juin. À partir des ventes de casques, vérifiez les indicateurs en complétant le tableau ci-dessous.**

Stock moyen	Coefficient de rotation	Durée de stockage
....	....	....

5 **La durée de stockage préconisée pour cette famille de produits est de 11 jours. Commentez le résultat obtenu.**

....

6 **Indiquez quelle peut être, selon vous, l'origine de cette rupture de stock.**

....

DOSSIER 4

Agencer la surface de vente en respectant les règles d'hygiène et de sécurité

COMPÉTENCES

Rendre l'unité commerciale attractive et fonctionnelle
- Participer à l'agencement de la surface de vente.
- Veiller au respect des règles d'hygiène et de sécurité.

Assurer les opérations préalables à la vente
- Respecter les règles de valorisation des déchets et réduire le gaspillage.

RÉSULTATS ATTENDUS
- L'agencement de l'unité commerciale est pertinent et différencié selon le type d'unité commerciale
- Les déchets sont valorisés et le gaspillage est réduit
- Les règles d'hygiène et de sécurité sont scrupuleusement respectées

Contexte professionnel

Ouvrir un magasin de hi-fi en 2022 (de 1,17' à 5,56')
liennathan.fr/b4aidg

- Relevez les évolutions qui ont impacté les magasins de hi-fi ces dix dernières années.

Vous réalisez votre PFMP au sein de l'enseigne Bose&Sony de Colmar, en Alsace. Ce point de vente fait partie du groupe Réactiv-it, qui compte aujourd'hui quatre sites de vente et conseil de produits Son – Hi-fi – Vidéo dans la région. L'équipe est composée de professionnels qui ont su développer un savoir-faire unique dans l'élaboration et la création de projets en lien avec l'audiovisuel, la vidéo, l'ameublement, le luminaire, l'informatique, et même la domotique. L'enseigne assure avec professionnalisme l'étude, l'installation, la mise en service et le suivi de chaque projet, afin de garantir un résultat optimal à ses clients, particuliers ou professionnels.

M. Grandemange, le responsable de Bose&Sony Colmar, vous demande de l'assister dans le déménagement du point de vente, qui doit s'implanter dans un local entièrement rénové. Il souhaite ainsi vous sensibiliser au respect des règles d'hygiène et de sécurité avant l'ouverture d'un nouveau magasin.

Fiche d'identité de l'entreprise

Raison sociale	Bose&Sony
Localisation	
Groupe commercial	
Nombre de sites de vente	
Activité	
Produits/services vendus	
Force de l'entreprise	

1. **Quelles sont les deux marques que la boutique commercialise ?**
2. **Quelles missions votre tuteur souhaite-t-il vous confier ?**

MISSION 1 Appréhender les règles de sécurité concernant l'aménagement des locaux

Je souhaiterais que vous m'aidiez à réfléchir à l'agencement de la nouvelle boutique. Je vous ai fourni les règles de sécurité à respecter (document 1) ainsi que le plan du local (annexe 1). Indiquez, en reportant le bon numéro sur le plan, l'emplacement de chacun des éléments suivants :

1. L'entrée du local

2. La vitrine du point de vente

3. L'accès à la réserve

4. L'emplacement des sanitaires

Vous vérifierez, en les cochant sur l'annexe 1, que chaque règle de sécurité est bien prise en compte.

DOC. 1 Les règles de sécurité

Les principales exigences liées à la sécurité ont pour objectif :
– de prévenir les risques d'accidents du travail et les maladies professionnelles ;
– de prévenir les dysfonctionnements des installations et équipements pour éviter qu'ils ne soient la cause d'accidents ou d'incidents pour le personnel et les clients.

Aménagement / Conception des espaces
Pour la prévention des incendies, des normes précises doivent être respectées concernant l'aménagement : vérification des issues de secours et de l'accès, qui doit être libre et dégagé. L'entreprise doit disposer d'extincteurs en nombre suffisant (au moins un par étage), régulièrement vérifiés.

Affichage
Les coordonnées des services d'urgence (pompiers et SAMU au minimum) doivent être affichées dans l'établissement.

www.fiducial.fr

ANNEXE 1 Plan du nouveau local et consignes de sécurité

Vérification des règles de sécurité :

☐ Sorties de secours

☐ Présence d'extincteurs

☐ Affichage des informations sur les services d'urgence

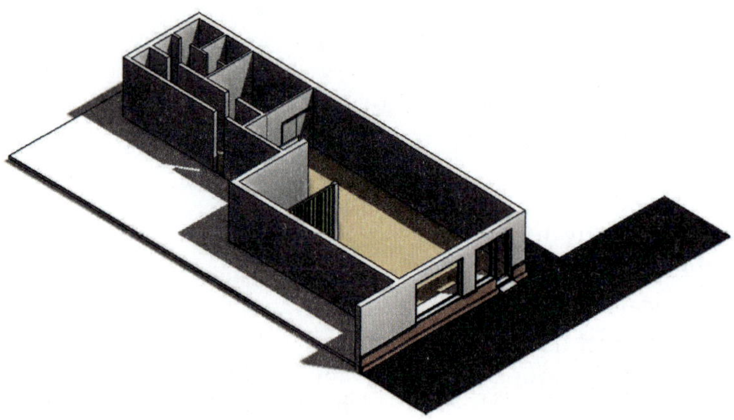

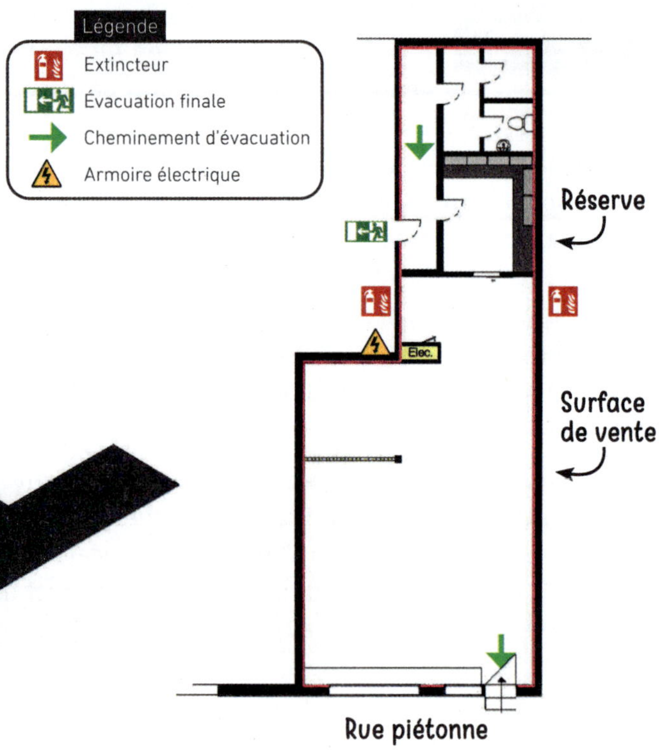

DOC. 2 Obligations

1. La banque d'accueil	Elle doit être d'une hauteur maximale de 0,80 m pour être accessible à une personne assise.
2. L'affichage et la communication	Les éléments doivent être visibles par une personne assise.
3. Les éléments en hauteur	Ils doivent être placés à plus de 2,20 m.
4. Les allées	Elles doivent respecter une largeur minimale de 1,20 m (0,90 m pour les allées secondaires).
5. Le rangement des marchandises	Il doit être effectué entre 0,40 m et 1,30 m, pour qu'une personne en fauteuil puisse les attraper.

Nous avons également des obligations à respecter concernant l'accueil des personnes handicapées. Merci de replacer sur le schéma (annexe 2) les points de vigilance liés à l'agencement intérieur (document 2).

M. Grandemange

ANNEXE 2 Les obligations en matière d'accueil des personnes handicapées

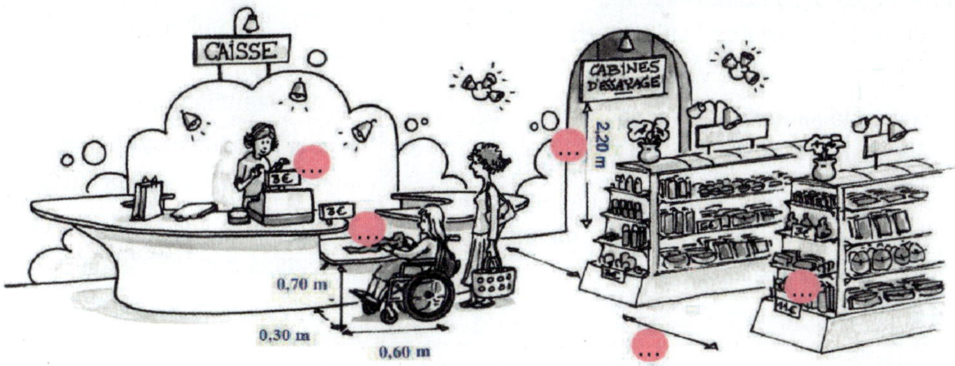

Source : CNISAM

DOC. 3 La responsabilité du commerçant

En cas de non-conformité aux normes d'accessibilité aux handicapés, le risque est celui d'une amende de 45 000 €.

Les commerçants sont tenus vis-à-vis de leurs clients à une obligation générale de sécurité. Une obligation très large puisqu'elle concerne le mode de commercialisation, le conditionnement et les conditions d'exposition des produits. Ainsi, lorsqu'un client est victime d'un accident dans un magasin (par exemple, s'il fait une chute sur un sol mouillé) et se blesse, il peut obtenir la condamnation du commerçant à lui verser des dommages-intérêts s'il prouve que cet accident résulte d'un manquement à son obligation de sécurité.

Le commerçant s'expose à d'autres risques et sanctions :

– l'assurance peut, en cas de sinistre, décliner sa responsabilité en l'absence de respect réglementaire ;

– en cas de contrôle, si l'inspecteur du travail constate des manquements graves aux règles de sécurité ou d'hygiène, il peut aller jusqu'à fermer l'établissement ;

– en cas d'accident du travail ou de maladie professionnelle d'un salarié, la responsabilité civile personnelle de l'employeur peut être engagée si la faute inexcusable est reconnue. Celle-ci entraîne une réparation du préjudice subi (souffrances morales et physiques, esthétiques...).

Pour finir, je voudrais vous sensibiliser à la responsabilité que porte le commerçant. Surlignez, dans le document 3, les différentes sanctions en cas de non-respect des règles de sécurité ou en cas d'accident dans le magasin.

MISSION 2

Respecter les obligations d'affichage

Afin de respecter les règles d'hygiène et de sécurité dans le futur point de vente, repérez dans le document 1 les obligations d'affichage imposées par le Code du travail. Complétez ensuite l'annexe 1 en indiquant si les informations que j'ai préparées sont obligatoires ou facultatives.

DOC. 1 L'affichage dans les commerces et magasins

AFFICHAGE OBLIGATOIRE

- Horaires d'ouverture
- Informations sur les prix
- Les affichages obligatoires imposés par le Code du travail dès 1 salarié tels que :
  - Interdiction de fumer et vapoter
  - Consignes de sécurité et d'incendie
  - Coordonnées des services de secours d'urgence
- Diagnostics de performance énergétique pour les bâtiments de plus de 250 m² recevant du public

AFFICHAGE INFORMATIF

- Offres promotionnelles : soldes, discount, ventes privées, offres de fidélité
- Affiches publicitaires
- Mise en avant des nouveautés produits
- Distinctions et diplômes : « élu meilleur artisan 2019 »
- Modes de paiement acceptés
- Petites annonces

ANNEXE 1 Informations obligatoires ou facultatives sur le lieu de vente

Information	Obligatoire	Facultative	Justification
– 15 % sur les enceintes connectées jusqu'au 25 décembre	☐	☐	....
Votre magasin Bose est ouvert tous les jours de 10 h à 12 h et de 14 h à 19 h. Fermé le dimanche.	☐	☐	....
Paiement par chèque accepté	☐	☐	....
Interdiction de fumer et vapoter	☐	☐	....

Nous sommes donc dans l'obligation d'afficher les consignes de sécurité.

À l'aide du document 2, précisez, pour chaque pictogramme de l'annexe 2, s'il s'agit d'une interdiction, d'une prévention, d'une obligation, d'une consigne en cas d'évacuation ou d'une consigne en cas d'incendie. Donnez ensuite la signification exacte du pictogramme parmi la liste proposée.

Merci de mettre ensuite à jour le panneau qui présente les consignes de sécurité et d'incendie (annexe 3). Complétez-le avec les informations propres à la boutique en reportant le numéro de chaque information au bon emplacement.

DOC. 2 La signification des pictogrammes de sécurité

INCENDIE	INTERDICTION	PRÉVENTION	OBLIGATION	ÉVACUATION
Carré rouge	Cercle rouge barré	Triangle jaune	Rond bleu	Carré vert

ANNEXE 2 Lecture des consignes de sécurité

Termes à replacer :

Sol glissant – Point de rassemblement – Gants de protection – Entrée interdite – Bouton d'alarme incendie

Obligation				

ANNEXE 3 Consignes de sécurité et de confinement

1. Adresse : 29 rue Vauban – Colmar
2. Prévenir les pompiers en cas d'incendie au 18 ou au 112.
3. Le point de rassemblement est situé à l'extérieur du local, rue Vauban.
4. Prévenir le SAMU en composant le 15.
5. La trousse de secours et le défibrillateur se trouvent dans la réserve.
6. En cas de confinement, écouter la radio Europe 1 sur 94.6.
7. Pour tout incident, appeler immédiatement le 06 21 21 XX XX.

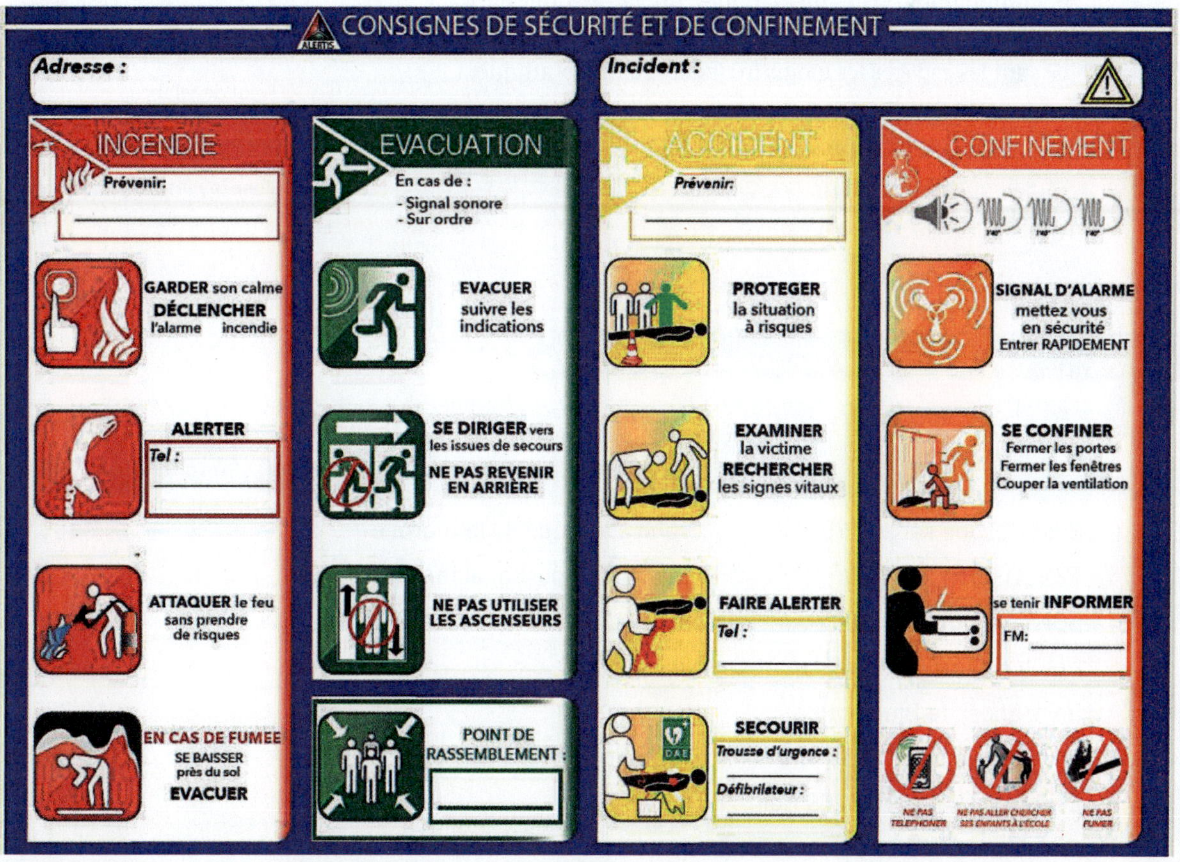

MISSION 3

Aménager l'espace de vente

De : agrandemange@reactivit.fr
À : stagiaire@reactivit.fr
Objet : Aménagement de l'espace

Bonjour,
Vous connaissez désormais l'architecture et les contraintes techniques de notre nouveau local. Je voudrais que vous fassiez une proposition d'implantation des produits qui tienne compte des règles de circulation des clients (document). Dans l'annexe 1, déterminez la zone d'implantation des différents produits puis calculez le CA pour vérifier si l'implantation est pertinente.
Cordialement,
Alexis Grandemange

DOC. Le sens de circulation des visiteurs

Selon les études comportementales, les clients ont tendance à rester dans la première partie du magasin et à se déporter vers la droite. Par conséquent, vous devez placer dans les zones 1 et 3 vos produits phares, vos nouveautés, vos produits engageant la participation du client, vos promotions, etc.

Plus votre client s'avance dans le magasin et plus son intérêt diminue. Il vous faudra donc aiguiser sa curiosité en installant sur ce trajet des points de relance comme des animations ou des thématiques. Implantez donc dans les zones 5 et 6 les produits qui se vendent sans appui car ce sont les espaces les moins fréquentés d'une boutique.

Les zones 2 et 4, situées près des caisses, représentent des espaces d'achats impulsifs.

D'après www.galaktik.fr

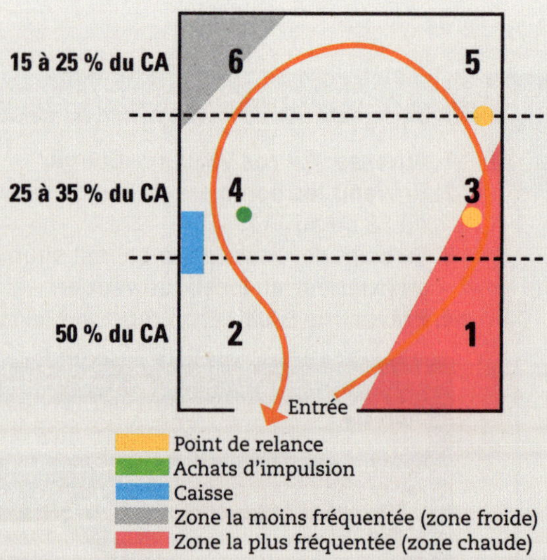

ANNEXE 1 Zone d'implantation des produits

Produits	Informations sur le produit	N° de la zone	Quantité vendue	CA/mois habituel en €	%/CA habituel total
Bose Casque sans fil 700	Grand classique de la marque	....	26	7 300	....
TV LED SONY 4K UHD	Très bon rapport qualité/prix	....	1	1 000	....
SONY – TV OLED 4K 164 cm	Nouveauté	....	1	3 990	....
Home cinéma BOSE 650 BLANC	Nouveauté	....	2	3 592	....
Bose Enceinte Bluetooth	Nouveauté		45	10 300	....
Lunettes de soleil Bose Alto	Promotion	....	3	595	....
Écouteurs Sony WIC300B Noir	Promotion	....	108	4 350	....
Total		....	....	....	**100,00**

ANNEXE 1 Zone d'implantation des produits (suite)

	Calcul	Résultat	%/CA habituel total
CA Zones 1 et 2			
CA Zones 3 et 4			
CA Zones 5 et 6			
Total			

En tenant compte de votre étude et de vos connaissances, analysez les deux implantations ci-dessous (annexe 2) et choisissez celle qui répond parfaitement aux attentes de l'enseigne et à la réglementation. Vous justifierez votre choix.

Dans un second temps, vous indiquerez, sur le schéma d'implantation retenue :
- le sens de circulation des clients dans le magasin, à l'aide d'une flèche ;
- la limite entre la zone chaude (zone la plus fréquentée du magasin) et la zone froide (zone la moins fréquentée du magasin), à l'aide d'une diagonale.

ANNEXE 2 Choix de l'implantation

A Produits phares, nouveautés, produits engageant la participation du client, promotions…

B Produits susceptibles de provoquer des achats d'impulsion

C Produits qui se vendent sans appui

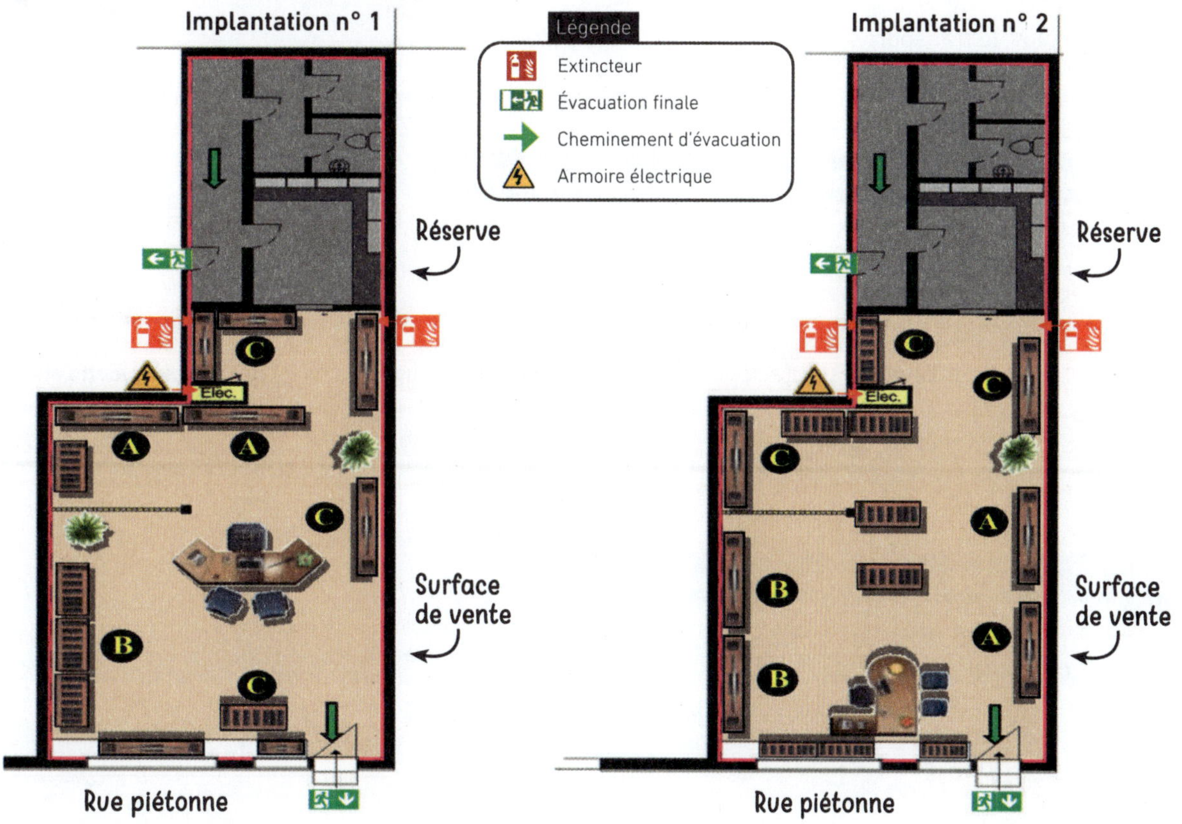

N° de l'implantation retenue : ....

Justification : ....

....

....

À VOUS DE JOUER !
Flashez le QR Code et répondez aux questions à l'aide de la vidéo « Tentation dans les supermarchés : aménagement et placement des produits ».
liennathan.fr/q8yj33

© Nathan. La photocopie non autorisée est un délit.

MISSION 4

Implanter les produits dans le respect des règles de sécurité

Je vous félicite pour votre travail : nous avons un beau local tout neuf et aménagé ! Je souhaite maintenant que vous vous intéressiez à l'implantation des produits dans le mobilier. Vous allez devoir déplacer les produits, parfois lourds, et les mettre en place dans le magasin.

À l'aide des documents 1 et 2, précisez quel outil de manutention vous utiliserez, en justifiant votre choix dans l'annexe 1.

DOC. 1 Le port de charges (extrait du Code du travail)

Les jeunes travailleurs et les femmes employés dans les entreprises ne peuvent porter, traîner ou pousser des charges d'un poids supérieur aux poids suivants :

14-15 ans	16-17 ans	+ de 18 ans
Hommes		
15 kg	20 kg	55 kg
Femmes		
8 kg	10 kg	25 kg

De plus, le transport sur diable est interdit aux personnels de moins de 18 ans et aux femmes enceintes.

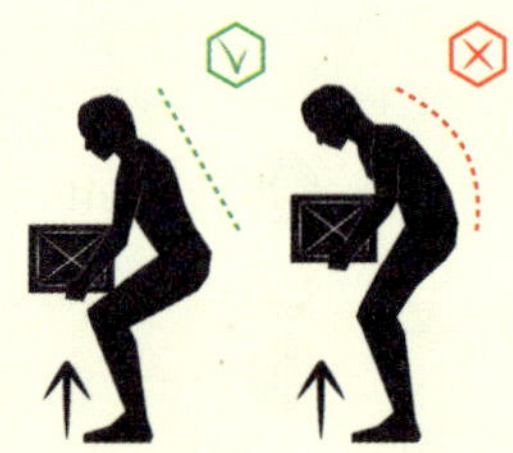

DOC. 2 Les outils de transport des marchandises

Le diable	**Le transpalette manuel**	**Le transpalette électrique**
Capacité : 300 kg	Capacité : 2 000 kg	Capacité de charge : 1 500 kg Diminue la charge physique grâce à l'assistance électrique.

ANNEXE 1 Choix des outils de transport

Visuel du produit	Dénomination	Poids	Outil à utiliser	Situations	Port ou non de la charge ?
	Boîte en carton contenant un écran TV d'une dimension de 1 300 × 1 000 cm	23 kg	....	Paul, 16 ans	....
	Palette avec 32 cartons d'une dimension de 80 × 120 × 100 cm	275 kg	....	Pierre, 18 ans	....
	6 boîtes contenant des HP connectés d'une dimension de 25 × 25 × 35 cm	18 kg	....	Farah, 25 ans	....
	1 boîte contenant des casques d'une dimension de 20 × 25 × 25 cm	20 kg	....	Vous	....

Prenez connaissance du document 3 puis proposez, en complétant l'annexe 2, une implantation efficace du rayon en indiquant l'emplacement des produits proposés. Attention, un même produit peut être présenté plusieurs fois sur différents niveaux de présentation.

VOCABULAIRE

Niveau de présentation : hauteur de placement d'un produit. Plus un produit est visible et facile d'accès, plus il se vend.

DOC. 3 Niveaux de présentation et zones du rayon

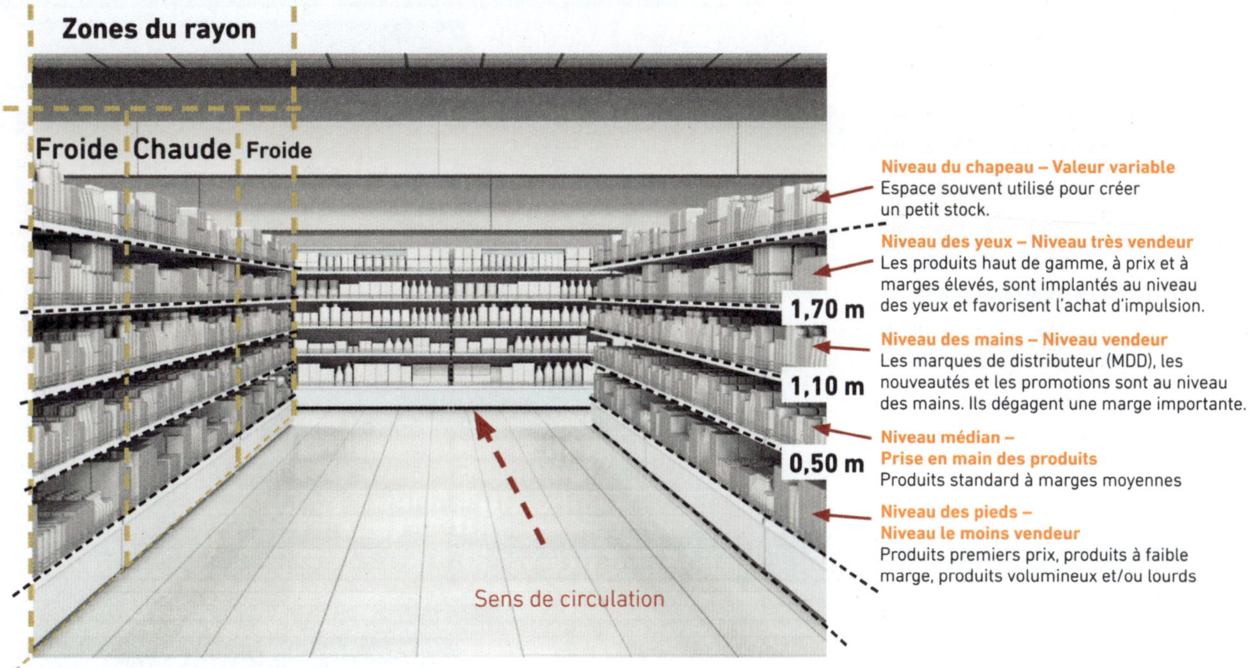

ANNEXE 2 Produits à implanter

1	2	3	4	5

TX-NR696 Ampli 435 × 173,5 × 379,5 mm Poids : 10 kg	BOSE SOUNDLINK H. 13,3 cm / L. 12,7 cm Poids : 540 g	TV LED 65" (165 cm) 145 × 89,9 × 31,6 cm Poids : 35 kg	BOSE SOUNDTOUCH 24,6 × 43,5 × 18 cm Poids : 8,40 kg	Casque BOSE 18 × 14 × 6 cm Poids : 161,60 g
Produit standard à marge moyenne	Produit premier prix à faible marge	Produit volumineux et lourd	Produit standard à marge moyenne	Produit haut de gamme à marge élevée
Niveau de présentation proposé				
....	....	....	....	....

MISSION 5

Traiter les déchets

Notre boutique est bientôt prête à accueillir nos clients. Maintenant que nous avons aménagé l'espace, il faut nettoyer l'ensemble et traiter les déchets. Renseignez-vous auprès des services de la ville de Colmar (documents 1 à 3) et indiquez dans l'annexe comment trier les déchets .

ÉCO-DROIT
MODULE 2
liennathan.fr/e3o113

DOC. 1 Site Internet de la ville : les conteneurs bleus

WWW

Ce que j'y mets :
- Les bouteilles et flacons en plastique
- Les briques et emballages en carton
- Les emballages en métal
- Tous les papiers

Ce que je n'y mets pas :
- Les barquettes alimentaires vides
- Les pots de yaourt
- Les sacs et suremballages de bouteilles
- Les barquettes alimentaires vides et polystyrène
- Les produits d'hygiène

DOC. 2 Site Internet de la ville : les conteneurs verts

WWW

Ce que j'y mets :
- Les bouteilles en verre
- Les pots et bocaux en verre (sans bouchons, ni couvercles)

Ce que je n'y mets pas :
- Les verres à boire
- La vaisselle

DOC. 3 Quelques conseils pratiques pour une bonne utilisation des conteneurs

- Les déchets non recyclables sont à jeter dans les conteneurs noirs.
- Mettre à plat et plier les cartons avant de les introduire dans le conteneur.
- Les gros cartons et les encombrants doivent être déposés en déchetterie (accès gratuit) avec le Pass déchets.
- Ne pas imbriquer les emballages.
- Déposer en vrac et non dans un sac.
- Bien vider les emballages mais inutile de les laver.
- Ne pas y déposer de palettes en bois (à évacuer à la déchetterie si elles ne sont pas consignées).

Source : www.agglo-colmar.fr/tri-selectif

ANNEXE Déchets à trier

1

Cartons vides 40 × 40 cm

2
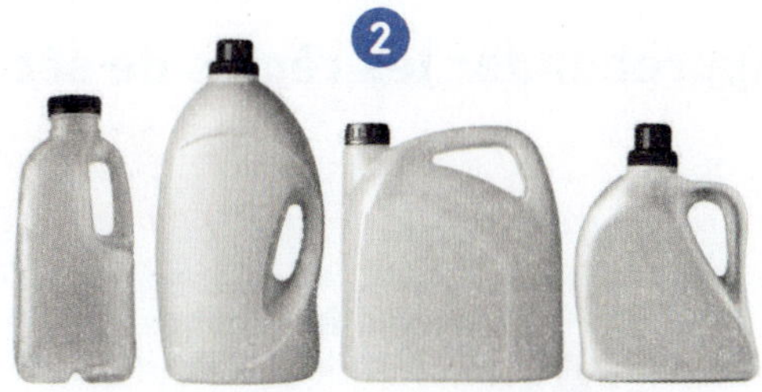
Bouteilles et flacons en plastique

3

Papier bulle de protection

4

Polystyrène

5

Pots à vis en verre

6

Bouteilles en verre

7

Palettes en bois non consignées

8

Scotch usagé

Numéros des déchets à mettre dans le conteneur vert : ....

Numéros des déchets à mettre dans le conteneur bleu : ....

Numéros des déchets à mettre dans le conteneur noir : ....

● **Y a-t-il des déchets non traités ? Que pouvez-vous faire ?**

....

....

....

À VOUS DE JOUER !
Flashez le QR Code et répondez aux questions à l'aide de la vidéo « Le recyclage des DEEE ».
liennathan.fr/zm0urz

Évaluez votre réussite du dossier P. 7

SYNTHÈSE

liennathan.fr/ip6itf

1 Appréhender les règles de sécurité concernant l'aménagement des locaux

Obligation générale de sécurité du commerçant

Sécurité des locaux
- ……………………
- ……………………
- ……………………

……………………
Allées larges, mobilier adapté…

2 Respecter les obligations d'affichage

- ……………………
- ……………………
- 18 ……………………
- ……………………
- ……………………

3 Aménager l'espace de vente

Les univers de produits sont implantés selon le sens de circulation des clients.

…………………… : zone la moins fréquentée ⇒ placement des produits qui se vendent sans appui

…………………… : zone la plus fréquentée ⇒ produits phares, nouveautés

4 Implanter les produits dans le respect des règles de sécurité

L'implantation des produits est réalisée :

À l'aide du matériel de transport adapté au poids des marchandises (ex. : ……………………)

En respectant les niveaux de présentation :
- niveau le plus vendeur : ……………………
- niveau le moins vendeur : ……………………

5 Traiter les déchets

Déchets recyclables
Ex. : ……………………

Déchets non recyclables
Ex. : ……………………

Déchets consignés
Ex. : ……………………

MOTS-CLÉS

Obligation générale de sécurité • Sens de circulation • Zone chaude • Zone froide • Niveau de présentation • Tri sélectif

QUIZ liennathan.fr/90kch7 SCORE ……

APPLICATION ★

1 Le respect des règles de sécurité dans un rayon

Vous réalisez une période de PFMP dans l'enseigne Cora de Wittenheim, dans le Haut-Rhin. Marc Vitterein, responsable de secteur, souhaite vous sensibiliser aux règles d'hygiène et de sécurité à respecter dans la grande distribution. Le nombre de métiers qui existent au sein d'un seul et même magasin est très important et, proportionnellement, le nombre de règles à respecter l'est aussi.

Conseil – Épreuve E2
Faites appel au bon sens pour décoder ce type de situation.

Analysez les situations suivantes afin de repérer s'il y a un risque et d'envisager une solution.

Situations	Situation à risque		Description du risque / Solution(s) à envisager
	OUI	NON	
Tom travaille au **laboratoire-boucherie**. Aujourd'hui, il avait un rendez-vous important et n'a pas nettoyé le sol en fin de journée avant de partir.	☐	☐	....
Céline, employée au rayon « **Fromages à la coupe** », n'a pas rangé ses couteaux avant de prendre sa pause.	☐	☐	....
Omar travaille à l'espace « **Boulangerie** ». Il porte tous les matins des dizaines de sacs de farine de 40 kg sur plusieurs mètres afin de préparer le pain fabriqué sur place.	☐	☐	....
Sarah est au service des clients dans le rayon « **Électroménager – Hi-fi – Vidéo** ». Régulièrement, elle déballe des produits des cartons. Il lui arrive parfois d'oublier les boîtes dans l'allée où circulent les clients.	☐	☐	....
Vincent est employé au service « **Nettoyage et désinfection** ». Le samedi, jour de forte affluence, il n'a pas forcément le temps de ramasser tous les petits déchets laissés par les clients à proximité des poubelles.	☐	☐	....

APPLICATION ★★

2 Implanter les produits en respectant la chaîne du froid

Vous réalisez une PFMP dans un hypermarché de votre région. Votre tutrice vous demande de l'accompagner dans l'aménagement des rayons « Produits frais » et « Grand frais », qui représentent une zone sensible en raison du respect obligatoire de la chaîne du froid (document 1).

DOC. 1 La chaîne du froid

Une rupture de la chaîne du froid peut entraîner la multiplication de bactéries qui va nuire à la qualité des produits frais ou surgelés, en altérer l'odeur, la couleur ou la saveur et aussi déclencher des intoxications alimentaires aux conséquences graves pour la santé. La qualité des produits et la santé des consommateurs sont des éléments incontournables de l'image de votre entreprise.

www.metro.fr

DOC. 2 Plan de la surface de vente à implanter

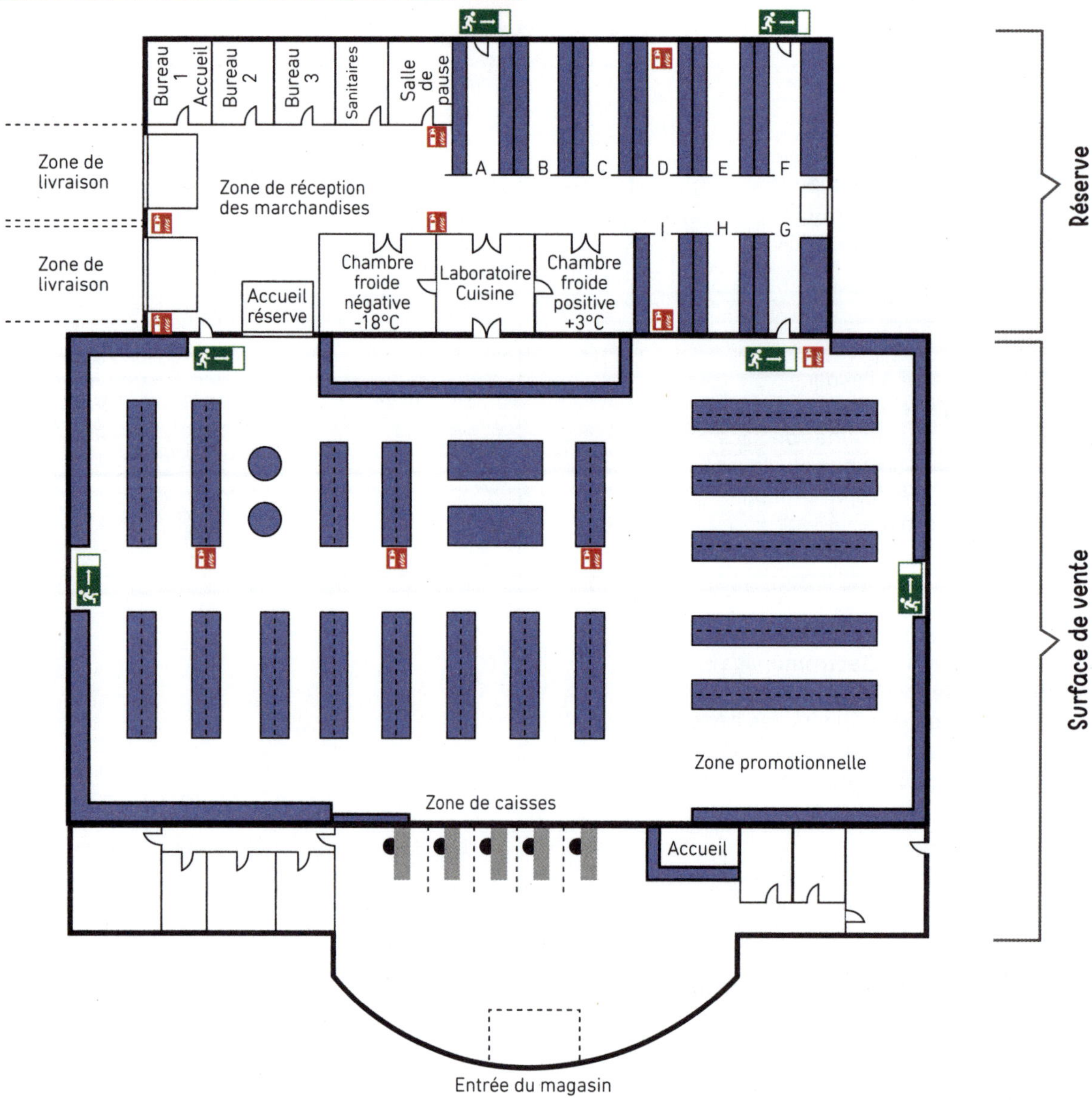

DOC. 3 Tableau d'enregistrement des températures de stockage

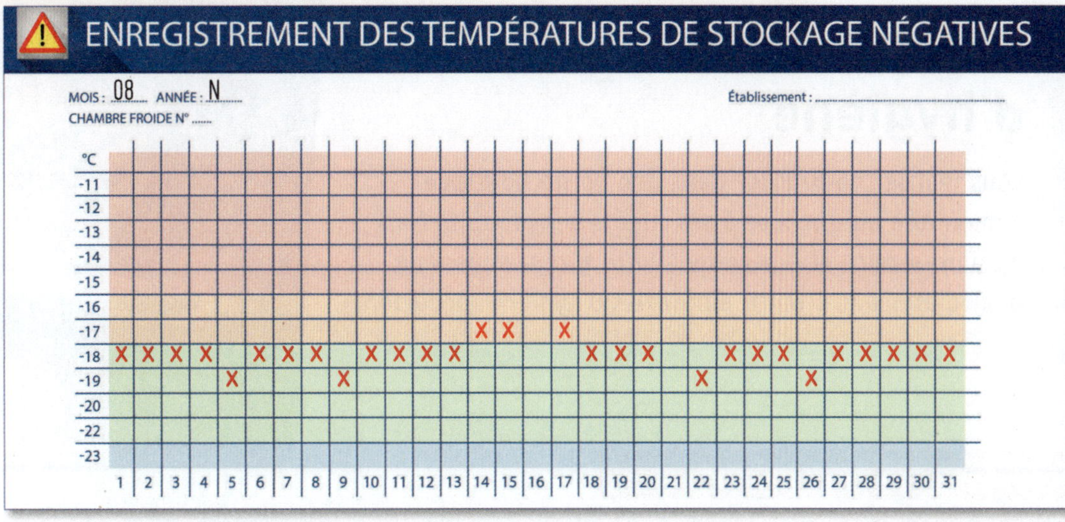

Source : www.metro.fr

1 **Analysez la surface de vente (document 2) et entourez sur le plan l'emplacement idéal pour implanter les produits frais et surgelés en diminuant au maximum les temps de trajet des marchandises depuis la réserve. Pensez aussi à maximiser le trajet du client (notamment pour les surgelés, généralement pris en dernier dans le magasin). Justifiez ci-dessous votre choix.**

> **Conseil – Épreuve E2**
> **Faites appel à la logique pour résoudre cette situation.**

....

....

....

....

2 **Tracez sur le plan le chemin des produits suivants de manière à optimiser le respect de la chaîne du froid.**

Couleur du trait	Type de produit	Point de départ	Point d'arrivée
Rouge	Surgelés	Camion (livraison)	Bac réfrigéré surface de vente
Vert	Frais	Camion (livraison)	Réfrigérateur surface de vente
Bleu	Frais	Chambre froide réserve	Réfrigérateur surface de vente
Noir	Surgelés	Chambre froide réserve	Bac réfrigéré surface de vente

3 **Analysez le tableau d'enregistrement des températures de stockage (document 3) et répondez aux questions suivantes.**

a. Que s'est-il passé les 16 et 21 août ?

....

....

....

b. Quelles peuvent être, selon vous, les causes de ce constat pour notre client ?

....

....

....

c. Quelles mesures doivent être prises immédiatement ?

....

....

APPLICATION

3.2 Développer des documents multimédia

3 Identifier les règles d'hygiène

Vous réalisez votre PFMP dans une petite boutique alimentaire qui propose à ses clients des produits frais en libre-service et à la coupe. Votre tuteur vous rend immédiatement attentif aux règles d'hygiène (document).

DOC. Les dangers microbiologiques

LES DANGERS MICROBIOLOGIQUES - LES 5 M

De nombreuses bactéries, virus sont susceptibles d'être présents ou de contaminer les aliments. Identifier les causes de contamination ou de multiplication des bactéries dans l'aliment permet de mettre en place les mesures préventives.

LA CONTAMINATION

Les causes de contaminations peuvent être multiples, on utilise les « **5 M** » comme moyen mnémotechnique :

LES CAUSES	LES MOYENS DE PRÉVENTION
Matériel	Hygiène et désinfection – Etablir un plan de nettoyage et désinfection
Milieu	• Séparer les zones propres et les zones sales, plan de nettoyage et désinfection. • Veiller à l'aération, la ventilation et la protection contre les nuisibles (insectes, rongeurs).
Méthodes	• Eviter les contaminations croisées d'un aliment cru vers un aliment cuit ou d'un aliment brut ou emballé vers une préparation finie. • Séparer dans l'espace ou le temps les opérations de désemballage, d'épluchage et les opérations d'assemblage de produits prêts à consommer. • Se laver les mains entre chaque opération.
Main d'oeuvre	Personnel : propreté de la tenue, bonne santé, hygiène des mains, formation aux règles d'hygiène en cuisine.
Matières premières	Vérifier la fraicheur et la qualité des matières premières (respect des DLC, des conditions de stockage, intégrité des emballages…).

QUELQUES RÈGLES DE BASE :

Tout plat chaud qui n'est pas consommé immédiatement

doit être maintenu à **+ de 63°C**

ou descendu en température à **- de 10°C** en **- de 2h**

Décongeler les produits dans un frigo à **+ 4°C**

LA MULTIPLICATION

Certaines bactéries présentes dans les aliments frais peuvent s'y multiplier très rapidement. Le froid positif limite la multiplication mais ne la stoppe pas, le froid négatif bloque la multiplication mais ne tue pas les bactéries. La cuisson détruit une bonne partie des bactéries mais peuvent subsister des spores ou des toxines. La multiplication des bactéries (qui peut être très rapide : « explosion ») sera rendue possible par une rupture de la chaine du froid ou un refroidissement trop lent (maintien de l'aliment aux alentours de 30 - 40°C).

VOUS & METRO

Source : www.metro.fr

1 **À l'aide du document, listez les causes de contamination et donnez un exemple pour chaque cause.**

....

....

....

....

....

2 **Sur poste informatique, en binôme, réalisez une affiche A4 présentant les différentes sources de contamination. Cette affiche devra être particulièrement visuelle et proposer des images ou pictogrammes facilement compréhensibles et mémorisables pour le personnel de l'entreprise.**

DOSSIER 5

Fixer le prix de vente

COMPÉTENCE

Assurer les opérations préalables à la vente

- Établir un prix en fonction des variables commerciales données.

RÉSULTATS ATTENDUS

- Les produits commercialisés sont connus et leurs caractéristiques techniques (et commerciales) sont maîtrisées.

Ce que cache le prix (très) élevé des parfums
liennathan.fr/vgob01

- Identifiez comment le prix des parfums de grandes marques est fixé.
- Selon vous, ce prix est-il justifié ?

Contexte professionnel

Les filles d'abord
BOUTIQUE

Vous êtes en période PFMP au sein de la SARL « Les filles d'abord », une boutique de prêt-à-porter féminin située dans le centre-ville de Châtillon-sur-Seine en Côte-d'Or, qui propose une large gamme de produits : vêtements, sous-vêtements, bijoux, foulards, sacs à main... La gérante, Mme Blachet, vend également en ligne *via* le site www.lesfillesdabord.boutique ; et depuis la crise du Covid, elle anime également chaque quinzaine des ventes en direct sur Facebook.

Nous sommes en septembre. Toujours en quête de nouveautés, votre tutrice souhaite se développer dans la vente de parfums génériques aux mêmes senteurs que les parfums de grandes marques en vue des fêtes de Noël. Elle a trouvé un fournisseur, Sentori, qui pratique des réductions intéressantes et des prix très compétitifs. Elle vous demande de l'aider à fixer les bons prix de vente qui sauront séduire sa clientèle et rentabiliser son affaire.

Fiche d'identité de l'entreprise

Raison sociale	....
Activité	....
Type de commerce	....
Statut juridique	SARL (Société à responsabilité limitée)
Produits vendus	....
Localisation	....
Canaux de vente	....

1. **Quels sont les différents types de réductions que Mme Blachet peut obtenir de son fournisseur ?**
2. **Comment ces réductions peuvent-elles influer sur la fixation des prix des parfums pour Mme Blachet ?**

MISSION 1

Fixer le prix de vente selon les coûts

Avant tout, il est très important d'être rentable et vous savez que la législation nous interdit de revendre à perte. Je vous propose de commencer par reprendre les calculs commerciaux (document 1) et les éléments qui composent le prix de vente d'un produit (document 2) pour déterminer les prix de vente des parfums de mon fournisseur Sentori. Vous compléterez les tableaux en annexes 1 et 2.

DOC. 1 Rappel sur les calculs commerciaux

Prix de vente HT = Coût de revient + Marge

Montant de la TVA = $\text{PV HT} \times \frac{\text{Taux de TVA}}{100}$

Prix de vente TTC = PV HT + Montant de la TVA
= PV HT × Coefficient de TVA (rappel : 1,20 ou 1,10 ou 1,055 ou 1,021)
= Coût de revient × Coefficient multiplicateur

Taux de marge = $\frac{\text{Marge}}{\text{Coût de revient HT}} \times 100$ Donc **Marge** = $\text{Coût de revient} \times \frac{\text{Taux de marge}}{100}$

Taux de marque = $\frac{\text{Marge}}{\text{Prix de vente HT}} \times 100$ Donc **Marge** = $\text{PV HT} \times \frac{\text{Taux de marque}}{100}$

DOC. 2 La composition du prix de vente du parfum

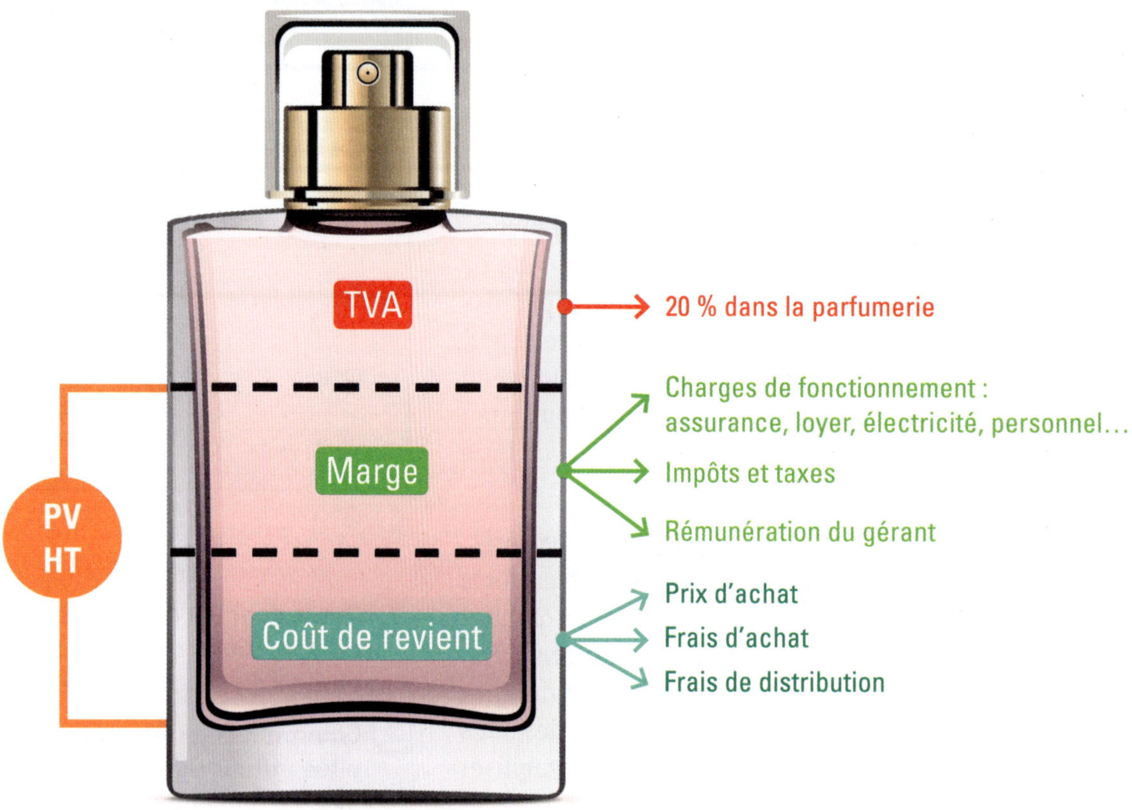

ANNEXE 1 Calcul du coût de revient des parfums du fournisseur Sentori

Produits	Prix d'achat HT	Frais d'achat	Frais de distribution	Coût de revient
Miss Pretty	12,40 €	0,82 €	0,20 €	…………
Gold Ring	14,70 €	1,39 €	0,20 €	…………
Blonde	14,30 €	1,34 €	0,20 €	…………
Facetious	15,80 €	1,44 €	0,20 €	…………

Pour fixer le prix de vente HT, j'envisage de réaliser un taux de marge de 45 %.

ANNEXE 2 Calcul du PV TTC des parfums du fournisseur Sentori

Produits	Coût de revient	Marge[1]	Prix de vente HT	Prix de vente TTC[2]
Miss Pretty	…………	…………	…………	…………
Gold Ring	…………	…………	…………	…………
Blonde	…………	…………	…………	…………
Facetious	…………	…………	…………	…………

1. Arrondir à deux décimales. 2. Arrondir à l'euro.

- **Pouvez-vous dire qu'un parfum est plus rentable qu'un autre ? Justifiez.**

……………………………………………………………

……………………………………………………………

……………………………………………………………

À VOUS DE JOUER !
Flashez le QR Code et réalisez le quiz sur la structure d'un prix.
liennathan.fr/hbtycc

MISSION 2

Fixer le prix de vente selon la demande

De : catherine.blachet@lesfillesdabord.fr
À : stagiaire@orange.fr
Objet : Calcul du prix psychologique

Bonjour,

Maintenant que vous avez compris comment calculer le prix de vente à partir du coût de revient, mais il faut savoir que cela n'est pas suffisant.

En effet, le client est roi : c'est lui qui prend la décision d'acheter ou non et le prix est le premier facteur qui intervient dans la décision d'achat : il ne doit être ni trop élevé, ni trop bas. C'est ce que l'on appelle le « prix psychologique ».

Je souhaiterais que vous calculiez le prix psychologique pour le parfum *Blonde*, c'est-à-dire le prix pour lequel il y aura un maximum d'acheteurs potentiels. Pour cela, complétez le tableau en annexe à partir des résultats d'une enquête réalisée précédemment par un stagiaire auprès d'un échantillon de 50 acheteurs potentiels (document) auxquels il a posé deux questions :

1) ***Au-dessus de quel prix n'achèteriez-vous pas le parfum* Blonde *car vous le jugeriez trop cher ?***

2) ***Au-dessous de quel prix n'achèteriez-vous pas le parfum* Blonde *car vous le jugeriez de mauvaise qualité ?***

Dans l'annexe, il faudra calculer le pourcentage de réponses pour chaque prix proposé, puis les pourcentages cumulés croissants et décroissants.

Merci et bon courage !

Catherine Blachet

DOC.

Résultats de l'enquête

Prix de vente proposé	Nombre de personnes pour la réponse à la question 1 (prix trop élevé)	Nombre de personnes pour la réponse à la question 2 (mauvaise qualité)
16 €	0	11
18 €	1	11
20 €	3	7
22 €	3	7
24 €	5	7
26 €	5	3
28 €	6	3
30 €	8	1
32 €	10	0
34 €	9	0

Pour information, le prix psychologique est le prix qui permettra d'obtenir le plus grand pourcentage d'acheteurs potentiels. Pour vous aider, j'ai complété les deux premières lignes.

ANNEXE Calcul du prix psychologique (ou prix d'acceptabilité) du parfum *Blonde*

Prix de vente proposé	Nombre de réponses « prix trop élevé »	Pourcentage de réponse	Pourcentage cumulé croissant A	Nombre de réponses « mauvaise qualité »	Pourcentage de réponse	Pourcentage cumulé décroissant B	Acheteurs potentiels en % 100 – (A + B)
16 €	0	(0 / 50) x 100 = 0 %	0 %	11	(11 / 50) x 100 = 22 %	100 %	100 – (0 + 100) = 0 %
18 €	1	(1 / 50) x 100 = 2 %	0 + 2 = 2 %	11	(11 / 50) x 100 = 22 %	100 – 22 = 78 %	100 – (2 + 78) = 20 %
....	....	....	....	....	....	....	....
....	....	....	....	....	....	....	....
....	....	....	....	....	....	....	....
....	....	....	....	....	....	....	....
....	....	....	....	....	....	....	....
....	....	....	....	....	....	....	....
....	....	....	....	....	....	....	....
....	....	....	....	....	....	....	....
TOTAL	....	....	....	....	....	....	....

Arrondir les chiffres au dixième.

- **Quel prix décidez-vous d'appliquer pour le parfum *Blonde* ? Justifiez votre réponse.**

....

....

- **Comparez le prix psychologique obtenu ici au prix de vente TTC de ce même parfum calculé dans la mission précédente (annexe 2). Quel prix allez-vous proposer à votre tutrice ?**

....

....

....

À VOUS DE JOUER !
Flashez le QR Code et calculez le prix psychologique du sac Eastpack® des élèves de la classe.
liennathan.fr/2dip8j

MISSION 3

pix D1.1. Mener une recherche et une veille d'information

Fixer le prix de vente selon la concurrence

Je dois également observer ce que pratique la concurrence pour éviter de perdre des parts de marché, et donc des clients.

J'ai demandé à Alice, en classe de seconde, qui était ici la semaine dernière en PFMP, d'effectuer quelques relevés de prix auprès d'une concurrente qui vend à domicile sur notre région, ainsi que sur le site Internet eBay (document 1).

Les réseaux sociaux étant de plus en plus présents avec la vente d'occasions et la vente entre particuliers, les clients sont devenus exigeants et de véritables connaisseurs. Pour ma part, j'ai décidé d'opter pour une politique de prix ronds et une politique d'alignement sur la concurrence, tout en veillant à garder une marge suffisante.

Je vous laisse un document explicatif sur les politiques de fixation des prix (document 2). Déterminez le prix de vente des produits que j'ai sélectionnés dans ma vitrine (document 3) en complétant l'annexe.

ÉCO-DROIT
MODULE 2
liennathan.fr/i5gikw

DOC. 1 Les prix des concurrents

Extrait du catalogue d'Élodie Duval, vendeuse à domicile de parfums génériques, à 12 km de la boutique

Parfums en 100 ml (avec la correspondance)	Prix
Claudy (= *Chloé*)	22,90 €
Moody (= *La Petite Robe noire*)	24,90 €
Ess aimée (= *Flower* de Kenzo)	27,90 €
Anilen (= *Alien* de Mugler)	24,90 €
Intential (= *Intense* de Dior)	35,90 €
Tierra D'Mess (= *Terre d'Hermès*)	33,90 €

Extrait de la page d'un vendeur de parfums génériques sur le site eBay

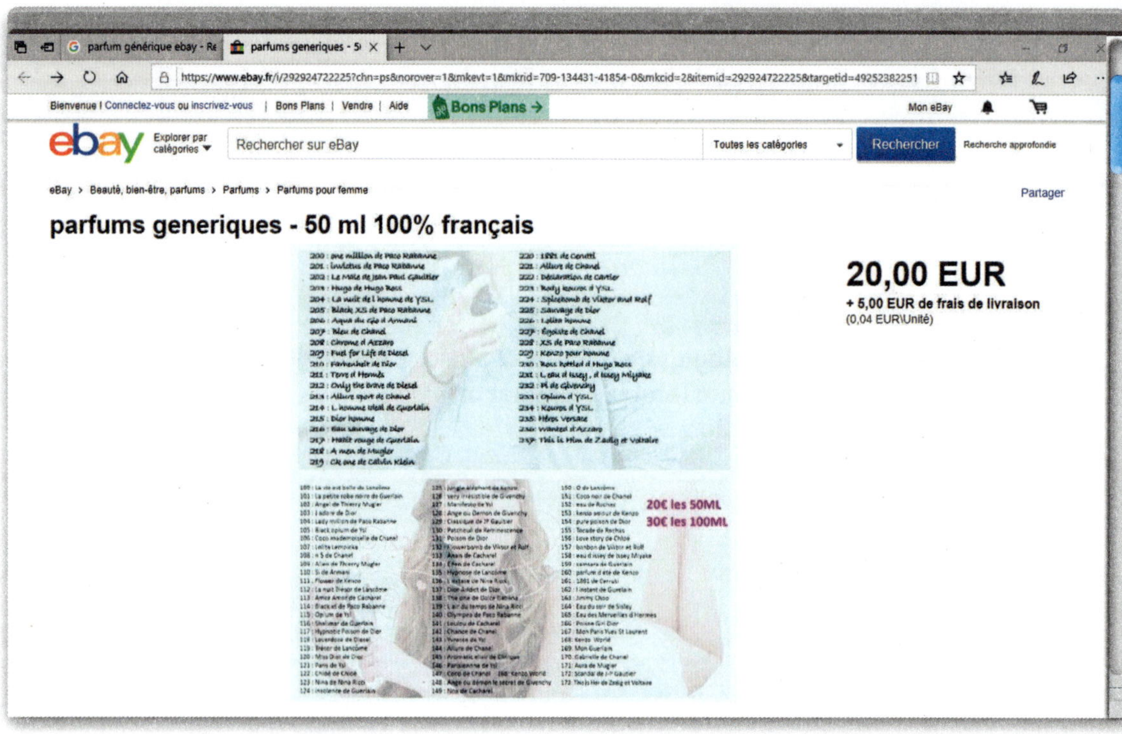

DOC. 2 Les techniques de fixation des prix

Les techniques marketing de fixation du prix

LE PRIX MAGIQUE
Prix fixé immédiatement au-dessous d'une unité monétaire pour créer un effet psychologique favorable chez le consommateur. (Exemple : 1,99 € au lieu de 2 €)

LE PRIX ROND
Prix de vente ramené à l'unité monétaire inférieure ou supérieure. (Exemple : 10 € au lieu de 9,95 € ou 10,05 €)

Les stratégies de prix

LE PRIX ALIGNÉ SUR LA CONCURRENCE
Technique qui consiste à fixer un prix identique ou quasi identique à celui de la concurrence.

LA POLITIQUE D'ÉCRÉMAGE
Technique qui consiste à fixer un prix supérieur à celui de la concurrence pour sélectionner les clients et créer une image haut de gamme avec plus de marge.

LA POLITIQUE DE PÉNÉTRATION
Technique qui consiste à fixer un prix inférieur à celui de la concurrence afin d'entrer plus facilement sur un marché et de gagner des parts.

DOC. 3 Vitrine du point de vente « Les filles d'abord »

À noter
- ***Fleur me up*** est le générique de *Flower* de Kenzo.
- ***Claudy*** celui de *Chloé*.
- ***Dressed up*** celui de *La Petite Robe noire*.
- ***Prime time*** celui de *Intense*.

ANNEXE Prix des produits de la vitrine

Parfum	*Fleur me up*	*Claudy*	*Dressed up*	*Prime time*
Prix affiché chez Élodie Duval (100 ml)	....	....	....	....
Prix affiché sur eBay (100 ml)	....	....	....	....
Prix à appliquer (flacon 100 ml)	....	....	....	....

Justification :

....

....

....

....

Évaluez votre réussite du dossier P. 7

SYNTHÈSE

liennathan.fr/vrt54r

1 Fixer le prix de vente selon les coûts

Pour être rentable, le prix de vente doit être supérieur au coût de revient.

Le coût de revient comprend :	La marge permet de couvrir :	TVA
....	....	
....	....	
....	....	

2 Fixer le prix de vente selon la demande

La fixation du prix de vente doit tenir compte de la somme que le client est prêt à payer.

.... :

on détermine le prix en fonction du pourcentage d'acheteurs potentiels le plus élevé.

3 Fixer le prix de vente selon la concurrence

Selon les prix pratiqués par la concurrence, l'enseigne peut appliquer différentes stratégies :

....	....	....

MOTS-CLÉS

Coût de revient • Marge • Prix psychologique • Prix magique • Prix rond • Stratégie d'alignement • Stratégie d'écrémage • Stratégie de pénétration

QUIZ SCORE ....

liennathan.fr/juco6e

APPLICATION ★★

pix 1.2. Gérer des données
1.3. Traiter des données

1 Analyser les performances commerciales

Vous êtes actuellement en PFMP au sein de la SARL Guinot Distribution. Cette société, dirigée par M. Guinot, commercialise des vêtements de travail ainsi que des produits d'entretien. M. Guinot s'approvisionne auprès de deux fournisseurs. Il a remarqué de fortes disparités dans la rentabilité des chaussures de sécurité. Il souhaite que vous étudiiez les performances commerciales pour chacune des références (documents 1 à 3).

DOC. 1 Extrait du catalogue du fournisseur Cofra

RIFT S3 SRC
40,92 € HT

NORME : EN ISO 20345:2011
TIGE : cuir hydrofuge
DOUBLURE EXTÉRIEURE : synthétique respirant
DOUBLURE INTÉRIEURE : SANY-DRY® 100 % polyester, tridimensionnel, respirant, antibactérien, absorbant et dé-absorbant, anti-abrasion
SEMELLE DE PROPRETÉ : EVANIT avec un spécial mélange en EVA et nitrile, haute levée et épaisseur variable (12 mm - 8 mm - 3,8 mm). Thermoformée, anatomique, forée et revêtue en tissu très respirant. Antistatique grâce à un traitement spécifique superficiel et aux coutures réalisées avec des fils conducteurs
SEMELLE : polyuréthane bi-densité
EMBOUT : acier résistant à 200 J
SEMELLE ANTI-PERFORATION : non métallique APT PLATE - Zero Perforation
CHAUSSANT : 11 Mondopoint
***PLUS :** surembout en cuir anti-abrasion*

PATH S3 SRC
44,47 € HT

NORME : EN ISO 20345:2011
TIGE : cuir hydrofuge
DOUBLURE EXTÉRIEURE : synthétique respirant
DOUBLURE INTÉRIEURE : SANY-DRY® 100 % polyester, tridimensionnel, respirant, antibactérien, absorbant et dé-absorbant, anti-abrasion
SEMELLE DE PROPRETÉ : EVANIT avec un spécial mélange en EVA et nitrile, haute levée et épaisseur variable (12 mm - 8 mm - 3,8 mm). Thermoformée, anatomique, forée et revêtue en tissu très respirant. Antistatique grâce à un traitement spécifique superficiel et aux coutures réalisées avec des fils conducteurs
SEMELLE : polyuréthane bi-densité
EMBOUT : acier résistant à 200 J
SEMELLE ANTI-PERFORATION : non métallique APT PLATE - Zero Perforation
CHAUSSANT : 11 Mondopoint
***PLUS :** surembout en cuir anti-abrasion*

GUIDE S3 SRC
41,80 € HT

NORME : EN ISO 20345:2011
TIGE : cuir hydrofuge
DOUBLURE EXTÉRIEURE : synthétique respirant
DOUBLURE INTÉRIEURE : SANY-DRY® 100 % polyester, tridimensionnel, respirant, antibactérien, absorbant et dé-absorbant, anti-abrasion
SEMELLE DE PROPRETÉ : EVANIT avec un spécial mélange en EVA et nitrile, haute levée et épaisseur variable (12 mm - 8 mm - 3,8 mm). Thermoformée, anatomique, forée et revêtue en tissu très respirant. Antistatique grâce à un traitement spécifique superficiel et aux coutures réalisées avec des fils conducteurs
SEMELLE : polyuréthane bi-densité
EMBOUT : acier résistant à 200 J
SEMELLE ANTI-PERFORATION : non métallique APT PLATE - Zero Perforation
CHAUSSANT : 11 Mondopoint
PERFORMANCES ET PLUS TECHNIQUES : Italian Leather

CRAG S3 SRC
46,24 € HT

NORME : EN ISO 20345:2011
TIGE : cuir hydrofuge
DOUBLURE EXTÉRIEURE : synthétique respirant
DOUBLURE INTÉRIEURE : SANY-DRY® 100% polyester, tridimensionnel, respirant, antibactérien, absorbant et dé-absorbant, anti-abrasion
SEMELLE DE PROPRETÉ : EVANIT avec un spécial mélange en EVA et nitrile, haute levée et épaisseur variable (12 mm - 8 mm - 3,8 mm). Thermoformée, anatomique, forée et revêtue en tissu très respirant. Antistatique grâce à un traitement spécifique superficiel et aux coutures réalisées avec des fils conducteurs
SEMELLE : polyuréthane bi-densité
EMBOUT : acier résistant à 200 J
SEMELLE ANTI-PERFORATION : non métallique APT PLATE - Zero Perforation
CHAUSSANT : 11 Mondopoint
PERFORMANCES ET PLUS TECHNIQUES : Italian Leather

DOC. 2 Extrait du catalogue du fournisseur Singer

www.singer.fr

ROMA

Tige: haute, cuir grainé hydrofuge. Doublure: textile.
Languette: rembourrée, confortable, avec soufflet.
Embout: anti-choc composite 200J.
Première de propreté: EVA antistatique.
Insert antiperforation: textile haute ténacité.
Semelle: injectée PU double densité.

EN ISO 20345 S3 SRC

10x1 39→47 670 g SINGER

Prix fournisseur :
55,25 € HT

ANTIPERFORATION TEXTILE FLEXIBLE

PARMA

Tige: cuir grainé hydrofuge. Doublure: textile.
Languette: rembourrée, confortable, avec soufflet.
Embout: anti-choc composite 200J.
Première de propreté: EVA antistatique.
Insert antiperforation: textile haute ténacité.
Semelle: injectée PU double densité.

EN ISO 20345 S3 SRC

10x1 39→47 580 g SINGER

Prix fournisseur :
51,23 € HT

ANTIPERFORATION TEXTILE FLEXIBLE

DOC. 3 Extrait de la grille des tarifs pratiqués par la société Guinot Distribution

Références	Désignation	PV HT
FOURNISSEUR SINGER		
Roma	Brodequin cuir noir / surp orange / semelle ant-apt	72,50
Parma	Chaussure cuir noir / surp orange / semelle ant-apt	64,50
FOURNISSEUR COFRA		
RIFT S3 SRC 36-47	Chaussures cuir noir / tissu noir / semelle ant-apt	64,50
PATH S3 SRC 39-47	Brodequin cuir noir / tissu noir / semelle ant-apt	72,50
GUIDE S3 SRC 39-47	Scarpa Pelle Marrone / Tess beige / Lamina-apt	64,80
CRAG S3 SRC 39-47	Polacco Pelle Marrone / Tess beige / Lamina-apt	72,80

1 **En vous appuyant sur les extraits du catalogue des deux fournisseurs (documents 1 et 2), réalisez un tableau sous Excel sur le modèle du tableau ci-dessous pour déterminer : le prix de vente HT, la marge commerciale, le taux de marge, le taux de marque et le coefficient multiplicateur des différents produits.**

Conseil – Épreuve E2

Il n'y aura pas de tableau à compléter le jour de l'examen. Il faut impérativement connaître la démarche de fixation d'un prix d'achat vers un prix de vente TTC.

Produits	Prix d'achat HT	Prix de vente HT	Prix de vente TTC[1]	Marge commerciale	Taux de marge[2]	Taux de marque[2]	Coefficient multiplicateur[3]
....	....	....	....	....	....	....	....
....	....	....	....	....	....	....	....
....	....	....	....	....	....	....	....
....	....	....	....	....	....	....	....
....	....	....	....	....	....	....	....
....	....	....	....	....	....	....	....

1. Taux de TVA : 20 %. 2. Arrondir à deux décimales. 3. Arrondir à trois décimales.

2 **Quelles sont les références les plus performantes ?**

....

....

....

....

3 **Quelle décision pouvez-vous conseiller à votre tuteur ?**

....

....

....

....

....

APPLICATION ★★ pix D1.2. Gérer des données D1.3. Traiter des données

2 Fixer les prix selon la méthode du prix psychologique

LA PETITE FLEURISTE Nomade

Vous réalisez votre PFMP chez La Petite Fleuriste Nomade, à bord du Flower-truck d'Elvina. Cette jeune entrepreneuse, qui vient de créer son affaire, se rend sur les marchés de la région dans un camion pour vendre ses fleurs fraîches et ses compositions. Elle s'interroge sur la fixation de ses prix : elle ne veut pas vendre trop cher pour pouvoir se faire connaître et se constituer une clientèle, mais elle ne veut pas vendre à un prix trop bas car elle doit penser à rentabiliser son commerce et montrer que ces produits sont de qualité.

Vous l'assistez aujourd'hui sur le marché de Bar-sur-Seine (10) et l'aidez à déterminer le prix d'acceptabilité pour la composition qu'elle vient de confectionner en interrogeant la soixantaine de personnes présentes sur le marché ce matin (document).

DOC. **Résultats de l'enquête**

Deux questions ont été posées auprès des 60 personnes :

- En dessous de quel prix n'achèteriez-vous pas cette composition car vous estimeriez les fleurs de mauvaise qualité ?
- Au-dessus de quel prix n'achèteriez-vous pas cette composition car vous l'estimeriez trop chère ?

Prix TTC proposé	Nombre de réponses pour : prix trop élevé	Nombre de réponses pour : mauvaise qualité
15 €	0	16
18 €	1	13
21 €	3	10
24 €	6	8
27 €	9	5
30 €	9	5
33 €	10	3
36 €	11	0
39 €	11	0

1 À partir du document, calculez le prix d'acceptabilité du bouquet de fleurs selon la méthode du prix psychologique. Vous pouvez vous aider du tableur.

Prix	Nombre de réponses « prix trop élevé »	Pourcentage de réponses « prix trop élevé »*	Pourcentage cumulé croissant	Nombre de réponses « mauvaise qualité »	Pourcentage de réponses « mauvaise qualité »*	Pourcentage cumulé décroissant	Acheteurs potentiels
15 €	....	....	....	....	....	....	....
18 €	....	....	....	....	....	....	....
21 €	....	....	....	....	....	....	....
24 €	....	....	....	....	....	....	....
27 €	....	....	....	....	....	....	....
30 €	....	....	....	....	....	....	....
33 €	....	....	....	....	....	....	....
36 €	....	....	....	....	....	....	....
39 €	....	....	....	....	....	....	....
TOTAL	....	....	....	....	....	....	....

* Arrondir au dixième.

2 Quel prix allez-vous proposer à Elvina pour cette composition ? Justifiez votre réponse.

....

....

....

....

....

3 Quel autre critère primordial faut-il prendre en compte avant de fixer le prix selon la demande ?

....

....

....

....

APPLICATION ★ pix 1.2. Gérer des données
1.1. Mener une recherche et une veille d'information

3 Fixer les prix selon la concurrence

Vous êtes actuellement en PFMP au sein de la librairie-papeterie Plume, située dans de votre ville. Nous sommes le 1er octobre N. Votre tuteur, M. Duveau, prépare ses commandes afin d'approvisionner sa boutique pour les fêtes de fin d'année. Suite à plusieurs demandes de clients, il a décidé d'élargir son assortiment pour proposer la marque de stylos de luxe Montblanc (document).
Il vous demande de l'assister dans la fixation des prix de ces nouveaux produits.

Conseil – Épreuve E2
La mise à disposition des prix de la concurrence dans un document est significative d'une comparaison à faire. La connaissance des stratégies de fixation des prix par rapport à la concurrence doit être connue.

DOC. **Extrait du bon de commande**

Référence	Désignation	Quantité
106522	Stylo-plume Meisterstück classique platiné (M)	4
118056	Stylo-plume Meisterstück Le Petit Prince classique (M)	4
107757	8 cartouches Permanent noir	20
107758	8 cartouches Permanent bleu	10

1 **À l'aide d'un comparateur de prix, recherchez les prix affichés par la concurrence pour les produits commandés par votre tuteur (document).**

Référence	Prix des concurrents
106522	....
118056	....
107757	....
107758	....

2 **Proposez des prix pour chaque référence en appliquant chacune des trois stratégies de fixation des prix.**

Référence / Politique de prix	106522	118056	107757	107758
Politique de pénétration	....	....	....	....
Politique d'alignement	....	....	....	....
Politique d'écrémage	....	....	....	....

3 **Quelle stratégie recommanderiez-vous à M. Duveau ? Justifiez votre réponse.**

....

....

....

....

DOSSIER 6

Participer aux opérations d'inventaire

COMPÉTENCES

Assurer les opérations préalables à la vente

- Participer aux opérations d'inventaire.
- Identifier les invendus.
- Lutter contre la démarque.
- Étiqueter les produits et les sécuriser.

RÉSULTATS ATTENDUS

- Les causes et les conséquences de la démarque sont clairement identifiées et les solutions proposées sont adaptées.

Un drone qui révolutionne l'inventaire
liennathan.fr/0imi51

- Que scanne le drone ? Selon vous, quel est l'objectif visé ?
- Indiquez les avantages de l'utilisation d'un drone dans ce type d'entrepôt.

Contexte professionnel

L'hypermarché Carrefour de Givors (69) propose une offre généraliste et des prix bas toute l'année, avec un assortiment de 60 000 références de produits alimentaires et non alimentaires.

Christian Orpel, le responsable du rayon « Produits frais », souhaite que vous assistiez son équipe lors de la réalisation de l'inventaire du secteur. Il compte profiter de cette opération pour vous sensibiliser à la lutte contre la démarque, qui tend à faire baisser la marge du magasin.

Fiche d'identité de l'entreprise

Raison sociale	....
Activité	....
Type de commerce	....
Statut juridique	....
Localisation	....
Concurrents	Intermarché, Leclerc

1. **Quel peut être l'intérêt de connaître le nombre de produits en stock ?**
2. **Selon vous, pour quels types de produits est-ce particulièrement important ?**
3. **Que signifie le terme « démarque » dans la grande distribution ?**

MISSION 1

Participer aux opérations d'inventaire

J'ai planifié l'inventaire du rayon « Produits frais » pour les 5 et 6 mars N. Je souhaite que vous participiez à l'opération et vous remets quelques documents afin que vous soyez opérationnel(le) le jour J (documents 1 à 3). Préparez ces deux journées en complétant l'annexe.

DOC. 1 Article L.123-12 du Code de commerce

« Toute personne physique ou morale ayant la qualité de commerçant doit procéder à l'enregistrement comptable des mouvements affectant le patrimoine de son entreprise ; ces mouvements sont enregistrés chronologiquement. Elle doit contrôler par inventaire, au moins une fois par an, l'existence et la valeur des éléments actifs du patrimoine de l'entreprise. »

DOC. 2 Pourquoi faire un inventaire ?

L'inventaire doit être fait de façon régulière afin de :

1. définir la valeur du stock présent au sein de l'entreprise ;
2. vérifier qu'aucune marchandise ne manque, en d'autres termes, constater s'il y a eu perte ou vol. Il s'agit d'évaluer la « démarque » ;
3. vérifier une éventuelle erreur de gestion.

Selon la nature de son activité et de sa politique, l'entreprise peut opter pour l'un de ces trois types d'inventaire :

- l'inventaire annuel : c'est le comptage de toutes les quantités en stock et dans tous les magasins à la fin de chaque exercice comptable ;
- l'inventaire permanent : les produits sont inventoriés après chaque entrée et chaque sortie de stock ;
- l'inventaire tournant : seule une partie des stocks est comptée afin de ne pas stopper l'activité de l'entreprise.

www.petite-entreprise.net

DOC. 3 Procédure d'inventaire du rayon « Produits frais »

Pour le rayon « Produits frais » – où les produits tournent beaucoup avec des dates limites de consommation courtes –, l'inventaire est réalisé tous les trois mois, généralement le jeudi (jour où il y a le moins d'arrivages).

Avant l'inventaire

- Constituer les équipes.
- Établir un plan par zone pour chaque équipe.
- Avoir un rayon propre et rangé pour faciliter le décompte des produits. Une fois l'approvisionnement du rayon réalisé, les produits qui ne tiennent pas en rayon sont à mettre en réserve pour pouvoir être comptés.

Pendant l'inventaire : l'inventaire se déroule sur deux jours. Chaque employé compte les produits du rayon attribué :

- J1 : compter les produits en réserve et effectuer le relevé des ventes de la journée (d'après les sorties caisse) ;
- J2 : compter les produits en rayon avant ouverture.

Après l'inventaire : à la fin de la journée 2, comparer les quantités relevées (le stock réel) et le stock théorique ; les quantités relevées sont additionnées puis comparées au stock informatique. Si l'on observe de gros écarts entre le stock réel et le stock informatique, l'inventaire est reconduit le mois suivant.

VOCABULAIRE

UVC (unité de vente consommateur) : produit tel qu'il est vendu au consommateur (à l'unité, par pack…).

Stock réel : stock physique ou décompté.

Stock informatique : stock théorique, correspondant à la différence entre les entrées et les sorties de stock.

ANNEXE Préparation de l'inventaire au rayon « Produits frais »

Type d'inventaire : ☐ Annuel ☐ Permanent ☐ Tournant

Justification : ……………………………………………………………………………………

……………………………………………………………………………………

	Tâches liées à l'inventaire	Détails / Justifications
I. Préparation (J-1)	1. ……………………………	……………………………
	2. ……………………………	……………………………
	3. ……………………………	……………………………
II. Réalisation (J1 et J2)	1. ……………………………	……………………………
	2. ……………………………	……………………………
	3. ……………………………	……………………………
III. Comparaison stock théorique et stock réel	Si stock réel = stock informatique	☐☺ ☐☹ Raisons possibles : ……………………………
	Si stock réel < stock informatique	☐☺ ☐☹ Raisons possibles : ……………………………
	Si stock réel > stock informatique	☐☺ ☐☹ Raisons possibles : ……………………………

MISSION 2

Distinguer et évaluer la démarque

Chez Carrefour, nous surveillons de près la démarque. J'aimerais que vous y soyez sensible, car cela touche tous les rayons du magasin. Pour cela, à l'aide du document 1, identifiez les différents types de démarque repérés cette semaine dans le magasin (annexe 1).

DOC. 1 Les types de démarque

Démarque (stock réel < stock informatique)		Surmarque (stock réel > stock informatique)
Démarque connue	**Démarque inconnue**	
• Produit abîmé, cassé • Produit soldé • Produit périmé, défectueux	• Vol • Erreur d'étiquetage • Erreur de caisse • Erreur de livraison non détectée à la réception	• Produit offert par le fournisseur • Erreur de caisse • Erreur d'étiquetage

ANNEXE 1 Extrait du cahier de démarque

Situation	Démarque inconnue	Démarque connue	Surmarque	Justification
Un lot de bouteilles de Pepsi a été éventré. Le personnel a décidé de les vendre en format individuel.	☐	☐	☐	....
Des paquets de mozzarella dont la date limite de consommation est dans 3 jours ont été mis en promotion à – 30 % dans les bacs de dates courtes.	☐	☐	☐	....
Une cliente dissimule dans son sac des autocollants pour enfants.	☐	☐	☐	....
Si nous achetons une palette de lait Viva, le fournisseur nous propose 10 packs offerts.	☐	☐	☐	....
Lors du déballage, nous nous sommes rendu compte que le fabricant a livré deux tee-shirts supplémentaires par rapport à la commande.	☐	☐	☐	....
Un client a mangé des chaussons aux pommes dans le magasin.	☐	☐	☐	....
Cette semaine, nous réalisons des soldes flottantes avec des produits à – 40 %.	☐	☐	☐	....
Une barquette de viande est ouverte.	☐	☐	☐	....
Ma collègue a entré dans les stocks 15 flacons de gel douche Sanex alors que j'en ai mis seulement 5 en rayon.	☐	☐	☐	....
Stéphanie, hôtesse de caisse, a scanné deux fois un produit alors que le client en avait pris un seul.	☐	☐	☐	....

À l'aide de l'inventaire du rayon « Snacking » (document 2), je souhaiterais que vous calculiez la démarque sur ce rayon et analysiez le taux de démarque (annexe 2). Le taux de démarque dans le domaine alimentaire est généralement de 1 %. Nous avons réalisé sur cette période un chiffre d'affaires de 1 130 €.

DOC. 2 Relevé du scanner lors de l'inventaire

Produits	Rayon	Réserve
Pepsi reg pet 50 cL	10	24
Pepsi Max pet 50 cL	4	4
7UP reg pet 50 cL	10	14
Lipton Ice Tea pêche 50 cL	5	0
Tropicana pomme douce pet 25 cL	10	40
Alvalle gazpacho pet 25 cL	6	10
Lay's nature 45 g	2	0
Lay's à l'ancienne nature 45 g	10	20
Benenuts amandes et cranberries 40 g	10	40

Démarque = Stock réel – Stock théorique

Taux de démarque = (Démarque en € / Total des ventes) × 100

ANNEXE 2 Feuille Excel valorisation de la démarque

	A	B	C	D	E	F	G
1	**Nom du produit**	**PV TTC**	**Stock théorique**	**Stock réel**	**Écart en quantité**	**Démarque en €**	**Surmarque en €**
2	Pepsi reg pet 50 cL	1,29	34				
3	Pepsi Max pet 50 cL	1,29	12				
5	7UP reg pet 50 cL	1,29	22				
5	Lipton Ice Tea pêche 50 cL	1,29	5				
6	Tropicana pomme douce pet 25 cL	1,39	49				
7	Alvalle gazpacho pet 25 cL	1,89	20				
8	Lay's nature 45 g	0,99	4				
9	Lay's à l'ancienne nature 45 g	0,99	30				
10	Benenuts amandes et cranberries 40 g	1,60	50				
11	**Total rayon**		**226**				
12	**Taux de démarque (CA du rayon sur la période = 1 130 €)**						
13	**Analyse du taux de démarque par rapport à la moyenne du secteur**						

MISSION 3

Lutter contre la démarque connue et inconnue

M. Gauthier, le directeur adjoint, est inquiet concernant le taux de démarque inconnue dans le magasin. Pour chaque système antivol listé dans l'annexe 1, indiquez à quel produit ou rayon nous pourrions l'appliquer.

J'ai aussi relevé quelques situations récurrentes en magasin, qui entraînent de la démarque connue ou inconnue. Je souhaiterais que vous proposiez des recommandations (annexe 2).

ANNEXE 1 Les moyens de lutte contre la démarque inconnue

Moyen de protection contre le vol		Définitions/caractéristiques	Produits ou rayons ou zones du magasin concernés
	**Antivol**	Gros bouchon en plastique, il contient un marqueur magnétique et se clipse sur le bouchon des bouteilles.	
	**Spider**	Système d'alarme autonome qui se compose de 2 boîtiers reliés par des câbles à enrouleur. Il est très efficace pour les produits à forte valeur ajoutée.	
	**Boîtier antivol**	Boîte transparente dans laquelle l'article à protéger est enfermé.	
	**Antivol à clou**	Il s'accroche aux tissus grâce à un clou. Il nécessite un travail de mise en place mais il est efficace.	
	**Antivol optique**	Il sécurise les montures en exposition dans le magasin. C'est une pince en plastique qui se referme sur la branche.	
	**Caméra de surveillance**	Elle enregistre tout ce qui se passe à l'intérieur comme à l'extérieur du magasin.	
	**Étiquette RFID**	Petite étiquette autocollante parcourue d'un circuit imprimé qui est à apposer sur les articles que l'on souhaite protéger. (RFID = *radio frequency identification*)	
	**Miroir**	Il permet de contrôler la circulation des biens et des personnes.	
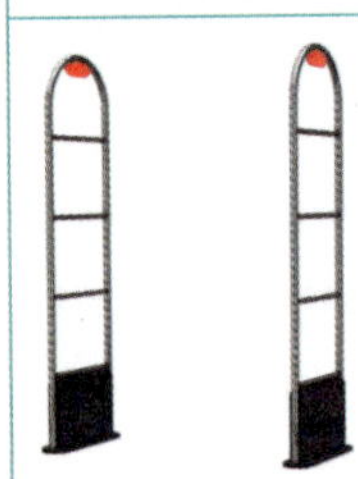	**Portique**	Équipement de surveillance comportant une porte équipée d'un dispositif permettant de détecter les marqueurs non démagnétisés.	

ANNEXE 2 Situations récurrentes entraînant de la démarque

Situations	Propositions de solutions/recommandations
Un carton a été écrasé en réserve lors de l'implantation des produits laitiers la semaine dernière.	....
Des erreurs de prix ont été détectées sur le jambon Madrange 4 tranches.	....
Des produits défectueux n'ont pas été enregistrés dans le cahier de démarque.	....
Une palette de yaourts a été oubliée dans la réserve et la chaîne du froid a été rompue.	....
Un stock de cahiers *Reine des neiges* est trop important et risque d'être invendable car démodé.	....
Des réductions de prix ont été accordées en caisse sans motif.	....

MESSAGE
Le 30 mars N

Afin de respecter les délais concernant la réglementation sur les dates limites de consommation (document), Carrefour retire ses produits plusieurs jours avant celles-ci :
- 30 jours avant pour le lait et les produits surgelés
- 7 jours avant pour les œufs
- 5 jours avant pour les produits laitiers (beurre, crème, yaourt, fromage), la charcuterie et les produits de la mer
- 3 jours avant pour les produits du rayon Traiteur.

Merci de vérifier les dates pour les produits de l'annexe 3 et de me proposer des solutions afin de limiter les invendus et la démarque connue.

Christian Orpel

DOC. DLC et DDM

www.anses.fr

■ Les mentions « *à consommer avant le* » ou « *à consommer jusqu'au* » représentent la **date limite de consommation (DLC)** du produit. [...] Au-delà de celle-ci, le produit peut présenter des risques pour la santé du consommateur. La majorité des produits frais emballés portent cette mention obligatoire fixée sous la responsabilité du fabricant et ne peuvent être vendus une fois la date dépassée.

■ La mention « *à consommer de préférence avant le* » représente la date de durabilité minimale (DDM) [...] du produit. Au-delà de celle-ci, la denrée peut perdre certaines de ses qualités gustatives et/ou nutritionnelles **mais peut être consommée sans danger pour la santé**. Cette indication est notamment visible sur les boissons, les produits d'épicerie (pâtes, riz, sucre, conserves...).

ANNEXE 3 Vérification des DLC du rayon Frais

Produits	Dates sur les produits	Décision prise
Salade piémontaise	DLC 03/04	....
Brique de lait	DLC 01/06	....
Camembert de Normandie	DDM 12/04	....
Œufs	DLC 10/04	....
Yaourts × 8	DLC 02/04	....
Lasagnes bolognaises	DLC 01/04	....
Pot de crème	DLC 05/04	....

À VOUS DE JOUER !
Flashez le QR Code et répondez aux questions à l'aide de la vidéo « La démarque inconnue ».
liennathan.fr/2s4c9i

MISSION 4

Étiqueter et sécuriser les produits

De : christian-orpel@carrefour.fr
À : stagiaire@carrefour.fr
Objet : Étiquetage des produits

Bonjour,
L'étiquetage des produits est très réglementé, cela concerne aussi bien l'étiquetage électronique que l'étiquetage papier (document 1).
À l'aide du document 2, précisez l'intérêt de chaque information figurant sur l'étiquette électronique, pour le magasin et pour le client (annexe 1).
Enfin, il est de notre responsabilité que le rayon soit propre et bien rangé. Pour chacune des situations observées lors de votre PFMP, indiquez en quoi cela pose problème pour le magasin et le client (annexe 2). Vous vous appuierez sur le document 3.
Cordialement,
Christian

DOC. 1 La réglementation sur l'étiquetage du prix

Le prix de tout produit, neuf ou d'occasion, doit être affiché :
– soit sur l'étiquette apposée sur le produit ;
– soit sur un panneau ou un écriteau, à côté du produit.
Les prix doivent être visibles, indiqués en euros, taxes et frais de livraison ou d'envoi inclus. […]
Le consommateur ne doit pas avoir à le demander.
Les produits alimentaires et d'hygiène préemballés doivent indiquer le prix au kilo ou au litre et le prix de la quantité nette du lot vendu. […]
Les lots de produits doivent afficher, en plus du prix global, le prix de chaque élément les composant.

www.service-public.fr

DOC. 2 L'étiquette électronique de gondole (EEG)

L'étiquette électronique de gondole (EEG) permet d'avoir en temps réel les bons prix affectés au magasin. Le changement automatique et régulier des prix permet au point de vente d'ajuster ses prix en fonction de la concurrence. De plus, lorsqu'une erreur est observée entre l'étiquette et le passage en caisse, une mise en adéquation est réalisée pour satisfaire la clientèle. Ensuite, l'EEG permet à l'employé de se concentrer sur des tâches à plus forte valeur ajoutée, comme la gestion de l'assortiment ou le conseil clientèle. Cela lui facilite l'obtention d'informations sur ses produits.
La fiabilité des prix qui résulte de l'équipement en EEG offre un fort gain de marge à travers la diminution des coûts de main-d'œuvre ou de papier sur le long terme. En effet, cela représente tout de même un investissement initial conséquent.
L'EEG permet également de savoir si le produit a été supprimé de l'assortiment ou encore de connaître sa date de livraison. Le stock avant ouverture peut également être affiché, ce qui facilite la gestion.
Toutefois, l'EEG présente quelques limites car lorsque les prix sont tous modifiés en même temps, le système sature et des bugs apparaissent.

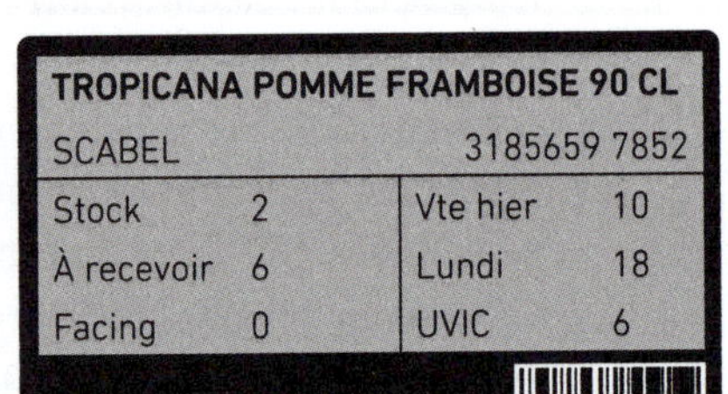

Étiquette avant ouverture du magasin

Étiquette après ouverture du magasin

DOC. 3 Extrait du guide de sécurité du magasin

- √ Réaliser la rotation des dates des produits périssables afin de ne pas dépasser les dates limites de consommation (DLC). Le dépassement de la DLC comporte un risque pour la santé.
- √ Vérifier la stabilité des présentoirs.
- √ Présenter les produits sur des supports adaptés et stables.
- √ Respecter le poids maximum supporté par les étagères.
- √ Stocker les produits pondéreux au plus près du sol.

- √ Limiter les empilages de produits.
- √ Éloigner les produits peu stables des zones de circulation principales et les faire bénéficier d'une protection particulière.
- √ Vérifier régulièrement les rayons pour retirer la casse et l'enregistrer.
- √ Ouvrir soigneusement les cartons lors de l'approvisionnement des rayons.
- √ Vérifier la présence des antivols sur les produits sensibles (lames de rasoir, alcools…).

ANNEXE 1 Informations figurant sur l'EEG

	EEG avant ouverture	EEG après ouverture	Intérêt de l'information pour le magasin et/ou pour le client
Dénomination du produit	☐	☐	……
Marque	☐	☐	……
Contenance	☐	☐	……
Stock	☐	☐	……
À recevoir	☐	☐	……
Facing	☐	☐	……
Code-barres	☐	☐	……
Prix en € et prix au kg	☐	☐	……

ANNEXE 2 Problématiques rencontrées

	Problème pour le client	Problème pour le magasin
Une cliente est à l'accueil car son paquet de jambon est passé à 2,37 € alors que l'étiquette indique 2,07 €.	……	……
Un client vient vous demander le prix d'un pack de yaourts car il n'y a pas d'étiquette sur l'étagère.	……	……
Dans le bac réfrigéré, une barquette de viande est percée.	……	……

À VOUS DE JOUER !

Flashez le QR Code et répondez aux questions à l'aide de la vidéo « Étiquettes connectées dans les supermarchés ».

liennathan.fr/jdh9sb

Évaluez votre réussite du dossier P. 7

SYNTHÈSE

liennathan.fr/ac486q

1 Participer aux opérations d'inventaire

**L'inventaire est l'obligation, pour toute entreprise commerciale, de contrôler les stocks au moins une fois par an.
On distingue 3 types d'inventaire :**

....	....	....

Phase de préparation	....	Établir un plan par zone	....
Phase de réalisation	Compter les produits dans la réserve et noter les quantités	Compter les produits dans le magasin et noter les quantités	....

2 Distinguer et évaluer la démarque

Il existe plusieurs types de démarque/surmarque :

- .... (ex. : produits défectueux enregistrés dans le cahier de démarque, soldés...)
- .... (ex. : vol, casse non enregistrée, erreur d'étiquetage...)
- .... (ex. : produits offerts par le fournisseur, erreur d'étiquetage)

Démarque = ... – ....

.... = $\frac{\text{Démarque du rayon}}{\text{CA du rayon}} \times 100$

3 Lutter contre la démarque connue et inconnue

La lutte contre la démarque est l'affaire de tous et une préoccupation quotidienne.

- Sensibiliser le personnel
- Renseigner correctement le cahier de démarque
- Surveiller la mise à jour de l'étiquetage
- ....
- ....
- Contrôler les dates des marchandises

4 Étiqueter et sécuriser les produits

Étiqueter les produits

- Papier ou numérique (EEG)
- Respect des mentions obligatoires : ....

....

- Surveiller les DDM et DLC
- Stabiliser les produits dans le rayon
- Ouvrir soigneusement les colis

MOTS-CLÉS

Démarque connue • Démarque inconnue • Surmarque • Stock réel/physique • Stock théorique • Inventaire • Taux de démarque

QUIZ liennathan.fr/ii839x SCORE ....

1 Réaliser une étiquette prix

INTERSPORT

Vous êtes engagé(e) en tant que vendeur/vendeuse chez Intersport. Votre tuteur, Yohan Cabayon, vous demande de réaliser l'étiquetage et le pancartage d'un nouveau produit (document 1), qu'il souhaite installer en magasin en promotion du 1er au 10 avril N.

1 Réalisez l'étiquetage selon les préconisations observées auparavant dans le dossier.

2 À l'aide du document 2, réalisez le pancartage afin d'attirer les clients vers le produit.

DOC. 1 Trottinette Globber

NOUVEAU !

PROMO – 20 %

GLOBBER

Trottinette One NI 200/180Bc

Réf. NT47410735

~~109,99 €~~ **87,99 €**

- Structure en aluminium
- 2 roues 200 mm en polyuréthane coulé
- Dureté 82 A
- Collier de serrage double en aluminium
- T-Bar avec poignées larges en aluminium cintrées et pliables
- Poignées ergonomiques en TPR résistantes, souples et confortables
- Poids maximum de l'utilisateur : 100 kg

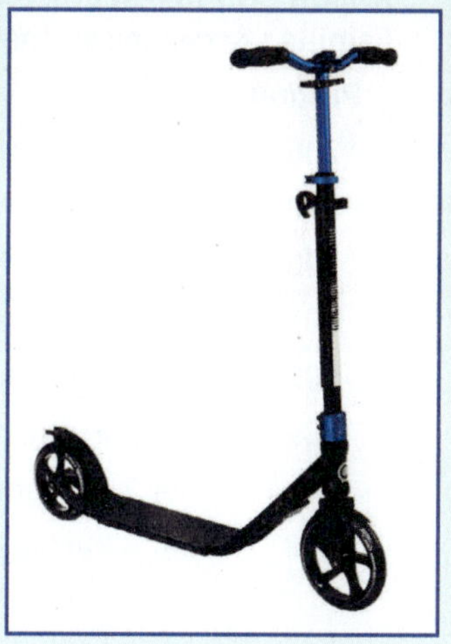

www.intersport.fr

DOC. 2 Consignes pour réaliser le pancartage

Pour une affiche en règle, il faut faire apparaître :
- le logo du magasin
- le prix avant et après la promotion
- le mot "promotion"
- le pourcentage de remise
- la désignation du produit
- la date ou la durée de la promotion

Les clients liront l'affiche : veillez à la rédiger sans fautes d'orthographe ! Pensez à mentionner le pourcentage de la remise. Soyez imaginatif et créatif. L'affiche doit être attractive ! (Pensez à un slogan accrocheur.)

APPLICATION ★★

2 Évaluer la démarque

Vous travaillez en tant que vendeur/vendeuse au sein de l'entreprise Camaïeu de Quimper (29). Suite à la réalisation de l'inventaire, vous observez que les bijoux et accessoires sont particulièrement touchés par la démarque inconnue, dont la lutte quotidienne constitue l'une de vos principales missions. Sous les directives de Marion Delahaye, responsable de magasin, vous envisagez différentes solutions pour lutter contre cette perte de chiffre d'affaires. Mme Delahaye vous a transmis les relevés d'inventaire (document).

DOC. **Extrait de la fiche inventaire**

Rayon : Bijoux-accessoires (surface de vente + réserve)
Famille : Accessoires cheveux

Produit	Libellé	Quantité inventoriée	Prix de vente TTC
2054	Chouchou imprimé foulard	10	6,99 €
4732	Headband imprimé rouge	9	7,99 €
4733	Headband imprimé bleu	10	7,99 €
1020	Barrette fantaisie cheveux	6	6,99 €
2022	Chouchou fleuri	9	5,99 €
2023	Set barrettes cheveux	10	9,99 €
2024	Set 3 chouchous	16	6,99 €
3133	Set 3 barrettes cheveux	10	8,99 €

1 Effectuez la comparaison entre les stocks théoriques et les stocks inventoriés afin de repérer les écarts.

Produit	Stock théorique		Stock réel		Écart	
	Quantité	Valeur du stock	Quantité	Valeur du stock	Quantité	Valeur du stock
2054	10	....	....	....	....	....
4732	9	....	....	....	....	....
4733	10	....	....	....	....	....
1020	5	....	....	....	....	....
2022	10	....	....	....	....	....
2023	9	....	....	....	....	....
2024	14	....	....	....	....	....
3133	10	....	....	....	....	....
Total	....	....	....	....	....	....
Justification des calculs (produit 2023)	• Valeur stock réel : .... • Écart en quantité : .... • Écart en valeur :					

Conseil – Épreuve E2
Le calcul d'un pourcentage est très fréquent dans le commerce. Il faut repérer la valeur partielle et la valeur totale pour le calculer.

2 Évaluez la démarque en euros et en pourcentage. Indiquez les conséquences de ce résultat pour le magasin. Le chiffre d'affaires du rayon « Accessoires » est de 2 220 € TTC.

Élément	Calculs	Résultats
Montant de la démarque	....	....
Taux de démarque	....	....

3 Rédigez un compte rendu sur l'impact de la démarque inconnue et les actions à mener. Au niveau national, chez Camaïeu, la démarque inconnue représente en moyenne environ 1 % du CA.

....
....
....
....
....
....
....
....
....
....
....
....
....
....
....
....
....
....
....
....
....
....
....
....
....
....
....
....
....

APPLICATION

★★ pix D1.3 Traiter des données

3 Réaliser un inventaire avec le tableur

Après votre baccalauréat professionnel, vous intégrez le magasin Cultura de Nîmes (30). Un inventaire est réalisé sur le rayon « Papeterie ». Vous êtes chargé(e) d'étudier les résultats de l'îlot « Top ventes » des trousses (document) en comparant le stock inventorié au stock théorique et en calculant les écarts éventuels.

Dans le fichier Excel préparé par votre responsable (appli3_inventaire.xlsx) :

1 Dans le premier onglet, calculez le stock réel total.

2 Dans le deuxième onglet, valorisez le stock réel et le stock théorique au PA HT et au PV TTC, sachant que le coefficient multiplicateur appliqué sur ces produits est de 1,5.

3 Calculez l'écart et valorisez-le au PA HT et au PV TTC sur ces produits afin de calculer le taux de démarque (le CA TTC est de 2 500 €).

Conseil – Épreuve E2
Il faut retenir que le coefficient multiplicateur permet de passer du PAHT au PVTTC.

4 Analysez les résultats dans un compte rendu que vous enverrez par mail à votre responsable, sachant que l'an dernier, le taux de démarque était de 1,3 %.

DOC. Relevé de l'inventaire

Référence	Désignation	Stock physique		
		Réserve	Magasin	Total
3045052604810	Fourre-tout rond cuir naturel	8	2	....
5400852538549	Trousse ronde Benchmark Frisky verte Eastpak	5	5	....
9346799445280	Fourre-tout Ripcurl mandala rose	5	10	....
3108726488243	Trousse ronde confettis 4D Oberthur	8	10	....
3700408389819	Fourre-tout rond basique bleu	15	10	....
3700408426064	Fourre-tout rectangulaire graphic	4	4	....
3700516240705	Trousse ronde Cars	20	7	....
3329680083231	Trousse trapèze cuir noire Clairefontaine	6	6	....
3700126717123	Mini-trousse 1 stylo cuir marron	10	20	....
3700516222046	Trousse ronde sweet pants La Plume Dorée	9	0	....

DOSSIER 7

Gérer les retours et les échanges des clients

COMPÉTENCE

Assurer les opérations préalables à la vente
- Gérer les retours et les échanges des clients.

RÉSULTAT ATTENDU

- Les axes d'amélioration proposés sont réalisables.

Zalando propose aux internautes d'essayer avant de payer
liennathan.fr/50l3lu

- Pour quelles raisons Zalando propose-t-il cet essai ?
- Quels sont les effets (positifs ou négatifs) attendus ?

Contexte professionnel

zalando Vous êtes en stage chez Zalando, site marchand de référence dans la mode et les accessoires. Vous êtes affecté(e) au service des retours. Votre mission consiste à gérer les renvois des clients en respectant les procédures et la réglementation. C'est un service stratégique chez Zalando, qui souhaite offrir une expérience d'achat optimale à ses clients. Il existe en effet un lien direct entre les retours et la fidélisation des clients : plus le retour est facilité, plus les commandes à long terme augmentent. Le service proposé par le site, « Essayez d'abord, payez après », a un impact très positif sur les ventes, mais fait augmenter le taux de retour. Pour vous familiariser avec le travail à effectuer, vous êtes tutoré(e) par Albin Hocquet, responsable du service Retours.

Fiche d'identité de l'entreprise

Raison sociale	....
Activité	....
Type de commerce	....
Forme juridique	Société anonyme (SA) de droit allemand
Localisation	....
Concurrent	....

1 Citez trois raisons pour lesquelles un client peut être amené à retourner un achat qu'il a réalisé en ligne.

2 Quel lien faites-vous entre une bonne gestion des retours et la fidélisation des clients ?

pix D4.2. Protéger les données personnelles et la vie privée

MISSION 1

Vérifier la conformité des mentions obligatoires sur le site marchand

Avant de prendre en charge les demandes de retour clients, il faut vous familiariser avec la réglementation de la vente à distance. Zalando doit être irréprochable quant aux informations délivrées sur son site (document 1).

À l'aide des documents 2 et 3, qui résument les mentions obligatoires, vous vérifierez que toutes ces mentions sont bien visibles sur notre site (en les surlignant sur le document 1) et conformes à la réglementation (en complétant l'annexe). Vous pouvez vous rendre sur notre site si vous le souhaitez !

DOC. 1 Extraits du site Zalando

WWW

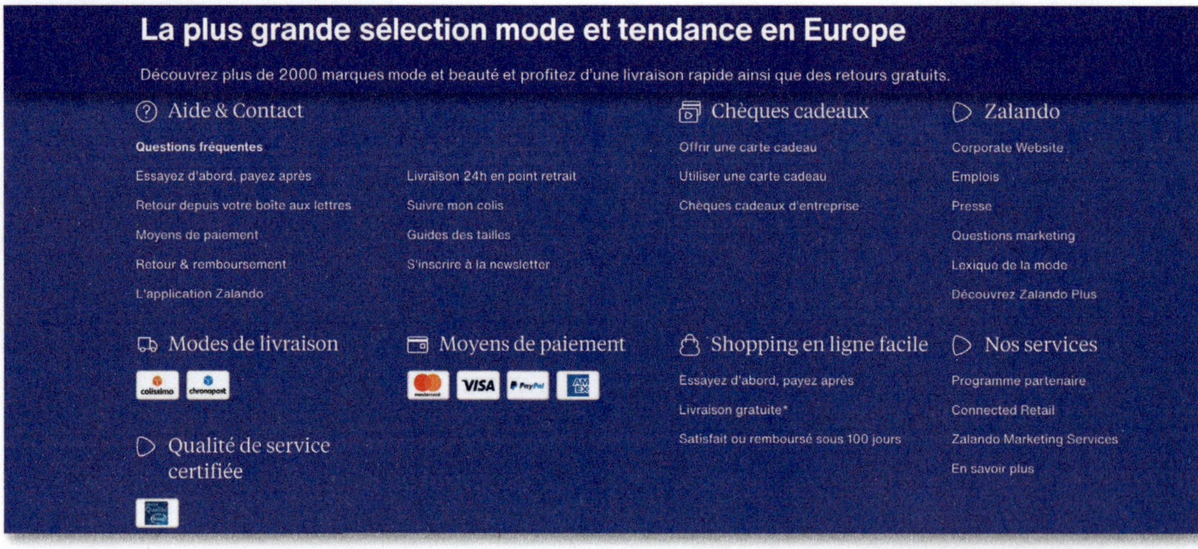

Extraits des mentions légales

Identité : Le site www.zalando.fr (ci-après dénommé le « Site ») est édité et exploité par la société ZALANDO SE, société anonyme de droit allemand au capital social de EUR 262.022.094, dont le siège social est situé Valeska-Gert-Straße 5, D-10243 BERLIN, Allemagne, immatriculée au Registre du commerce et des sociétés de BERLIN (CHARLOTTENBURG) sous le numéro HRB 158855 B.
Représentants légaux : Robert Gentz & David Schneider (tous deux co-présidents-directeurs généraux), Dr. Astrid Arndt, Dr. Sandra Dembeck, James Freeman II, David Schröder
Président du conseil de surveillance : Cristina Stenbeck
Numéro de TVA intracommunautaire : DE 260543043
N° d'identification fiscal : 37/132/45004

Contact : Notre service de relations clients est joignable via notre formulaire de contact ou par téléphone au numéro 01 82 88 49 63 du lundi au dimanche de 8h à 22h.
mentionslegales@zalando.fr

Hébergeur : L'hébergement du Site est assuré par :
Telefónica O2 Germany GmbH & Co.
OHG Georg-Brauchle-Ring 23-25 80992 München
Allemagne
Directeur de publication : Robert Gentz

Que vous apprend la présente politique de confidentialité ?

- Quelles sont les données stockées par Zalando.
- Ce que nous faisons avec ces données et pour quoi nous en avons besoin.
- Quels sont vos droits en matière de protection des données et quels sont vos choix.
- Quelles sont les technologies et les données que nous utilisons pour personnaliser et coordonner nos services et contenus, pour un shopping sûr, simple, fluide et individuel.
- Quelles sont les technologies et les données que nous utilisons pour la publicité, y compris les technologies de tracking.

DOC. 2 Mentions obligatoires devant figurer sur un site Internet

L'article 19 de la Loi pour la confiance dans l'économie numérique de juin 2004 dispose que plusieurs mentions légales doivent obligatoirement apparaître sur un site Internet professionnel.

• Identification

Raison sociale, statut juridique et montant du capital social.

• Coordonnées

Adresse du siège social, une adresse e-mail, coordonnées téléphoniques et coordonnées de l'hébergeur.

• Informations complémentaires selon l'activité de l'entreprise

Activités commerciales : numéro d'inscription au RCS (Registre du commerce et des sociétés) et identification fiscale (numéro de TVA intracommunautaire).

Quelle que soit la nature de l'activité exercée, tous les sites qui commercialisent des produits ou services sont tenus de faire apparaître les conditions générales de vente (CGV).

• Pour les sites Internet utilisant des cookies

Les **cookies** sont des petits « traceurs » qui sont déposés ou lus sur l'ordinateur, le téléphone ou la tablette d'un internaute pour une durée de 13 mois maximum. Ils permettent notamment d'analyser ses comportements de navigation et ses habitudes de consommation.

Si les sites Internet utilisent ces cookies, les éditeurs doivent nécessairement informer les internautes et obtenir leur consentement. Cette obligation concerne les cookies publicitaires, ceux qui se trouvent sur les réseaux sociaux et quelques cookies de mesure d'audience.

DemarchesAdministratives.fr

DOC. 3 Obligations en matière de protection des données personnelles

La création et le traitement de données personnelles (numéro d'identifiant, nom, adresse, numéro de téléphone, photo, adresse IP notamment) sont soumis à des obligations destinées à protéger la vie privée et les libertés individuelles. Dans le cadre du RGPD (Règlement général pour la protection des données) de 2018, les personnes doivent donner leur accord pour la diffusion et l'exploitation des données les concernant ; elles doivent avoir la possibilité de consulter, rectifier et supprimer ces données. Les mineurs font l'objet d'une protection supplémentaire.

Service-public.fr

Les internautes doivent être informés et donner leur consentement préalablement à l'insertion de traceurs (ou cookies). Ils doivent disposer d'une possibilité de choisir de ne pas être tracés lorsqu'ils visitent un site ou utilisent une application.

www.cnil.fr

ANNEXE Vérification des mentions obligatoires

Éléments de conformité	Relevé sur le site Zalando
Raison sociale	....
Statut juridique	....
Capital social	....
Coordonnées	....
Consentement lié aux cookies	*À surligner en rose dans le document 1*
Conditions générales de vente	*À surligner en bleu dans le document 1*
Respect du RGPD	*À surligner en vert dans le document 1*

Flashez le QR Code et répondez aux questions sur le RGPD.
liennathan.fr/9hosks

MISSION 2

Appliquer les procédures de retour

Bonjour,

Je dois m'absenter quelques jours. Je vous confie le traitement des demandes de retour que nous venons de recevoir (document 3 et annexe à compléter). Merci d'appliquer à la lettre nos conditions (documents 1 et 2).

Albin

DOC. 1 Extrait des conditions générales de vente de Zalando

www

Conditions de retour

Vous pouvez renvoyer gratuitement un ou plusieurs articles non portés* dans un délai de 100 jours. Ils doivent être retournés dans leur emballage d'origine, avec les étiquettes attachées et en parfait état.

Vous pouvez essayer les articles.

*Les articles essayés pour vérifier la taille ne sont pas considérés comme portés. Nous nous réservons le droit de refuser un retour s'il présente un dommage ou pour des raisons d'hygiène. Vous pouvez retourner plusieurs commandes en même temps.

Bon à savoir :

Vous pouvez retourner votre commande directement avec le carton Zalando. Si le montant d'achat de votre commande est inférieur à 24,90 €, les frais de livraison de 3,50 € ne sont pas remboursables.

« Essayez d'abord, payez après »

est un mode de paiement qui peut vous être proposé lorsque vous passez votre commande avec un paiement par carte bancaire.

Comment cela fonctionne-t-il ?

Avec cette méthode, il vous sera demandé de saisir les données de votre carte bancaire lors de la confirmation de l'achat, mais il n'y aura pas encore de débit ni de préautorisation. Le paiement sera effectué environ deux semaines après la confirmation de l'expédition. Cela vous permet de recevoir votre commande, d'essayer les articles et de retourner ce qui ne vous convient pas sans rien payer.

Comment échanger un article sur Zalando ?

Nous ne proposons pas d'échange mais avec nos retours GRATUITS vous avez 100 jours, à partir de la date d'expédition du colis, pour nous retourner les articles.

www.Zalando.fr

DOC. 2 Droit de rétractation légal lors d'un achat Zalando

www

Informations sur le droit de rétractation

Lors de l'achat d'articles Zalando, vous bénéficiez d'un droit de rétractation légal.

Vous avez le droit de vous rétracter du présent contrat sans donner de motif dans un délai de quatorze jours.

Le délai de rétractation expire quatorze jours après le jour où vous avez pris possession du bien.

Les produits ne doivent pas avoir été utilisés, ouverts ou endommagés ; les produits doivent être retournés intacts et non utilisés dans leur emballage d'origine.

•••

Exception à l'application du droit de rétractation
Conformément à l'article L. 221-28 alinéa 5 du Code de la consommation, le droit de rétractation légal est exclu dans le cas d'articles scellés qui ont été ouverts après leur livraison et qui ne peuvent être retournés pour des raisons de santé ou d'hygiène.

Effets de la rétractation
En cas de rétractation valable, nous vous rembourserons dans un délai de quatorze jours à compter du jour où nous avons eu connaissance de votre déclaration de rétractation, à condition que le produit ait été retourné. Les frais de livraison ne sont pas remboursés si le montant d'achat est inférieur à 24,90 €.

www.zalando.fr

DOC. 3 Listing des demandes des clients

Numéro du client	Nom du client	Date de livraison	Articles	Date de la demande de retour	Motif renseigné	Valeur des articles	Coût de livraison	Commentaires du service Réception
Z2501	Noel	10/11	T-shirt, réf. TS28KP	20/03	Trop grand	25,00€	Gratuit	-
Z8704	Dufranne	09/11	Huile à barbe, réf. REZ32G	12/11	Produit inefficace	19,95€	4,95€	La bouteille a été ouverte et utilisée aux 3/4.
Z9874	Nicolas	12/11	Chemise, réf. PA26	05/12	N'aime pas la couleur	20,00€	4,95€	-
Z8520	Siou	13/11	Jean, réf. JB235	17/11	Trop petit	59,00€	Gratuit	Demande un échange avec la taille au-dessus.
Z9621	Diagne	14/11	Sneakers, réf. UN589	30/11	Semelle décollée	79,00€	Gratuit	La semelle est bien décollée.
Z1230	Soigneux	15/11	Pull pure laine, réf. SK238	20/11	Pull rétréci lors d'une machine à 90°C	65,00€	Gratuit	Le pull est totalement déformé

ANNEXE Traitement des retours

Nom du client	Accord de remboursement (Oui / Non)	Justification	Montant à rembourser
....	☐ Oui ☐ Non	....	....
....	☐ Oui ☐ Non	....	....
....	☐ Oui ☐ Non	....	....
....	☐ Oui ☐ Non	....	....
....	☐ Oui ☐ Non	....	....
....	☐ Oui ☐ Non	....	....

MISSION 3 Prendre en charge la communication avec les clients

De : ahocquet@zalando.fr
À : stagiaire@zalando.fr
Objet : Accord/Refus de remboursement

Après avoir traité les demandes de retour des clients, n'oubliez pas de leur communiquer notre accord ou refus de remboursement. Vous rédigerez les différents messages à destination des clients (annexes 1 à 3) en intégrant les éléments clés qui permettront de valider l'accord ou le refus de remboursement. Pour cela, aidez-vous des informations fournies en pièces jointes (documents 1 et 2).

Albin

DOC. 1 Conseils de rédaction

- **« Objet » de votre e-mail**
  Rédigez un titre court et précis. Exemple : « Réponse à votre réclamation »
- **Utilisez une formule appropriée pour commencer votre message.**
  Il est préférable de s'adresser au destinataire par son nom. Exemple : « Madame + *Nom*, » ou « Cher client, *ou* Chère Cliente, » ou « Bonjour Mme X, ».
- **Accusez réception du mail.**
- **Excusez-vous pour le désagrément causé et remerciez le client/la cliente de s'être exprimé(e) puis allez directement au fait.**
- **Précisez au client/à la cliente que vous comprenez son problème et apportez-lui une solution.**
- **Rédiger votre message avec des paragraphes et sautez une ligne entre chaque paragraphe.**
- **Vous devez utiliser un langage relativement soutenu.**
- **Signifiez au client/à la cliente que vous restez à sa disposition.**

- **Utilisez une formule de politesse appropriée pour terminer votre message.**
  Exemples : « Cordialement, » « Bien cordialement, » « Sincères salutations, » « Salutations distinguées, » « Bien à vous, » « Salutations cordiales, »
- **Signez avec votre nom complet.**
  Si vous avez un titre professionnel (manageur...), précisez-le sous votre nom et ajoutez le nom et/ou le nom du site Internet de l'entreprise pour laquelle vous travaillez.
- **Relisez votre message pour corriger le contenu ainsi que les fautes.**

DOC. 2 Mots-clés à insérer selon accord ou refus

Mots-clés pour un accord de remboursement :
"Confirmation du retour + rappel du motif de retour"

Mots-clés pour un refus de remboursement :
"Rappel des conditions de vente + regrets exprimés"

ANNEXE 1 Accord de remboursement

De : service.client@zalando.fr
À : diagne@sfr.fr
Objet :

....
....
....
....
....
....
....

ANNEXE 2 Impossibilité d'échange

De : service.client@zalando.fr
À : siou@free.fr
Objet :

....
....
....
....
....
....
....

ANNEXE 3 Impossibilité de remboursement

De : service.client@zalando.fr
À : soigneux@orange.fr
Objet :

....
....
....
....
....
....
....

Flashez le QR Code et répondez à la question à l'aide de la vidéo « 8 façons de s'excuser en français ».
liennathan.fr/7dh187

MISSION 4

Améliorer la politique de retour

Nous réfléchissons à une nouvelle politique de retour de nos produits. En effet, ces retours nous coûtent très cher. Certains clients commandent un article en plusieurs tailles pour pouvoir retourner les tailles qui ne leur conviennent pas, d'autres retournent systématiquement tous les articles (je les soupçonne de les commander pour les porter une fois et nous les retourner en prétendant les avoir seulement essayés...). Pour autant, il ne s'agit pas de perdre des clients, la satisfaction et la fidélisation de nos clients passent avant tout. J'ai préparé un petit dossier (documents 1 et 2) : j'aimerais que vous en preniez connaissance, puis que vous m'indiquiez, pour les exemples de clients dont il est question en annexe (à compléter), quelle politique de retour nous pourrions mettre en place.

DOC. 1 Conseils pour une politique de retour qui augmente les ventes

La politique de retour est constituée de tous les éléments relatifs au retour des colis :
- les délais légaux de retour ;
- conditions de remboursement ;
- la procédure de retour ;
- le coût des retours ...

67 % des clients lisent la politique de retour avant d'acheter.
Près de 49 % des détaillants offrent les frais de retour.
Une bonne politique de retour (visible, claire et stratégique) ne renforce pas uniquement la confiance des clients, elle augmente également, en toute logique, les ventes.

D'après une étude menée par ParcelLab, 49 % des consommateurs déclarent qu'une politique de retours simplifiée est un critère important concernant les produits achetés en ligne. De plus en plus de marchands en ligne mettent en avant leur politique de « retours gratuits » et « simplifiés » afin de rassurer les futurs acheteurs et d'augmenter les taux de conversion.

Colissimo, pour une simplification des retours
En France, les e-acheteurs bénéficient de plus de choix pour le retour de leur produit grâce au dépôt en bureau de poste, en relais ou directement depuis leur boîte aux lettres personnelle.

www.lsa-conso.fr

DOC. 2 La nouvelle politique de retour d'Asos

WWW

[En avril 2019,] Asos a annoncé un grand changement dans sa politique de retour, indiquant avoir pris des mesures contre les personnes qu'il estime être des « *serial returners* », c'est-à-dire les clients qui achètent et retournent continuellement des vêtements. Le commerçant pourrait aller jusqu'à désactiver leurs comptes. Le délai de retour est de 28 jours à compter de la livraison. Passé ce délai, si le client essaie de faire un retour, Asos se réserve le droit de le renvoyer à son adresse de livraison par défaut et de lui demander de prendre en charge les frais de livraison.

https://blog.sensefuel.com

ANNEXE Exemples de types de clients

Types de clients	Politique de retour pouvant être mise en place
 **Mme Dumange** a l'habitude de commander de nombreux vêtements et de les retourner après les avoir portés.	
 **M. Delestre** se méfie des sites de vente par correspondance car il redoute une qualité insuffisante des produits.	
 **M. Baudson** renvoie souvent ses articles hors délai.	
 **M. Grech** est un client fidèle qui retourne rarement des produits.	
 **Mme Ducornet** commande systématiquement le même produit dans plusieurs tailles, qu'elle retourne ensuite dans leur quasi-totalité.	

Évaluez votre réussite du dossier P. 7

SYNTHÈSE

liennathan.fr/90sb82

1 Vérifier la conformité des mentions obligatoires sur le site marchand

Mentions légales

- ....
- .... : consentement obligatoire
- Coordonnées
- .... (CGV)
- .... : transparence sur le traitement et la protection des données personnelles

2 Appliquer les procédures de retour

Conditions de retour

- .... : Le client a le droit de se rétracter après un achat en ligne.
- Exclusions
  - ....
  - ....
  - ....
- Délai de rétraction légal : ....
- Respect de la procédure interne à l'enseigne
  - Le produit doit être retourné au vendeur.
  - Le vendeur vérifie le délai de retour et l'état des produits.
  - Le vendeur doit rembourser le client dans les délais et aux conditions convenus dans les CGV.

3 Prendre en charge la communication avec les clients

Conditions de fond (mots-clés)	Conditions de forme
Si accord de remboursement :	– S'adresser au client de façon personnalisée.
–	– Rappeler les faits.
–	– S'excuser pour le désagrément.
Si refus de remboursement :	
–	– Apporter une solution.
–	– Préciser que l'on reste à sa disposition.

4 Améliorer la politique de retour

La politique de retour doit être améliorée en permanence afin de fidéliser les clients.

- ....
- Automatiser le remboursement des retours
- Faire payer uniquement les articles conservés (*try-before-you-buy*)

MOTS-CLÉS

Mentions légales • Droit de rétractation • RGPD • Protection des données

QUIZ liennathan.fr/cvlolt SCORE ....

APPLICATION ★

1 Respecter la protection des données

Vous commencez votre stage chez Point P. Vous êtes chargé(e) d'appeler les clients pour leur proposer des offres spéciales pour l'isolation de leur maison. Vous vous rendez compte que vous êtes très mal accueilli(e) par les clients qui ont eu récemment une mauvaise expérience avec un centre d'appels situé à l'étranger...

Conseil – Épreuve E2
Ajouter dans votre lexique, la signification des acronymes les plus courants tels que RGPD.

DOC. 1 Prospection commerciale : 500 000€ de sanctions RGPD

L'affaire est intéressante, bien qu'assez classique pour quiconque est familier de la conformité RGPD : une entreprise décide de faire de la prospection commerciale par téléphone pour vendre ses services (ici, d'isolation de bâtiments). Pour ce faire, elle fait appel à des centres d'appels basés en Afrique du Nord. Ces sous-traitants appellent des prospects en masse sans toutefois noter leur opposition au démarchage téléphonique. Inévitablement, cela déclenche une plainte par une personne qui fait l'objet de démarchages répétés malgré son opposition (et l'envoi d'un courrier RAR).

La CNIL déclenche alors un contrôle sur place, ce qui lui permettra de constater une série d'infractions :
- de nombreuses plaintes de personnes étant démarchées malgré leur opposition ;
- des commentaires excessifs concernant les clients de l'entreprise ;
- l'enregistrement de conversations téléphoniques à l'insu des personnes appelées et sans information préalable.

Suite au contrôle, la CNIL a mis la société en demeure de se mettre en conformité, mais cette dernière n'a pas jugé bon de respecter les instructions de la Commission. Une procédure de sanction a alors été engagée et menée à son terme.

www.donneespersonnelles.fr

DOC. 2 Pourquoi la fuite de données est-elle risquée ?

Les chiffres de la fuite de données en 2021

Selon un rapport publié par l'entreprise de cybersécurité américaine Tenable, plus de 40 milliards de données ont été piratées ou perdues en 2021... soit une hausse de 78 % par rapport à 2020 ! Et la France n'est pas épargnée. En plus de la fuite des informations médicales de 500 000 patients, mentionnons également : la compromission de 120 000 profils Pôle Emploi en juin, ou encore la mise en ligne au mois d'août des résultats de plus de 700 000 tests antigéniques.

N'oublions pas que les données volées dans les organisations ne concernent pas uniquement les clients (identité, informations bancaires, numéro de sécurité sociale, etc.). Il peut également s'agir de data stratégiques, relatives à vos innovations, vos brevets en cours, vos plans de développement. Imaginez un peu si elles se perdent dans la nature... voire tombent entre les mains de vos concurrents !

Enfin, il arrive que ce type d'incident soit médiatisé. Par conséquent, l'entreprise concernée perd alors la confiance de ses clients, de ses partenaires ou encore de ses investisseurs, qui la jugeront inapte à assurer la sécurité des données.

www.appvizer.fr

1 Quels sont les reproches faits à l'entreprise de bâtiment qui fait l'objet d'une procédure de sanction ?

....

....

2 Quelles peuvent être, selon vous, les conséquences pour les clients ?

....

....

....

3 Quels sont les risques pour les entreprises dont les données ont été divulguées ?

....

....

....

APPLICATION 2

Prendre en charge les remboursements clients

Vous êtes en stage chez Vib's et assistez le responsable des « retours produits » vendus en ligne.
Vous devez prendre en charge les demandes de retour (document 1) en respectant la procédure de l'entreprise (document 2 et document 3).

DOC. 1 Derniers retours produits

Nom du client	Date de réception de l'article	Date du retour	Article retourné	Commentaires du service Réception	Prix unitaire de l'article
Bourekba	10/03	17/03	T-shirt	T-shirt tâché, déjà porté	34,90 €
Derveaux	08/04	11/04	Robe longue	-	59,90 €
Charlet	10/04	13/04	Blouson	-	159,90 €
Verove	15/04	19/04	Doudoune	Produit retourné sans bon de retour et sans demande sur papier libre	99,90 €
Amoudou	18/04	21/04	Jupe	-	29,90 €

DOC. 2 Procédure de l'entreprise

1. La demande de retour doit avoir été faite avant la fin du délai de rétractation.
2. Le client doit avoir utilisé l'étiquette retour fournie par l'entreprise.
3. Le colis doit comporter le bon de retour, ou à défaut faire la demande sur papier libre.
4. Les retours sont gratuits sauf ceux effectués par voie postale. Dans ce cas, les frais de retour sont à la charge du client.
5. L'article retourné doit être contrôlé. S'il est endommagé, sali ou s'il a été porté, il n'est pas remboursé.
6. Le remboursement doit avoir lieu dans les 14 jours suivant le retour de l'article.

DOC. 3 Extrait du site www.vibs.com

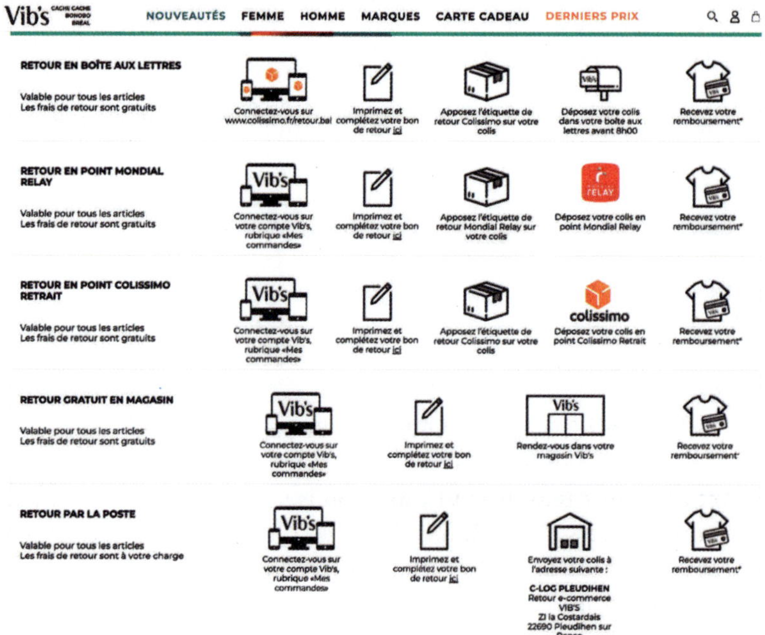

1 **À l'aide des documents 1 et 2, indiquez si vous acceptez de rembourser l'article et précisez le montant à rembourser.**

Appels	Accord de remboursement		Justification	Montant remboursé
	Oui	Non		
Bourekba	☐	☐	....	....
Derveaux	☐	☐	....	....
Charlet	☐	☐	....	....
Verove	☐	☐	....	....
Amoudou	☐	☐	....	....

2 **Vous avez proposé à votre tuteur de schématiser la procédure de retour des produits afin qu'elle soit plus facilement compréhensible par les clients (document 3).**
À partir de cette procédure, représentez, à l'aide de différents pictogrammes, les étapes d'un retour produit. Aidez-vous du logiciel de votre choix. Vous pouvez travailler seul(e) ou en groupe.

Conseil – Épreuve E2

Vous pouvez être amené à schématiser sur votre copie. Dans cette hypothèse, munissez-vous de stylos de différentes couleurs pour mieux mettre en valeur votre schéma.

APPLICATION ★★

3 Respecter les mentions obligatoires et la législation

Vous poursuivez votre PFMP chez Zalando. Votre service a été alerté par la montée en puissance d'un concurrent, qui casse les prix et risque de détourner une partie de votre clientèle.
Vous êtes chargé(e) de mener une étude du site quant au respect de la réglementation.

J'ai un petit souci, nos commandes ont diminué ces derniers temps. En cause, un concurrent qui prend de plus en plus de parts de marché. Il casse les prix et nos clients se détournent de notre site. Shein recrute, entre autres, des clients à partir de publicités sur Facebook. Je me demande si le site est fiable… Pouvez-vous vérifier ? Aidez-vous des informations fournies (documents 1, 2, 3 et 4) et rendez-vous sur le site https://fr.shein.com/.

Page d'accueil Shein : liennathan.fr/xtg59k

DOC. 1 Mentions figurant sur le site

INFORMATIONS SUR L'ENTRE PRISE ET AIDE
- À propos de nous
- Nous contacter
- Politique de confidentialité
- Livraison
- Retour

À propos de nous
SHEIN est un détaillant électronique mondial de mode et de style de vie qui s'engage à rendre la mode accessible à tous.

Nous contacter
Chat en ligne, téléphone, Facebook, FAQ…

Temps de préparation : 1 à 3 jours
Tarifs de livraison : de 1,99 € à 8,90 €

Voici les politiques de retour pour les commandes en France métropolitaine :
1. Utilisez votre étiquette de retour dans les 45 jours qui suivent l'achat, nous prendrons en charge les frais de livraison.
2. Pour plus d'une étiquette de retour sur la même commande, les frais seront de 4,50 € par colis supplémentaire.
3. Vous pouvez aussi faire le retour via votre transporteur local mais à vos frais.

DOC. 2 Avis trouvés sur Trustpilot

Ian
La qualité est très mauvaise, les couleurs sont plus fades que sur les photos. J'ai peur qu'après le lavage, je doive tout jeter. Par contre, les tailles étaient bonnes et le colis est bien arrivé. Je voulais tester avant de commander plus, mais ça m'étonnerait fortement.

Amir
Je ne recommande pas du tout ce site. J'ai commandé plusieurs t-shirts et je dois tout garder car le renvoi est impossible. La qualité est mauvaise. Bref, je perds de l'argent et eux en gagnent.

Mélanie
Suite à un achat de quelques pièces, il m'a été impossible de joindre ce marchand par téléphone. J'ai demandé simplement un échange de taille sur leur site, un parcours du combattant... J'ai donc laissé la procédure de remboursement se mettre en place et là encore pas simple.

Julien
Produit de très mauvaise qualité. Service après-vente inexistant.

DOC. 3 Vrai site ou faux site ?

1. VÉRIFIER LES MENTIONS LÉGALES
Obligatoires, elles sont composées du nom, des coordonnées ainsi que du numéro de Siret du propriétaire dudit site. Si jamais vous ne trouvez pas de page « Mentions légales », fuyez.

2. LES CONDITIONS GÉNÉRALES DE VENTE OU CGV
Tout site de confiance dispose de sa page affichant ses conditions de vente ou d'utilisation. Généralement, il s'agit d'une suite d'articles où sont expliqués les conditions d'envoi, de rétractation ou encore le temps de livraison, voire le prix. Si elles ne figurent pas, fuyez.

3. L'ORTHOGRAPHE
Si vous remarquez un français approximatif, vous savez ce qu'il vous reste à faire.

fnac.com

1 **Vérifiez le respect des mentions obligatoires sur le site.**

Mentions présentes ou absentes sur le site	Commentaires
Mentions légales	………
Adresse mail	………
Hébergeur	………
Numéro de RCS	………
Conditions générales de vente	………
Cookies	………
Politique de confidentialité	………
Retour produit	………
Conditions d'utilisation	………
Orthographe	………

2 **Le site Shein.com vous semble-t-il fiable ?**

………

3 **Est-il un véritable concurrent pour Zalando ?**

………

APPLICATION

1.1 Mener une recherche et une veille d'information

4 Réduire son taux de retour client

Vous venez d'être embauché(e) chez Kiabi.com. Le coût lié aux retours de produits des clients est très élevé et l'enseigne souhaite le faire diminuer. Vous recherchez des idées parmi les solutions pratiquées par vos concurrents. Certains utilisent Fitizzy ; vous décidez de consulter ce site afin d'en savoir plus sur le principe proposé (document).

DOC. Une consommation grandissante sur le Web

Grand nombre de marques de vêtements proposent des retours gratuits. Mais avoir ses ventes de mode en ligne, c'est également se confronter à une problématique : trouver la bonne taille de vêtement.

Des frais considérables pour les marques
Dans l'habillement, les taux de retour sont entre 15 % et 20 % en moyenne, principalement liés à un problème de taille… Comment baisser les frais de logistique tout en palliant la cause principale des retours produits ?

www.fitizzy.com

1 Rendez-vous sur le site www.fitizzy.com. Consultez la rubrique « Produits ». En quoi l'utilisation de Fitizzy sur votre site pourrait être-elle utile ?

2 Promod utilise Fitizzy sur son site. Rendez-vous sur www.promod.fr/ et choisissez un produit. Testez le guide des tailles Fitizzy. Quelles informations permettent de choisir la bonne taille de vêtements ?

3 Recherchez, sur le site de Fitizzy, la rubrique « Notre dispositif magasins ». Quelle est l'utilité de l'application Fitizzy ?

4 Consultez la rubrique « Partenaires » du site de Fitizzy. Quels types de commerces utilisent ce principe ? Dans quel but ?

SCÉNARIO 1

Assurer les opérations préalables à la vente

COMPÉTENCES

Assurer les opérations préalables à la vente

- Établir les commandes des produits auprès de la centrale d'achats et/ou des fournisseurs indépendants sélectionnés avec la hiérarchie, en tenant compte des contraintes.
- Réceptionner, contrôler et stocker les marchandises (quantitatif et qualitatif).
- Effectuer les relances et préparer les retours fournisseurs.
- Veiller à la gestion rigoureuse des stocks et au réapprovisionnement en tenant compte des règles de sécurité et d'hygiène.
- Établir le prix en fonction de variables commerciales données.

COMPORTEMENTS PROFESSIONNELS

- Être organisé, méthodique et rigoureux
- Être vigilant

Contexte professionnel

Vous réalisez votre PFMP au sein de VoShoes.com, entreprise spécialisée dans la vente en ligne de chaussures de marque et accessoires pour hommes, femmes et enfants. Vous travaillez sous la responsabilité de M. Trob, responsable logistique et commercial, qui vous charge de différentes missions.

Formez des groupes pour effectuer les missions. Selon les activités, le travail est à réaliser individuellement ou de manière collaborative.

SCÉNARIO 1

MISSION 1 Vérifier la conformité du site Internet de l'entreprise

pix | 1.1. Mener une recherche et une veille d'information

Le site Internet de VoShoes a été refondu récemment. M. Trob vous demande de vérifier que les informations légales obligatoires sont bien présentes sur le site.

1 À l'aide du document 1 et du site www.voshoes.com, complétez la grille d'analyse (annexe 1) en binôme. Validez ensuite au sein du groupe vos grilles d'analyse.

MISSION 2 Réapprovisionner les stocks

pix | 1.3. Traiter des données

Aujourd'hui, 17 novembre N, M. Trob vous demande de préparer la commande de produits Guess à passer au fournisseur Factory Shoes (n° fournisseur 401017). Il contrôlera la commande avant de l'envoyer au fournisseur. Vous réalisez ces activités en binôme.

2 Analysez l'état des stocks et complétez la fiche de réapprovisionnement (annexe 2).

3 À l'aide des documents 2 et 3 et du catalogue fournisseur (Scenario1_Catalogue-Fournisseur.xlsx), complétez sur tableur le bon de commande à envoyer au fournisseur (Scenario1_Annexe3.xlsx).

MISSION 3 Réceptionner et contrôler la livraison

pix | 3.1. Développer des documents textuels

M. Trob a validé votre bon de commande, que vous avez adressé au fournisseur Factory Shoes, qui a traité la commande et vous l'a expédiée. Le transporteur vient d'arriver. Votre tuteur vous confie la réception et le contrôle des marchandises (vous vous répartirez les tâches au sein du groupe). Il vous demande d'être vigilant(e) quant à l'application de la procédure de l'entreprise (document 4).

4 À l'aide du document 4, réalisez la réception (points n°s 1 à 9 de la procédure) en complétant les annexes 4, 5 et 6.

5 Complétez la fiche de contrôle sur tableur (Scenario1_Annexe7.xlsx).

6 Réalisez le point n° 11 de la procédure en utilisant un logiciel de traitement de texte puis simulez le message téléphonique à laisser au fournisseur pour le prévenir.

MISSION 4 Gérer les stocks

pix | 1.3. Traiter des données

Votre tuteur vous demande de gérer les accessoires. Il souhaite que vous mettiez à jour les stocks et optimisiez les quantités stockées afin d'avoir le moins de stocks morts possibles. Vous réaliserez les tâches suivantes en binôme.

7 Consultez les documents 5 et 6 puis complétez le tableau de valorisation des stocks sur tableur (Scenario1_Annexe8.xlsx).

8 Après avoir consulté le cadencier (document 7), calculez les indicateurs de suivi des stocks (annexe 9).

SCÉNARIO 1

MISSION 5 **Participer à la réorganisation du stock de produits** pix 1.3. Traiter des données

M. Trob a décidé de revoir l'implantation des produits en stock afin de limiter les déplacements. Il souhaite que les articles qui sortent le plus (ceux de la classe A) soient rangés près de la zone de préparation de commandes. Il vous demande d'identifier les produits phares de l'entreprise pour le trimestre 3.

9 Consultez les mouvements de stock (document 8) puis complétez en groupe le tableau d'analyse sur tableur (Scenario1_Annexe10.xlsx).

10 Présentez oralement votre liste des produits à un autre groupe qui validera votre proposition.

MISSION 6 **Déterminer un prix psychologique** pix 1.3. Traiter des données

Pour finir, M. Trob doit fixer le prix du nouveau sac Tabbi mini crossbody. Il vous demande de déterminer le prix qui permettrait de toucher un maximum de clients.

11 À l'aide des résultats de l'enquête (document 9), complétez en binôme le tableau de calcul sur tableur (Scenario1_Annexe11.xlsx).

Évaluez votre réussite du scénario P. 7

DOSSIER DOCUMENTAIRE

DOC. 1 Les mentions légales d'un site marchand

Certaines informations doivent être visibles sur le site marchand afin d'être en conformité avec la réglementation. Ces informations concernent :
- l'identification du cybervendeur ;
- l'hébergeur ;
- l'activité réalisée ;
- les conditions générales de vente.

La création et le traitement de données personnelles sont soumis à des obligations destinées à protéger la vie privée et les libertés individuelles. Dans le cadre du RGPD, les personnes doivent donner leur accord pour la diffusion et l'exploitation des données les concernant.

DOC. 2 Fiche d'information du fournisseur

N° de compte fournisseur	401017
Nom du fournisseur	FACTORY SHOES
Adresse	10 rue des Marchands 67000 STRASBOURG
Contact	M. MULLER
Mail	amuller@factory_shoes.com
Téléphone	03 88 56 30 XX
Réduction(s)	Remise de 15 % sur tous les articles
Règlement	Virement fin de mois
Frais de port	Franco de port
Délai de livraison	6 jours
Garantie	Garantie contractuelle

DOC. 3 Nouvelles références à commander

Je souhaiterais que vous commandiez 2 articles que nous n'avons pas encore référencés :

– 3 159 852 007 009 : Not coordinated not adj. – conditionnement : 5 ;

– 3 159 852 006 319 : Tabbi mini crossbody – conditionnement : 10.

Commandez 30 articles de chaque référence.

SCÉNARIO 1

DOC. 4 Procédure de réception

1. Accueillir le livreur.
2. Vérifier le destinataire de la livraison (avec le BL et les étiquettes de colisage).
3. Récupérer les documents : bordereau de livraison, document de transport.
4. Récupérer la marchandise et mettre à jour le planning de suivi des commandes.
5. Contrôler l'état apparent des colis.
6. Accepter ou refuser les colis.
7. Compléter le document de transport et le rendre au chauffeur.

Le chauffeur repart.

8. Déballer les colis et les ranger par références.
9. Contrôler les références en rapprochant le BC, le BL et les produits effectivement reçus. Scanner les références reçues à l'aide du PDA (Personal Digital Assistant).
10. Compléter la fiche de contrôle.
11. Informer le transporteur des réserves en préparant une LRAR sous 3 jours. Informer le fournisseur des anomalies en envoyant un mail dès réception des produits.
12. Ranger les documents et le poste de travail. Préparer les marchandises pour leur rangement.
13. Rendre compte au responsable.

DOC. 5 État des stocks

ÉTAT DES STOCKS

Le 20 novembre **Famille : Baskets mode Homme**

N° ordre	Référence	Désignation	Quantité en stock	Prix de vente HT	Prix d'achat HT
1	526 987	Converse Baskets	6	79,90 €	38,00 €
2	325 687	Converse Baskets Twil	5	74,90 €	34,00 €
3	146 987	Converse CTAS	4	69,90 €	32,00 €
4	260 035	Baskets Delta	3	65,80 €	30,50 €
5	364 027	Mustang 407	2	85,50 €	32,90 €
6	667 890	Mustang ML3	1	90,90 €	39,90 €
7	456 007	Levi's Sky	7	52,80 €	24,50 €
8	361 971	Kickers 7	5	42,50 €	19,90 €
9	360 349	Vans Hazl	3	49,80 €	30,80 €
10	208 046	Dockers Gerl Golf	6	39,90 €	22,90 €

DOC. 6 Bordereau de livraison

BORDEREAU DE LIVRAISON N° 20664

FACTORY SHOES
10 rue des Marchands
67000 STRASBOURG

ENTREPRISE VOSHOES
14 rue de la Gare
90300 VALDOIE

Livraison le 20 novembre N
Vos références : commande n° 0379 du 17 novembre N
Mode de paiement : virement fin de mois
Conditions de transport : franco de port
Emballage : cartons sur palette

Références	Désignation	Unité	Quantité commandée	Quantité de lots livrée	Prix unitaire	
208 046	Dockers Gerl Golf	Lot de 2	14	7	23,90 €	OK
364 027	Mustang 407	Lot de 2	8	4	35,00 €	OK
360 349	Vans Hazl	Lot de 2	12	6	31,50 €	OK
260 035	Baskets Delta	Lot de 2	12	6	29,90 €	OK
361 971	Kickers 7	Lot de 2	10	5	19,90 €	OK
146 987	Converse CTAS	Lot de 2	10	5	32,30 €	OK
456 007	Levi's Sky	Lot de 2	6	3	25,00 €	OK
325 687	Converse Baskets Twil	Lot de 2	10	5	33,50 €	OK
526 987	Converse Baskets	Lot de 2	10	5	37,00 €	OK
667 890	Mustang ML3	Lot de 2	14	7	40,00 €	OK

Nombre de colis : 2 palettes
Poids total : 210 kg

Visa du réceptionnaire :	Observations :
Cyril	RAS

LIVRÉ LE 20 NOV. N

SCÉNARIO 1

DOC. 7 Cadencier (extrait 3e trimestre N)

Références	Juillet				Août				Septembre				Stock final
	SI*	C*	L*	V*	SI	C	L	V	SI	C	L	V	
605 367	13	20	20	18	15	25	25	19	21	30	30	32	19
301 890	8	25	25	19	14	30	30	22	22	40	40	38	24
334 894	20	15	15	20	15	20	20	14	21	45	45	21	45
354 038	11	20	20	28	3	25	25	20	8	30	30	20	18
364 037	6	15	15	8	13	30	30	26	17	25	25	19	23

*SI = Stock initial – C = Commandes – L = Livraisons – V = Ventes

DOC. 8 Mouvements de stock

3e trimestre N **Famille : Adolescents Mode**

Références	Quantités	Références	Quantités
603 258	364	943 067	18
254 189	128	200 548	11
520 148	56	364 520	6
960 314	9	256 667	23
147 025	101	364 816	2
167 960	19	992 346	4
367 558	42	643 137	10
255 331	68	809 640	8
940 319	286	319 640	17
364 892	181	367 510	21

DOC. 9 Résultats de l'enquête auprès d'un échantillon de 80 clients

Prix de vente	Au-dessus de quel prix n'achèteriez-vous pas le produit car vous le jugeriez trop cher ?	En-dessous de quel prix n'achèteriez-vous pas le produit car vous le jugeriez de mauvaise qualité ?
79,00 €	0	17
82,50 €	5	15
84,50 €	7	12
87,00 €	9	11
90,00 €	10	9
92,50 €	13	6
95,00 €	14	5
97,00 €	11	4
100,00 €	6	1
103,00 €	5	0

ANNEXES

ANNEXE 1 Recensement des mentions obligatoires du site

	Mentions obligatoires du site	Oui/Non	Détails
1	Identification du professionnel (raison sociale)	☐ Oui ☐ Non	....
2	Identification du professionnel (capital social)	☐ Oui ☐ Non	....
3	Identification du professionnel (statut juridique)	☐ Oui ☐ Non	....
4	Identification du professionnel (adresse)	☐ Oui ☐ Non	....
5	Coordonnées du professionnel (téléphone, mail)	☐ Oui ☐ Non	....
6	Identification de l'hébergeur	☐ Oui ☐ Non	....
7	Numéro de RCS	☐ Oui ☐ Non	....
8	CGV	☐ Oui ☐ Non	....
9	Droit de rétractation	☐ Oui ☐ Non	....
10	Procédure de retour	☐ Oui ☐ Non	....
11	Informations sur la protection des données	☐ Oui ☐ Non	....
12	Consentement pour l'utilisation des cookies	☐ Oui ☐ Non	....

ANNEXE 2 État des stocks – Fiche de réapprovisionnement

ÉTAT DES STOCKS – FICHE DE RÉAPPROVISIONNEMENT

Le 14 novembre **Famille : GUESS**

Identification du fournisseur : Factory Shoes – Compte n° 401017

N° ordre	Références	Désignation	Quantité en stock	Stock d'alerte	Stock maximum	Conditionnement	Commande	Qté commandée*
1	3 159 852 036 008	GUESS / Pryde / Active Lady	5	8	15	2	☐ Oui ☐ Non	....
2	3 159 852 167 007	GUESS / Riderr / Active Lady	8	10	15	2	☐ Oui ☐ Non	....
3	3 159 852 369 808	GUESS / Teigen2 / Stivaletto	12	5	15	2	☐ Oui ☐ Non	....
4	3 159 852 009 790	GUESS / Reima / Active Lady	11	7	20	2	☐ Oui ☐ Non	....
5	3 159 852 349 791	GUESS / Tallyn / Active Lady	10	15	20	2	☐ Oui ☐ Non	....
6	3 159 852 346 317	GUESS / Kerrigan Carryall	6	10	15	4	☐ Oui ☐ Non	....
7	3 159 852 664 773	GUESS / Fab12	2	4	20	2	☐ Oui ☐ Non	....
8	3 159 852 073 649	GUESS / Lea03	8	10	20	2	☐ Oui ☐ Non	....
9	3 159 852 371 307	GUESS / Sawyer Satchel	18	10	20	4	☐ Oui ☐ Non	....
10	3 159 852 258 641	GUESS / Flora Large zip Around	11	15	20	4	☐ Oui ☐ Non	....

* Ne pas dépasser la quantité de stock maximum.

ANNEXE 4 Planning de suivi des commandes

	Du 09/11/N au 01/12/N																						
N° commandes	L 9	M 10	M 11	J 12	V 13	S 14	D 15	L 16	M 17	M 18	J 19	V 20	S 21	D 22	L 23	M 24	M 25	J 26	V 27	S 28	D 29	L 30	M 01
369	▲			○	■	●																	
370			▲												○								
371				▲				○															
372																							

▲ Date de commande
○ Date prévisionnelle de livraison
● Date effective de livraison
■ Date de relance

ANNEXE 5 Palettes reçues

Destinataire :
VosShoes

1 lot de 3 159 852 006 319 abîmé
8 paires de 3 159 852 073 649 endommagées

Destinataire :
VosShoes

ANNEXE 6 Documents de livraison

BORDEREAU DE LIVRAISON N° 20367

FACTORY SHOES
10 rue des Marchands
67000 STRASBOURG

ENTREPRISE VOSHOES
14 rue de la Gare
90300 VALDOIE

Livraison le 19 novembre N

Vos références : commande n° 0372 du 14 novembre N

Mode de paiement : virement fin de mois

Conditions de transport : franco de port

Emballage : cartons sur palette

Références	Désignation	Unité	Quantité commandée	Quantité de lots livrée
3 159 852 036 008	Pryde / Active Lady	Lot de 2	10	5
3 159 852 167 007	Riderr / Actice Lady	Lot de 2	6	3
3 159 852 349 791	Tallyn / Active Lady	Lot de 2	10	5
3 159 852 346 317	Kerrigan Carryall	Lot de 4	8	2
3 159 852 664 773	Fab12	Lot de 2	18	9
3 159 852 073 649	Lea03	Lot de 2	12	6
3 159 852 258 641	Flora Large zip Around	Lot de 4	8	2
3 159 852 007 009	Not coordinated not adj.	Lot de 5	30	6
3 159 852 006 319	Tabbi mini crossbody	Lot de 10	30	3

Nombre de colis : 2 palettes

Poids total : 190 kg

Visa du réceptionnaire : | Observations :

FACTORY SHOES 10 rue des Marchands 67000 STRASBOURG	VoShoes 14 rue de la Gare 90300 VALDOIE	**RÉCÉPISSÉ D'EXPÉDITION N° 67/679**	TR 67 20 avenue du Port 67000 STRASBOURG

Date : 19 novembre N	**Dpt :**	**90**	2	190	xxx	xxx	xxx	xxx	xxx
Nature de la marchandise			**Nb colis**	**Poids en kg**	**Port dû**	**TVA**	**Débours**	**Remboursement**	**TOTAL**

Chaussures et accessoires	**UNITÉ DE MANUTENTION**		**Matières dangereuses**	
	Nombre	**Nature UM**		
	2	Palette EUROPE	~~OUI~~	NON

Instructions de l'expéditeur	**Reçu, visa du client :** **Réserves :**
/	Le ...... / ...... / ......

ANNEXE 9 Indicateurs des stocks

3e trimestre N

Références	Ventes Période	Stock moyen Période	Coefficient de rotation	Durée de stockage (en jours)	Analyse et action à proposer
605 367	*= 18 + 19 + 32* **69**	*= (13 + 19) / 2* **16**	*= 69 / 16* **4,3**	*= 90 / 4,3* **20,9**	Le coefficient de rotation des produits est bien supérieur à 3 ; la durée de stockage est de 20,9 jours, ce qui est conforme aux attentes.
301 890	....	....	....	....	....
334 894	....	....	....	....	....
354 038	....	....	....	....	....
364 037	....	....	....	....	....

Le coefficient de rotation doit être d'au moins 3. La durée de stockage doit être inférieure à 30 jours.

DOSSIER 8

Implanter les produits

COMPÉTENCES

Rendre l'unité commerciale attractive et fonctionnelle

- Assurer les opérations préalables à la vente.
- Mettre en scène l'offre et en assurer la visibilité.

RÉSULTATS ATTENDUS

- L'agencement de l'unité commerciale est pertinent et différencié selon le type d'unité commerciale.
- L'attractivité des produits, des rayons et de l'unité commerciale est analysée et des actions de remédiation sont mises en place le cas échéant.
- Les enjeux de la mise en valeur des produits et des services associés sont précisés.

Kiabi – Les magasins nouveau concept
liennathan.fr/9lnn06

- Observez la façon dont les produits sont présentés dans le magasin : selon vous, quel est l'effet recherché ?

Contexte professionnel

KIABI la mode à petits prix

Kiabi est un groupe français de distribution de prêt-à-porter créé en 1978 à Roncq (59) par Patrick Mulliez, fondateur du groupe Auchan.

Évoluant dans le secteur des grandes surfaces spécialisées dans le textile, Kiabi est un des chefs de file du secteur.

Depuis 30 ans, la marque Kiabi a pour concept « la mode à petits prix ». Le but est de proposer des vêtements pour toute la famille, inspirés de l'air du temps et au meilleur rapport qualité/prix.

Mme Ringuet, directrice du magasin Kiabi de Bernay (27), vous accueille pour votre PFMP. Nous sommes à la veille de la rentrée scolaire de septembre. Votre responsable vous demande de l'aider à implanter la nouvelle collection.

Fiche d'identité de l'entreprise

Raison sociale	....
Activité	....
Type de commerce	....
Forme juridique	Société par actions simplifiée (SAS)
Localisation	....
Concurrent	....

1 **Quels produits sont généralement mis en avant à la rentrée scolaire ?**

2 **Quels sont les objectifs commerciaux sur la période de la rentrée scolaire ?**

MISSION 1 Définir le marchandisage

De : corine.ringuet@kiabibernay.fr
À : stagiaire@kiabi.fr
Objet : Vérification de l'implantation

Bonjour,

L'enseigne Kiabi porte un grand intérêt à l'implantation des produits. Certes, le vendeur est disponible pour conseiller chaque client, mais la présentation de l'offre permet très souvent au client de s'orienter et de choisir les produits qui correspondent à ses besoins en toute autonomie.
Le marchandisage est donc un élément essentiel au bon fonctionnement de notre magasin, et nous nous devons d'en appliquer les principes.
Je vous remets les documents 1 et 2. Je vous laisse apprécier si nous respectons la règle des 6B de Kepner (annexe).

Cordialement,
Corine Ringuet, Responsable Kiabi Bernay

DOC. 1 Définition du merchandising par Kepner

D'après l'IFM (Institut français du merchandising), le merchandising est « un ensemble d'études et de techniques d'application, mises en œuvre séparément ou conjointement par les distributeurs et les producteurs, en vue d'accroître la rentabilité du point de vente et l'écoulement des produits, par l'adaptation permanente de l'assortiment aux besoins du marché et par la présentation appropriée des marchandises ».
Le merchandising est défini par Charles H. Kepner comme l'application de la **règle des 6B** :
- le Bon produit (vendre le bon assortiment : l'article nouveau, le produit phare, le produit catalogue, la promo...) ;
- au Bon endroit (attribuer le bon lieu au produit dans le linéaire, favoriser un lieu de passage ou d'attente qui permet de bien voir le produit, d'optimiser l'espace...) ;
- au Bon moment (veiller à la période, à la saison...) ;
- en Bonne quantité (avoir assez de stock sans risque de surstockage, prévoir le réassort, éviter la rupture) ;
- au Bon prix (fixer le prix en fonction de la cible, par rapport aux concurrents, informer les consommateurs).
- avec la Bonne information (étiquetage adapté, contraintes réglementaires, PLV, ILV, marquage au sol...).

DOC. 2 Le merchandising appliqué à l'offre Kiabi

•••

Catalogue promotionnel

Implantation de l'offre Podium à l'entrée du magasin

ANNEXE Vérification de la règle des 6B sur l'offre Kiabi

Les 6B	
Le bon produit	
Le bon endroit	
Le bon moment	
La bonne quantité	
Le bon prix	
La bonne information	

À VOUS DE JOUER !

Flashez le QR Code et répondez au quiz à l'aide de la règle des 6B.

liennathan.fr/haa755

MISSION 2

Choisir la bonne implantation

De : corine.ringuet@kiabibernay.fr
À : stagiaire@kiabi.fr
Objet : Implantations conseils Merch

Bonjour,
Afin de mieux comprendre les planogrammes présentés dans le « Merch » (plan d'implantation), je vous remets un feuillet explicatif sur les 3 modes d'implantation possibles (document).
Après lecture de ce document, entourez sur chaque schéma les familles de produits (comme cela est fait pour l'implantation horizontale).
Puis précisez quels peuvent être les avantages ou inconvénients de ces modes d'implantation en vous appuyant sur le document et sur votre expérience (annexe à compléter).
Merci
Corine Ringuet

DOC.

Les modes d'implantation

L'implantation des produits ne doit pas être figée. Le choix d'une présentation est lié à de multiples facteurs : l'espace disponible, les produits à mettre en valeur, la visibilité souhaitée, le résultat financier attendu...

L'implantation horizontale Les produits répondant à un même besoin sont regroupés ensemble sur un même niveau.	L'implantation horizontale est théoriquement moins lisible pour le client, mais elle l'incite à parcourir tout le linéaire et à découvrir tous les produits. Cela met en valeur, par un effet de masse, la ou les marques implantées sur le super-niveau*.	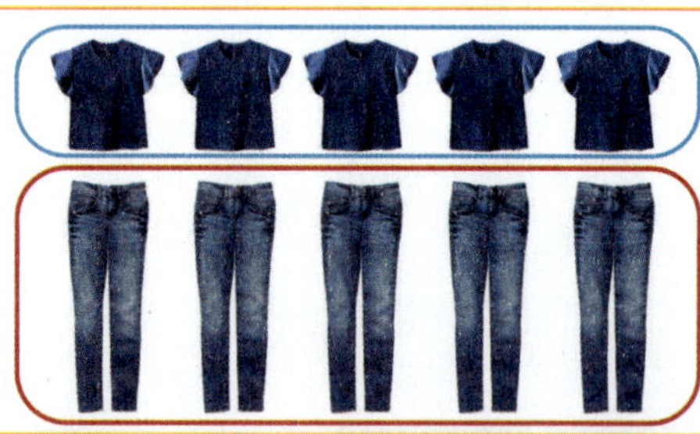
L'implantation verticale Tous les produits d'une même marque ou répondant à un même besoin sont implantés verticalement.	L'implantation verticale rend le linéaire plus visible pour le client (rayon clair et ordonné). Elle permet de mettre en valeur des marques sur plusieurs niveaux, ce qui favorise la comparaison par le client.	
L'implantation par pavés C'est un mixte des implantations verticale et horizontale pour créer des frontales* (ou facings).	C'est l'implantation idéale pour le textile. Elle permet de théâtraliser l'espace en associant des produits complémentaires qui donneront peut-être lieu à des ventes additionnelles.	

VOCABULAIRE

Frontale (facing) : nombre de produits faisant face au client sur un ou plusieurs niveaux du linéaire. La frontale est exprimée en nombre de produits ou en centimètres linéaires.

Super-niveau : niveau des yeux et niveau des mains. Situé entre 1,20 m et 1,60 m, c'est le niveau le plus vendeur et le plus rentable du linéaire.

ANNEXE Analyse du mode d'implantation des articles de l'offre

Implantation	....	....	....
Avantages	....	....	....
Inconvénients	....	....	....

MISSION 3

Valoriser la présentation des produits

Bonjour, c'est le grand jour, vous allez implanter la nouvelle collection !

Veillez à bien respecter les consignes de marchandisage transmises par le siège pour cette nouvelle collection (document 2). Aidez-vous du descriptif de nos techniques de mise en avant (document 1). Voici quelques consignes pour vous organiser :

- À chaque symbole correspond une présentation.
- Il y a 4 modes de présentation :
  - le plié : les articles sont pliés et présentés sur plateaux, tablettes, étagères ;
  - le feuilleté : les articles sont sur cintres et positionnés de profil ;
  - le facing ou la frontale : le produit est positionné de face sur le mur ;
  - les silhouettes : des mannequins sont habillés selon les directives.
- Nous choisissons le mural pour une présentation verticale ou par pavés. L'implantation horizontale utilise les tables de présentation ou les tablettes.

Sur l'annexe 1, légendez l'implantation du mural en indiquant le mode d'implantation choisi et les techniques de présentation. Puis, sur l'annexe 2, justifiez l'intérêt de chaque implantation.

DOC. 1 La mise en avant des produits

Le merchandising est l'art de valoriser les produits en les théâtralisant de manière à favoriser l'achat spontané. Le but est de faire découvrir, par la mixité des présentations, l'ensemble des produits, de séduire le client en l'attirant vers des produits complémentaires et de le pousser à acheter.

La silhouette	Visible dès l'entrée dans une zone définie, elle théâtralise l'espace et permet de mettre en évidence l'assortiment proposé. Les vêtements alors les produits vedettes de la collection ou ceux mis en avant dans le catalogue promotionnel. Les silhouettes suggèrent des coordonnés et suscitent l'achat impulsif. Elles permettent d'associer l'achat complémentaire à l'achat supplémentaire.
Le facing	Cette présentation appuie celle des silhouettes. Elle a aussi pour but de provoquer des ruptures visuelles, qui dynamisent le rayon. Le facing a l'avantage d'offrir aux clients une vision immédiate et globale du produit en présentant l'offre, ce qui la met en valeur.
Le plié	Les articles pliés sont souvent ceux qui sont proposés en collection permanente, comme les basiques ou les articles d'entrée de gamme, qui sont de ce fait mis en avant. Le plié ne dévoile le produit qu'en partie, permettant un gain de place dans la présentation du stock. En revanche, le format en piles constituant un frein à l'achat, il est nécessaire de ranger les articles par tailles, modèles et couleurs.
Le feuilleté	La présentation de portant en feuilleté permet la proposition d'un stock plus important, ce qui crée un effet de masse. Les articles sur cintres sont faciles d'accès pour le client et offrent une vue globale du stock disponible. Cette présentation convient aux articles qui sont présents en grande quantité et à ceux qui peuvent être déclinés par couleurs. Elle est également très utilisée pour les articles encombrants (manteaux...).

DOC. 2 L'implantation du rayon Femme

CONSIGNES DU SIÈGE POUR LES PRODUITS MIS EN AVANT

Symboles

Silhouette phare	Frontale	Sur plateau	De profil	Balisage prix

Préconisations (recommandations pour l'implantation)

ANNEXE 1 Implantation du mural

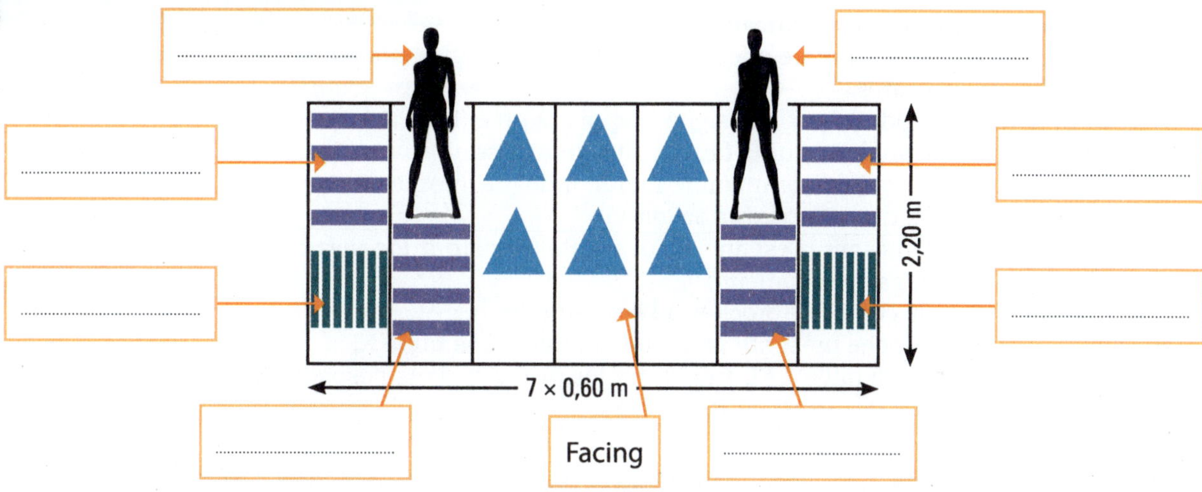

Implantation horizontale ☐	Implantation verticale ☐	Implantation par pavés ☐

ANNEXE 2 Justification de l'implantation

	Produits	Justification de la présentation
Quel produit est présenté en silhouettes ?	Le produit vedette de la collection : un ensemble coordonné pull et salopette	....
Quels produits sont présentés en plié ?	Les produits d'entrée de gamme, les produits permanents, les pulls/tee-shirts	....
Quels produits sont présentés en feuilleté ?	Les produits en grande série, les produits encombrants, les modèles déclinés par couleurs	....
Quels produits sont présentés en facing ?	Les produits phares, les produits du catalogue, les produits complémentaires, les produits sur les silhouettes	....

À VOUS DE JOUER !

Flashez le QR Code et répondez aux questions à l'aide de la vidéo « Le concept store Kiabi ».

liennathan.fr/cz824a

MISSION 4

Contrôler l'implantation d'une collection

De : corine.ringuet@kiabibernay.fr
À : stagiaire@kiabi.fr
Objet : Rayon Accessoires hommes
PJ : Consignes d'implantation

Bonjour,
Aujourd'hui, vous aurez la responsabilité du rayon « Accessoires hommes ».
Dans l'annexe, merci de faire le contrôle de l'implantation des produits (document 2) et d'effectuer les remédiations nécessaires. Pour vous aider, je joins les consignes concernant l'implantation de ce rayon (document 1).
Bonne journée
Corine Ringuet

DOC. 1 Consignes d'implantation du rayon « Accessoires hommes »

Le rayon est en état marchand (présenter un linéaire toujours attrayant) :
- Veiller à la propreté des rayons.
- Ranger le rayon (frontale effectuée, produits à la bonne place).
- Éviter les ruptures.
- Repérer les produits par une signalétique adaptée (ILV/PLV).
- Présenter les produits sur la face la plus vendeuse.
- Présenter les produits de manière marchande (harmonie des couleurs, des formes ou des volumes), à savoir :
  - les produits sont présentés en descente (implantation verticale) par modèles et par couleurs ;
  - le meuble compte 7 broches à l'horizontale ;
  - chaque broche présente un lot de la taille S à la taille XL ;
  - à partir de la taille 2 XL, implanter les produits dans l'espace « grandes tailles ».

ANNEXE Contrôle de l'implantation du rayon « Accessoires hommes »

Visuels	Anomalies relevées	Solutions apportées
1	....	....
2	....	....
3	....	....
4	....	....

DOC. 2 Implantation de l'espace « Accessoires hommes »

1 Vue d'ensemble du meuble

2 Détail

3 Implantation d'une broche

4 ILV (format calendrier monté sur spirale pour permettre l'affichage des prix)

4 ILV au dos du produit (caleçons par lot de 3)

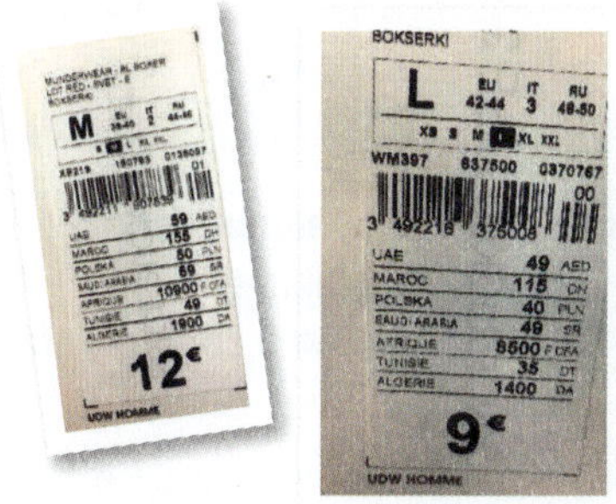

MISSION 5

Calculer les indicateurs de gestion du linéaire

Appartenant au groupe Kiabi, nous recevons, pour chaque collection, des planogrammes (plans d'implantation) qu'il est nécessaire de comprendre afin de réaliser l'implantation souhaitée. Avec le nouveau concept, la lingerie occupe une place importante. Je vous remets les indicateurs de gestion à connaître et le planogramme du wall (mur) maillots de bain, appelé « Colorwall » (document 1). On y référence les premiers prix.

Étudiez ces éléments pour compléter l'annexe, en vous aidant du document 2.

DOC. 1 Planogramme du Colorwall

Dans la distribution, les outils propres à l'implantation sont le plus souvent établis au sein de la structure en charge du merchandising et appliqués ensuite par les responsables de rayon avec un degré de liberté plus ou moins important.

Le basique est le planogramme diffusé *via* l'intranet du groupe sous forme numérique dans ce qui est communément appelé le « book » ou le « merch ». Il peut être réalisé à l'aide de bases d'images de produits et est la représentation visuelle de l'implantation d'un rayon ou d'une gondole soit de face, soit en 3D.

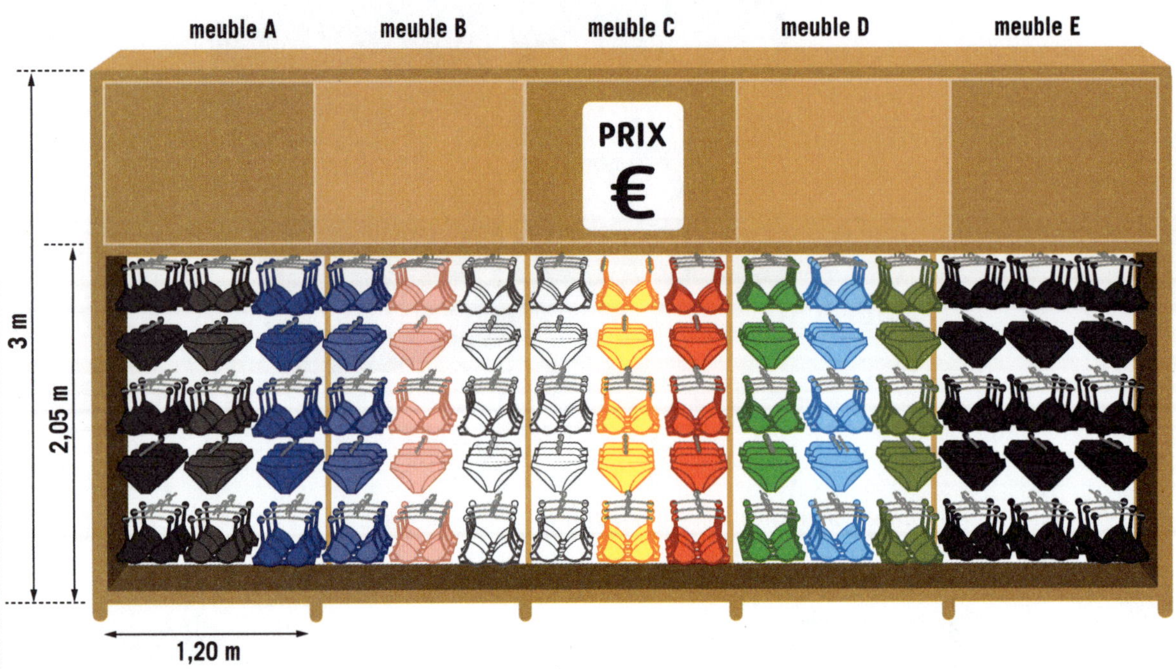

Informations complémentaires
- Une broche mesure 40 cm.
- La place allouée à chaque référence est identique.

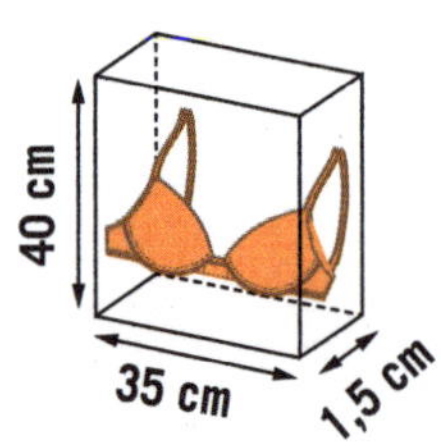

DOC. 2 La gestion du linéaire

L'utilisation d'un logiciel de gestion de linéaires est propre à chaque enseigne.
Cet outil a pour rôles :
- d'optimiser l'allocation de linéaire et la visibilité des produits ;
- de procéder au suivi des linéaires ;
- de maximiser la rentabilité d'un linéaire ou d'un rayon ;
- d'augmenter les ventes ;
- d'améliorer le suivi des promotions, des animations commerciales et des PLV ;
- de prendre des décisions immédiates et de diffuser rapidement les instructions pour action ;
- de réduire les ruptures et le temps passé à la gestion du linéaire ou du rayon.

Indicateurs de gestion du linéaire	
Linéaire au sol	Longueur du meuble de présentation consacré au produit, exprimé en mètres linéaires (ml)
Linéaire développé	Linéaire au sol multiplié par le nombre de niveaux (étagères du rayon), exprimé en mètres linéaires développés (mld)
Frontale	Nombre de produits vus de face sur un ou plusieurs niveaux d'un linéaire
Capacité de stockage	Nombre total de produits implantés (nombre de produits en hauteur × nombre de produits en largeur × nombre de produits en profondeur)

ANNEXE Calcul des indicateurs de gestion

Calcul des linéaires du Colorwall

Linéaires	Détail du calcul	Résultat
Linéaire au sol	....	....
Linéaire développé	....	....

Calcul des frontales du Colorwall

Frontales (ou facings)	**Hauts de maillots de bain**	....
	Bas de maillots de bain	....

Calcul de la capacité de stockage d'un linéaire (meuble A)

Capacité de stockage	Détail du calcul	Résultat
	Meuble A	
Nombre de produits en hauteur	....	....
Nombre de produits en longueur	....	....
Nombre de produits en profondeur	....	....
Capacité totale du meuble A	....	....
Capacité totale du Colorwall	....	....

À VOUS DE JOUER !
Flashez le QR Code et répondez aux questions sur la gestion d'un rayon lessive
liennathan.fr/5gh82i

MISSION 6

Calculer la rentabilité du linéaire

Il est important de mesurer la performance de notre linéaire en calculant des indicateurs de rendement et de rentabilité (document 1). Effectuez les calculs sur l'annexe 1, puis complétez l'annexe 2 à l'aide du document 2.

La comparaison des résultats entre les références nous permettra d'optimiser l'espace occupé par chaque produit dans le linéaire et de réaliser des arbitrages (faut-il accorder plus de place à telle ou telle référence ?).

DOC. 1 Les indicateurs de rendement et de rentabilité

Rendement du produit / du linéaire	Il exprime le chiffre d'affaires (CA) HT réalisé par mètre linéaire. Il indique les produits qui se vendent le mieux en rayon et qui ont la préférence des clients. $\text{Rendement du produit} = \dfrac{\text{CA HT d'un produit (ou du rayon)}}{\text{Linéaire développé du produit (ou du rayon)}}$
Rentabilité du produit / du linéaire	Elle exprime la marge brute (MB) HT réalisée par mètre linéaire. Elle permet de mettre en évidence le produit le plus rentable et qu'il est conseillé de mettre en avant. $\text{Rentabilité du produit} = \dfrac{\text{Marge brute HT d'un produit (ou du rayon)}}{\text{Linéaire développé du produit (ou du rayon)}}$

ANNEXE 1 Calcul des indicateurs de gestion de rayon pour les meubles A et E

Produit	Qté vendue	PV unitaire HT	Coût d'achat unitaire HT	LD en mld	CA HT	MB unitaire HT *	MB totale	Rendement	Rentabilité
Meuble A « Basic »	352	4,17	1,04	6	....	....	....	....	....
Meuble E « Tendance »	248	6,67	1,27	6	....	....	....	....	....
TOTAL (meubles A, B, C, D et E)				**30**	**7 538**		**4 878**		

Commentaires :

....

....

....

....

....

....

....

....

....

....

* MB unitaire HT = PV unitaire HT - Coût d'achat unitaire HT

DOC. 2 Calcul des indices

Indice de sensibilité au CA	Il compare la place attribuée à un produit dans le linéaire à sa contribution au chiffre d'affaires du rayon ou du point de vente. $$IS\ CA = \frac{CA\ en\ \%}{Linéaire\ développé\ en\ \%}$$
Indice de sensibilité à la MB	Il compare la place attribuée à un produit dans le linéaire à sa contribution à la marge brute du rayon ou du point de vente. $$IS\ MB = \frac{MB\ en\ \%}{Linéaire\ développé\ en\ \%}$$

Interprétation des résultats :
Si l'indice de sensibilité est : égal à 1, il ne faut pas modifier le linéaire.
supérieur à 1, il faut augmenter la place accordée au produit.
inférieur à 1, il faut diminuer la place accordée dans le linéaire.

Indice moyen	Il calcule la moyenne des indices au CA et à la MB. IM = (IS CA + IS MB) / 2
Linéaire optimum	Il permet de calculer la place à accorder au produit dans le nouveau linéaire d'après l'étude de ses performances. LO = Ancien linéaire accordé × IS moyen

ANNEXE 2 Calcul des indicateurs de gestion de rayon pour les meubles A et E

Produit	CA HT	Linéaire développé	MB totale	CA en %	Linéaire développé en %	MB en %	IS CA*	IS MB*
Meuble A « Basic »	....	6	....	....	....	....	....	....
Meuble E « Tendance »	....	6	....	....	....	....	....	....
TOTAL (meubles A, B, C, D et E)	**7 538**	**30**	**4 878**	**100 %**	**100 %**	**100 %**		

Commentaires :
....
....
....

*Arrondir les indices de sensibilité à 4 chiffres après la virgule.

Produit	IS CA	IS MB	IS moyen*	LO
Meuble A « Basic »	....	....	....	....
Meuble E « Tendance »	....	....	....	....

Commentaires :
....
....
....

Évaluez votre réussite du dossier P. 7

SYNTHÈSE

liennathan.fr/x62vw4

1 Définir le marchandisage

Les 6 B du marchandisage selon Kepner

…… ……	…… ……	…… ……	…… ……	…… ……	…… ……

2 Choisir la bonne implantation

Horizontale	……	……

3 4 Valoriser et contrôler la présentation des produits

Silhouette	……	……	Facing (ou frontale)

5 Calculer les indicateurs de gestion du linéaire

Linéaire au sol en mètres linéaires (ml)	Longueur au sol du linéaire
……	Longueur au sol du linéaire × Nombre de niveaux
……	Nombre de produits vus de face

Capacité de stockage sur un niveau

= ……

Capacité totale de stockage

= ……

6 Calculer la rentabilité du linéaire

Indices de sensibilité

IS CA Indice de sensibilité au chiffre d'affaires	IS MB …… ……	IM …… ……	LO …… ……

MOTS-CLÉS

Marchandisage • 6B • Implantation des produits • Linéaire au sol • Linéaire développé • Frontale • Indice de sensibilité au CA • Indice de sensibilité à la marge brute • Indice moyen • Linéaire optimum

QUIZ

liennathan.fr/nq97z2

SCORE ……

APPLICATION ★

1 Réaliser l'implantation d'un mur

Au cours de vos semaines de stage chez Kiabi, vous avez acquis des compétences professionnelles dans l'implantation des produits. Votre tutrice, Mme Ringuet, vous charge du rayon « Femmes » et plus particulièrement du mur « Jeans ». Elle vous laisse découvrir le mur actuel (document 1) et vous remet le plan de la nouvelle implantation (document 2). Vous observez les éléments à votre disposition (document 3) et faites un état des lieux de ce que vous devrez réaliser pour finaliser l'implantation fournie.

DOC. 1 Visuel du mur actuel « Jeans »

DOC. 2 Nouvelle implantation du mur « Jeans »

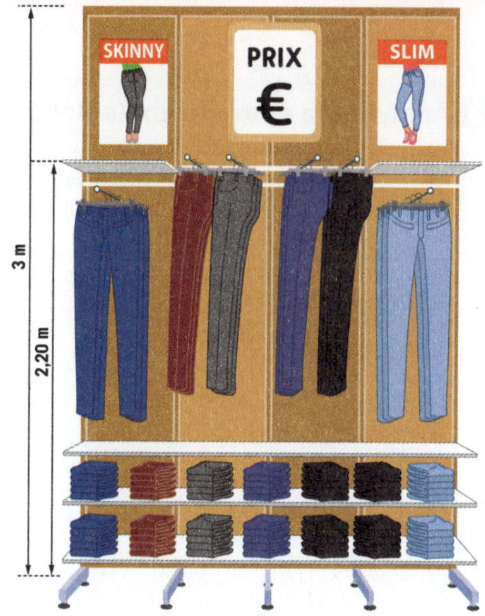

DOC. 3 Matériel et outils disponibles

- Tablettes
- ILV / PLV
- Cintres à pinces

Conseil – Épreuve E2
Appuyez-vous aussi sur votre vécu en entreprise pour trouver les bonnes justifications.

1 **Réalisez l'état des lieux du rayon.**

Questions à se poser	Oui	Non	Justification
1. La place est-elle suffisante pour l'implantation du nouveau mur ?	☐	☐	....
2. Dispose-t-on du mobilier nécessaire à la réalisation ?	☐	☐	....
3. Dispose-t-on de la bonne PLV ?	☐	☐	....
4. Dispose-t-on de l'ILV prix ?	☐	☐	....
5. Dispose-t-on des cintres à pinces ?	☐	☐	....
6. Dispose-t-on de la marchandise ?	☐	☐	....

2 Organisez votre travail pour réaliser la nouvelle implantation.

Étapes nécessaires à l'implantation (à numéroter dans l'ordre)	
N° ...	Compléter le rayon avec l'ensemble des produits.
N° ...	Préparer le squelette de mon rayon (placement de quelques références en linéaire en suivant le planogramme tout en laissant des espaces vides dans le linéaire).
N°...	Installer la PLV.
N° ...	Installer l'ILV.
N° ...	Retirer la marchandise implantée sur les côtés et la réimplanter sur un autre espace.
N° ...	Retirer l'étagère actuelle.
N° ...	Positionner la structure de ma nouvelle implantation.

3 Analysez la nouvelle implantation.

	Oui	Non	Justification
1. La nouvelle implantation apporte de la visibilité à l'offre.	☐	☐	....
2. La nouvelle implantation apporte de la clarté à l'offre.	☐	☐	....
3. La nouvelle implantation apporte du confort d'achat.	☐	☐	....
4. La nouvelle implantation est attractive.	☐	☐	....
5. La nouvelle implantation utilise les préconisations d'implantation des produits en mixant les présentations (plié, frontale, feuilleté).	☐	☐	....
6. La présentation est en implantation horizontale.	☐	☐	....

APPLICATION ★★

2 Gérer un linéaire à l'aide des indicateurs de gestion

Vous êtes en stage chez Carrefour. Votre responsable vous confie la gestion du linéaire des lessives en poudre et liquides. Il vous demande de décoder l'implantation de ce linéaire (document) et d'effectuer les différents calculs liés aux indicateurs de gestion afin de tirer les conclusions permettant l'optimisation de ce linéaire. Aidez-vous si possible du tableur (fichier : Appli2_DPH.xlsx).

DOC. **Linéaire Droguerie, Parfumerie, Hygiène (DPH)**

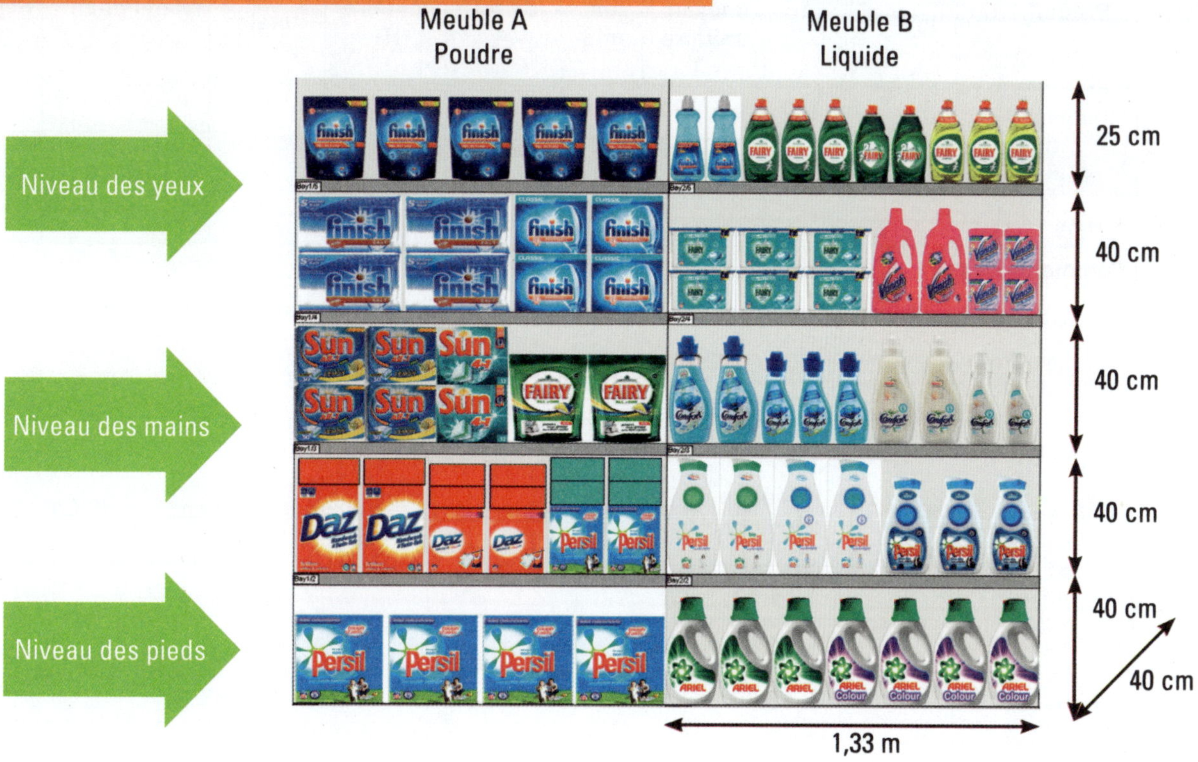

1 Étudiez le linéaire et analysez l'implantation.

Combien de meubles compte ce linéaire ?	....
Combien de niveaux compte ce linéaire ?	....
L'implantation est-elle verticale ou horizontale ?	....
Quels produits sont au niveau des pieds ?	....
Quels produits sont au niveau des mains ?	....
Quels produits sont au niveau des yeux ?	....

Linéaires	Détail du calcul	Résultat
Linéaire au sol total	....	....
Linéaire développé d'un meuble	....	....
Linéaire développé total	....	....

2 Calculez le linéaire de la référence « Persil ».

Hauteur : 35 cm
Largeur : 30 cm
Profondeur : 11 cm

Capacité de stockage de la référence « Persil »	Détail du calcul	Résultat
Nombre de produits en hauteur	....	....
Nombre de produits en longueur	....	....
Nombre de produits en profondeur	....	....
Capacité totale du NIVEAU 1	....	....

3 Calculez les indicateurs de gestion de rayon pour le linéaire.

Conseil – Épreuve E2
Le calcul d'un indicateur de gestion ne suffit pas. Il faut savoir l'interpréter pour tirer les bonnes conclusions.

Produit	Qté vendue	PV unitaire moyen HT	Coût d'achat moyen unitaire HT	LD en mld	CA HT	MB unitaire HT	MB totale	Rendement	Rentabilité
Meuble A	110	11,30	3,30	6,65	....	....	....	....	....
Meuble B	230	9,80	2,94	6,65	....	....	....	....	....
TOTAL				**13,30**	....		....		

Commentaires :
....
....
....

Produit	CA HT	Linéaire développé	MB totale	CA en %	Linéaire développé en %	MB en %	IS CA*	IS MB*
Meuble A	....	**6,65**	....	....	....	....	....	....
Meuble B	....	**6,65**	....	....	....	....	....	....
TOTAL	....	**13,30**	....	**100 %**	**100 %**	**100 %**		

Commentaires :
....
....
....

*Arrondir les indices de sensibilité à 4 chiffres après la virgule.

Produit	IS CA	IS MB	IS moyen	LO
Meuble A	....	....	....	....
Meuble B	....	....	....	....

Commentaires :
....
....
....

4 Par groupes de 2 ou 3 élèves, réalisez une présentation sur les avantages de l'utilisation d'un logiciel de merchandising pour optimiser la gestion des linéaires.

À VOUS DE JOUER !
Flashez le QR Code et explorez le site Retail Visual Merchandising « Vidéos », pour répondre à la question 4.
liennathan.fr/u8k85v

DOSSIER 9

Mettre en scène l'offre

COMPÉTENCES

Rendre l'unité commerciale attractive et fonctionnelle

- Aménager la vitrine et/ou le rayon.
- Mettre en scène l'offre et en optimiser la visibilité.
- Accueillir, informer et orienter le client dans l'unité commerciale et à l'extérieur.

RÉSULTAT ATTENDU

- L'attractivité des produits, des rayons et de l'unité commerciale est analysée et des actions de remédiation sont mises en place le cas échéant

Découvrir Cofféa
liennathan.fr/1c64bn

- Que vend l'enseigne ?
- Qu'apportent les ateliers de torréfaction dans les points de vente Cofféa ?

Contexte professionnel

cofféa® torréfacteurs passionnés

Vous débutez votre PFMP au sein de la boutique Cofféa située à Paris. L'enseigne est spécialisée dans la vente de cafés, thés et chocolats. Elle a pour principal objectif d'offrir au consommateur un café de qualité sous toutes ses formes (en grains, moulu, en dosettes...). Cofféa se donne pour mission de sublimer le café pour rendre accessible, authentique et simple au plus grand nombre l'expérience procurée par chaque tasse de café.

Vous êtes accueilli(e) par Johanna Duval, responsable de la boutique, qui débute votre tutorat par une présentation de l'enseigne Cofféa, qui a pour devise : « Torréfacteurs passionnés ».

Fiche d'identité de l'entreprise

Raison sociale	....
Activité	....
Type de commerce	....
Statut juridique	SASU (Société par actions simplifiée unipersonnelle)
Localisation	....
Concurrents :	Terre de Café, Café PFAFF, L'Arbre à Café

1) **Quelle est la première impression lorsqu'on entre dans la boutique Cofféa ?**

2) **Pourquoi est-il facile de repérer les différents espaces proposés ?**

MISSION 1

Identifier les facteurs d'ambiance du point de vente

Il faut savoir qu'il y a trois actes d'achat chez nous : l'achat quotidien (café, thé), l'achat d'impulsion (partie gourmande) et l'achat cadeau. Ce dernier poste représente 20 % de l'activité de nos points de vente. On trouve toujours quelque chose de sympa chez Cofféa. La consommation sur place ne représente que 10 % de l'activité mais elle permet de créer du trafic dans la boutique tout au long de la journée. La décoration et les facteurs d'ambiance sont très importants pour provoquer chez nos clients une expérience unique.

Repérez les différents facteurs d'ambiance présents au sein de l'enseigne Cofféa (document) et rattachez-les à leur description respective dans l'annexe. Vous préciserez les effets recherchés par chaque élément à partir de la liste qui vous est proposée (plusieurs réponses possibles à chaque item).

DOC.

Les facteurs d'ambiance chez Cofféa

1 La vitrine

2 Le personnel

3 Le sol

4 L'éclairage

5 La musique d'ambiance

SÉLECTION MUSICALE RADIOSHOP

Mises à jour régulières

Volume réduit

6 Le gel hydroalcoolique

7 La décoration, les couleurs, le mobilier, la signalétique

•••

8 La dégustation

Comptoir caisse

ANIMATIONS PONCTUELLES
Exemple : dégustation du thé de Noël

Dégustez un excellent café à toute heure de la journée : sur place ou à emporter

9 Les odeurs

Sentez-moi !

Torréfaction en boutique

ANNEXE Identification des facteurs d'ambiance du magasin

Facteurs d'ambiance	Description	Effets recherchés*
	Premier élément visuel de présentation de la boutique en extérieur. On peut y ajouter les façades, le parking, l'enseigne, les drapeaux...	
	Élément de signalisation horizontale aidant au repérage directionnel.	
	Élément destiné à faciliter une bonne visibilité et à jouer avec les zones d'ombre et de lumière.	
	Elles renforcent les éléments d'ambiance en fonction de la teinte utilisée et reflètent la personnalité de la marque.	
	Éléments humains de contact et de représentation de la marque (la tenue et le badge renforcent le professionnalisme).	
	Éléments utilisés pour exposer l'offre. Ils doivent être choisis dans des matériaux qui renforcent les valeurs de la marque (bois pour un aspect naturel...).	
	Tous les éléments qui viennent ajouter les touches finales d'originalité, de symbolique et de beauté des lieux. Ils permettent de « théâtraliser » l'offre.	
	Démarche qui permet au client de goûter les produits avant de faire son choix.	
	Éléments de repérage des espaces, des directions et des divers éléments d'information.	
	Elle est diffusée dans la boutique pour créer un fond sonore agréable.	
	Elles sont perçues dans la boutique par le sens olfactif et peuvent être créées artificiellement.	
	Éléments permettant aux clients et vendeurs de se désinfecter les mains.	

*** Liste des effets recherchés :**
Attirer le client – Développer du trafic dans la boutique – Faciliter le repérage – Informer le client – Créer une identité de marque – Permettre de tester pour déclencher l'achat – Contribuer au bien-être du client – Apaiser – Détendre – Capter l'attention – Créer du lien – Développer la relation – Créer des contrastes – Mettre en scène des moments ou des lieux de consommation – Faciliter la mise en situation – Créer une atmosphère propice à une expérience unique – Orienter – Conforter les valeurs de la marque – Afficher – Assurer la sécurité et l'hygiène du client et du vendeur.

● **En vous appuyant sur vos travaux et vos expériences, expliquez simplement la notion de facteur d'ambiance et faites le lien avec la notion d'expérience client.**

MISSION 2

Exploiter le marketing sensoriel

Je souhaite tout particulièrement vous sensibiliser à l'importance du **marketing sensoriel** au sein de notre espace de vente. À partir des documents 1 et 2 que je mets à votre disposition et de votre connaissance de notre enseigne, vous dresserez, dans l'annexe, le bilan de nos actions en termes de marketing sensoriel et vous conclurez sur la pertinence de celles-ci.

DOC. 1 Le marketing sensoriel

www

Quel est l'impact du marketing sensoriel sur l'expérience en magasin ?

Il ressort de l'étude réalisée qu'une ambiance agréable en magasin est vue comme un facteur-clé pour privilégier un achat dans un commerce traditionnel plutôt que sur Internet (78 % des clients). Celle-ci se définit alors [...] comme une association de plusieurs facteurs sensoriels : musique, communication visuelle et senteurs. Pour 75 % des répondants, cette combinaison de stimuli sensoriels incite à rester plus longtemps en magasin, et pour 90 %, à revenir dans ces magasins qui proposent une expérience agréable.

Quels sont les facteurs sensoriels les plus influents ?

La **musique** est le facteur numéro un pour améliorer l'expérience client en magasin et a un impact globalement positif pour 85 % des clients dans le monde. [...]

L'**importance des odeurs** : un consommateur sur deux estime qu'un magasin à l'odeur agréable « le met de bonne humeur ». [...]

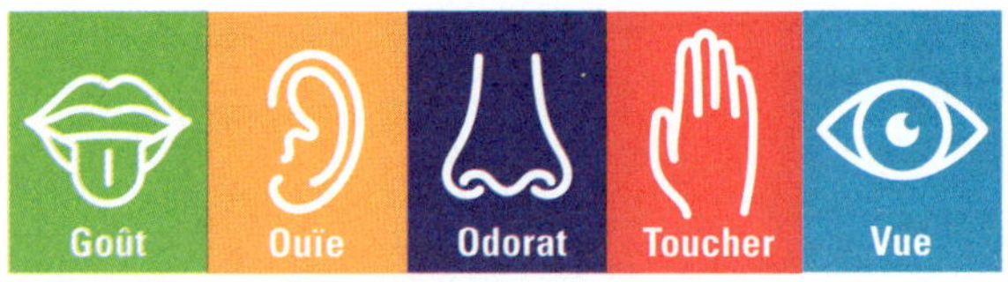

Enfin, plus de la moitié (58 %) des consommateurs interrogés a déclaré qu'un **contenu vidéo** attrayant peut avoir un impact positif sur leurs achats. [...]

Si 40 % des Français considèrent que la possibilité de voir et toucher des produits en magasin est l'élément le plus important pour choisir un magasin juste avant la découverte de nouveaux produits et une atmosphère agréable, les composantes d'une bonne ambiance en magasin reposent d'abord sur les vendeurs (29 %), un magasin aéré (20 %) et bien agencé (18 %).

Barbara Haddad, www.e-marketing.fr, 18 janvier 2019.

DOC. 2 La Porte des Saveurs

Coffëa offre un nouveau concept : une « **Porte des Saveurs** », autrement dit, des murs parés d'une banque de flacons avec des flaveurs de café ou de thé. Le but étant de humer afin de déterminer la saveur recherchée (épicé, floral, fruité, grillé-boisé, végétal) et d'y associer le café ou le thé correspondant. Une aide à l'achat en quelque sorte.

www.maxicoffee.com

Les secrets du marketing sensoriel

liennathan.fr/5en9z7

Le marketing sensoriel sollicite un ou plusieurs sens du consommateur. Vous pouvez jouer sur la lumière, l'ambiance, les odeurs, le goût, la musique. Mais l'important est de créer une expérience congruente, c'est-à-dire que toutes ces sensations résonnent ensemble de manière cohérente.

ANNEXE — Analyse du marketing sensoriel chez Cofféa

Quels sont les 5 sens ?	Comment l'enseigne Cofféa stimule-t-elle ces sens ?
....	....
....	....
....	....
....	....
....	....

Conclusion

....

....

Vous cocherez sur la *check-list* suivante, à l'intention de nos vendeurs, les points de contrôle incontournables qui leur incombent pour maintenir notre marketing sensoriel (MS) à son meilleur niveau et ceux destinés au respect de la réglementation ou de l'hygiène et la sécurité (HS).

Vérifier la bonne diffusion des mélodies.	☐ MS ☐ HS	Afficher les prix de vente sur les produits et en vitrine.	☐ MS ☐ HS
Réassortir les rayons.	☐ MS ☐ HS	Veiller à la propreté des sols et des matériels.	☐ MS ☐ HS
Assurer la gestion des stocks et passer les commandes.	☐ MS ☐ HS	Réapprovisionner régulièrement les stands de dégustation.	☐ MS ☐ HS
Inviter les clients à déguster les produits.	☐ MS ☐ HS	Veiller au bon fonctionnement des éclairages et à l'allumage de ceux-ci.	☐ MS ☐ HS
Vérifier la conformité des étiquetages par rapport au contenu présenté.	☐ MS ☐ HS	S'assurer du goût et de la fraîcheur des produits en vérifiant les DLC et DLV (dates limites de consommation et de vente)	☐ MS ☐ HS
Recharger les flacons de la « Porte des Saveurs ».	☐ MS ☐ HS	Maintenir l'état vendeur de la vitrine et adapter celle-ci au thème mis en avant.	☐ MS ☐ HS
Fixer les prix de vente en appliquant la marge définie.	☐ MS ☐ HS	Veiller à maintenir la propreté de sa tenue professionnelle.	☐ MS ☐ HS

À VOUS DE JOUER !

Flashez le QR Code et répondez aux questions à l'aide de la vidéo « Coussins sensoriels - Nature & Découvertes ».

liennathan.fr/c239zn

MISSION 3

Sélectionner les éléments d'ambiance pour une animation

De : jduval@coffea.fr
À : stagiaire@coffea.fr
Objet : OP « Comme en Italie »

J'aimerais que vous m'assistiez pour l'opération promotionnelle (OP) « **Comme en Italie** », qui consiste à mettre en avant le café italien et ses produits dérivés (documents 1 et 2). Vous vous concentrerez sur la sélection des éléments d'ambiance qui permettront la mise en place d'un podium en vitrine (annexe à compléter). Le siège nous a transmis un certain nombre de recommandations (document 3), mais vous disposez toutefois d'une marge de liberté dans vos choix.

Cordialement,

Johanna

DOC. 1 L'OP « Comme en Italie »

DOC. 2 Mémo sur la culture italienne

Boire un café en Italie est une expérience unique ! Pendant plusieurs siècles, les Italiens, comme le reste de l'Europe, buvaient leur café d'abord à la turque (en décoction) puis en infusion. Mais au **XIXe siècle, la machine à expresso fait son apparition** dans le pays et c'est une révolution gustative majeure dans le monde du café. D'autres recettes de café italien ont depuis vu le jour et si vous ne parlez pas la langue de Dante, vous risquez d'en perdre votre latin ! Ainsi, la réputation du café italien n'est plus à faire. Même la langue du café est devenue italienne un peu partout ; entre cappuccino, latte, espresso et autres macchiato.

Un café en Italie se déguste rapidement, le matin, accoudé au comptoir en se concentrant sur la saveur du café et de la pâtisserie qui l'accompagne. Car c'est bien de cela qu'il s'agit : une courte *pausa*, revigorante et riche en goût, qui n'a pas spécialement vocation à s'éterniser.

www.dreamyachtcharter.fr

DOC. 3 Recommandations du siège

Pour l'opération promotionnelle « Comme en Italie », il est important de respecter les couleurs symboliques du pays. Les objets de décoration doivent être évocateurs du produit (le café) ainsi que du pays. Il faut prévoir de la PLV en soutien à l'action promotionnelle et une théâtralisation de l'offre *via* divers mobilier et décorations. Le présentoir vitrine doit interpeller le client de l'extérieur. Vous pouvez proposer tout élément qui vous semblera pertinent pour renforcer la mise en valeur de l'opération en boutique.

ANNEXE Préparation du podium

Étape 1. Choix des couleurs dominantes

Couleurs évoquées par le thème de l'OP « Comme en Italie »	....

Étape 2. Sélection des produits à mettre en avant dans la vitrine

Capsules
Capsules Café Réveil matin X10

Capsules
Capsules Café Italien X10

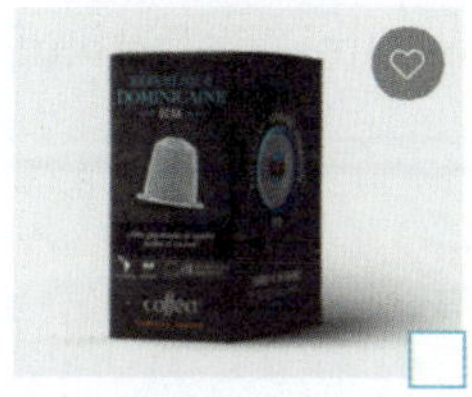
Capsules
Capsules République dominicaine X10

Assemblage
Café Blend Italien

Capsules
Capsules Café Barista X10

Infusion en sachets
Sachets Infusion rooïbos Plaisirs d'agrumes x 15

Thé en sachets
Sachets thé vert Mon thé à la menthe verte x 15

Tablette & Croc
Coffret Croc Gourmand 120G

Tasse
Tasse expresso soft line grise 7 cl

Chocolat
Cornet gourmand de tablettes de chocolat 140G

Théière
Théière assam inox 1L

Tamis
Boule à thé flottante

Cafetière
Cafetière Italienne induction noire 6T

Cafetière
Cafetière Italienne induction inox 6T

Café aromatisé
Café soluble aromatisé noisette 50G

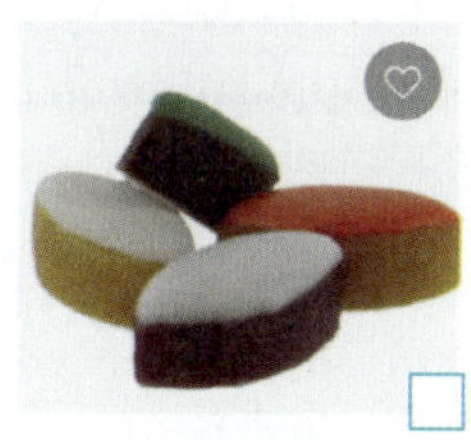
Calisson
Cube de mini calissons 125G

Étape 3. Sélection des éléments décoratifs

Objets décoratifs, en lien avec le thème, qui permettront de mettre en scène la vitrine	....

MISSION 4

Mettre en scène l'offre et installer la PLV/ILV

Pour communiquer sur notre OP « Comme en Italie », je souhaite que vous me proposiez, après étude du document, des éléments de PLV ainsi que des éléments d'ILV à affecter à la boutique (annexe 1 à compléter).

Voici en annexe 2 l'affichage envoyé par le siège. Merci de compléter le présentoir produits qui sera disposé dans la vitrine afin d'informer les consommateurs depuis l'extérieur du point de vente. Puis réalisez sur l'annexe 3 un croquis de la mise en place de votre vitrine (affiche, stickers, présentoir et facteurs d'ambiance).

DOC. PLV et ILV (publicité et information sur le lieu de vente)

PLV (publicité sur le lieu de vente), appelée aussi « le média du dernier mètre »
Cette technique consiste à promouvoir de façon ponctuelle un produit ou une marque, grâce à des éléments et mobiliers (souvent cartonnés et rigides) fournis par le fabricant au distributeur.

ILV (information sur le lieu de vente)
Cette technique consiste à informer, orienter et guider les clients *via* des éléments de signalétique installés de façon permanente par le distributeur et de plus en plus tournés vers des solutions digitales.

L'**ILV** et la **PLV** sont des techniques distinctes avec des objectifs différents, mais elles utilisent souvent les mêmes types de supports. On retrouve :
- les supports d'ILV classiques : signalétique de type kakémono, stop-rayon, banderole, présentoir carton (au sol ou en comptoir), mobilier et présentoir permanent, flyer, dépliant… ;
- les supports tactiles : écran et borne interactive, QR Code, applications pour smartphones et tablettes… ;
- les supports dynamiques : affichage numérique individualisé, annonce magasin, écran d'affichage extérieur, totem vidéo, animation lumineuse sur écran…

ANNEXE 1 Proposition de solution d'ILV/PLV à intégrer dans la boutique

Supports	Emplacement dans la boutique	Justification
…………………………	…………………………	…………………………
…………………………	…………………………	…………………………
…………………………	…………………………	…………………………

ANNEXE 2 Préparation de l'affichage

Affiche suspendue à installer	Stickers vitrine à installer	Présentoir produits à compléter et à installer
		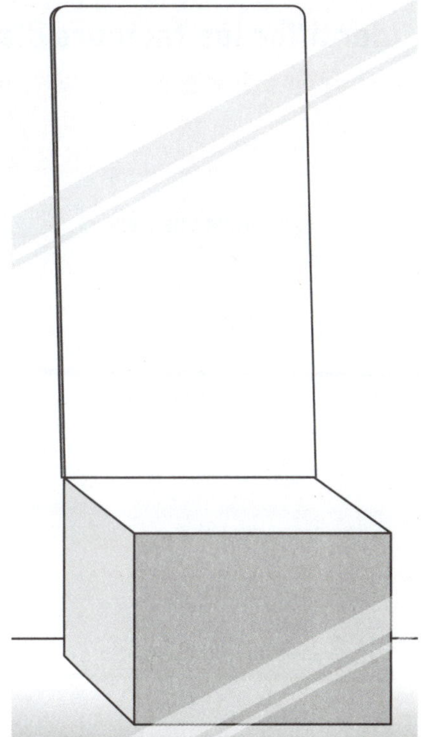

ANNEXE 3 Installation de l'OP « Comme en Italie » en vitrine

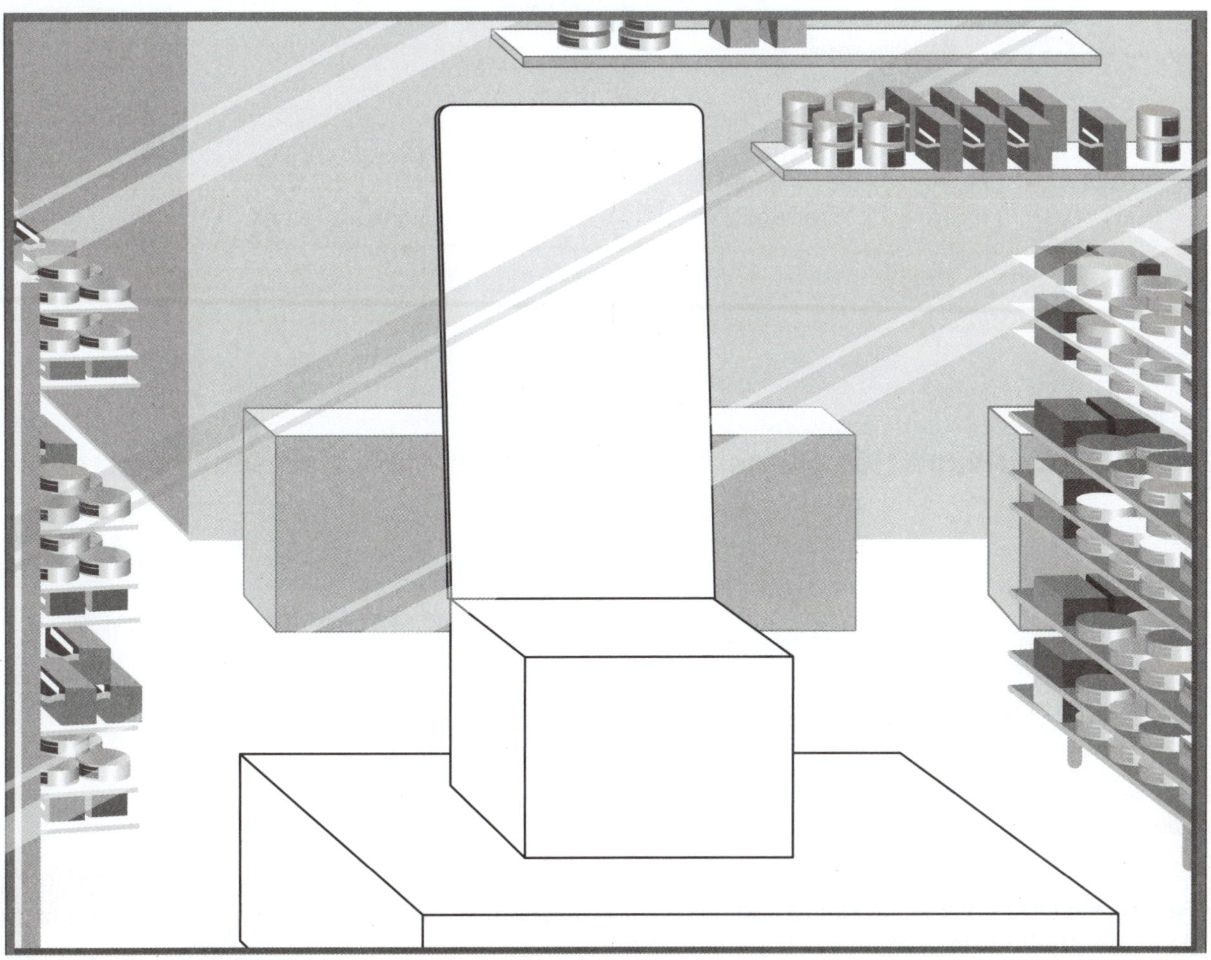

Évaluez votre réussite du dossier P. 7

SYNTHÈSE

liennathan.fr/nr25e8

1 Identifier les facteurs d'ambiance du point de vente

Les facteurs d'ambiance participent à séduire le client en créant une identité visuelle et sensorielle. Ils agissent sur son inconscient et favorisent l'acte d'achat ainsi que sa fidélisation.

Les éléments extérieurs	....
....	Tenue professionnelle et badge conformes aux codes de l'entreprise
Le sol, la décoration	Couleurs, objets décoratifs, mobiliers, PLV...
....	Il valorise les produits : tubes fluorescents, néons, spots orientables...
....	Tout élément permettant de guider et d'informer (ILV)
Animations, odeurs, musique	Ils créent un univers marchand dynamique et agréable

2 Exploiter le marketing sensoriel

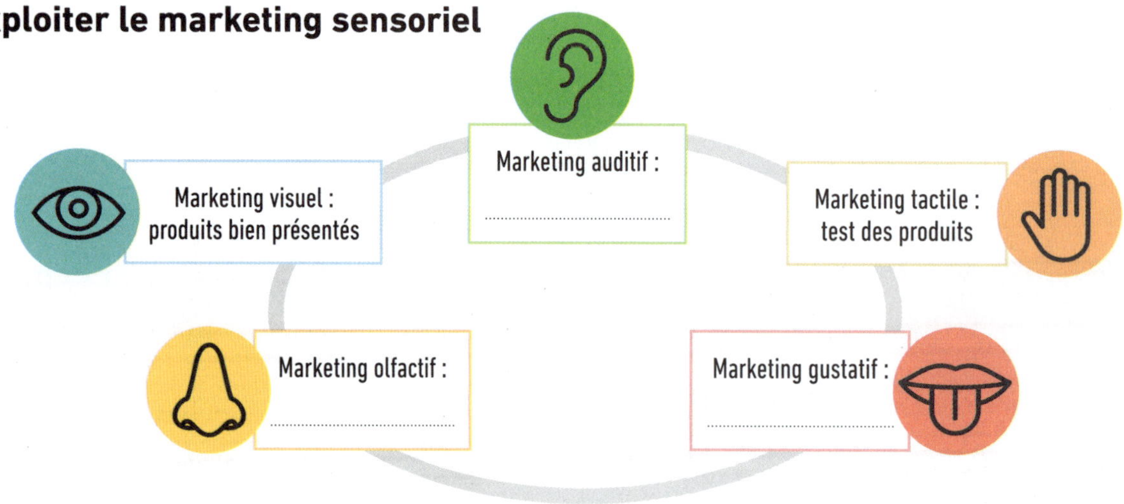

3 4 Sélectionner les éléments d'ambiance et mettre en scène l'offre

MISE EN SCÈNE DE L'OFFRE

- ....
....
- Réalisation de la vitrine
- Théâtralisation de l'offre

SIGNALÉTIQUE

- P.................... L.................... V.................... : affiche, totem, présentoir, comptoir dégustation...
- I.................... L.................... V.................... : borne interactive, écran tactile, présentoir...

MOTS-CLÉS

Facteurs d'ambiance • Marketing sensoriel • Publicité sur le lieu de vente (PLV) • Information sur le lieu de vente (ILV)

QUIZ

liennathan.fr/u92jr9

SCORE ....

APPLICATION ★

1 Analyser les facteurs d'ambiance

du Bruit dans la Cuisine

Vous débutez votre période de formation en entreprise au sein de l'enseigne Du Bruit dans la Cuisine. Vous êtes accueilli(e) par la responsable de la boutique, qui débute votre tutorat par une présentation de l'enseigne (documents 1 à 3).

DOC. 1 Qui sommes nous ?

QUI SOMMES-NOUS ?

« Du Bruit dans la Cuisine »

se veut un espace de découverte, de rencontre et d'initiation gourmandes. Notre mission consiste donc à rassembler en un lieu unique tout ce qui a trait à l'art culinaire. Épicerie, art de la table, ustensiles et livres de cuisine sont nos quatre univers qui ne demandent qu'à être explorés !

En tant que spécialiste facilitateur, nous avons à cœur d'accompagner chacun dans la découverte et redécouverte des plaisirs de la cuisine…

www.dubruitdanslacuisine.fr

DOC. 2 Vitrine et boutique

DOC. 2 Vitrine et boutique (suite)

www.lescar-soleil.com/adherent/du-bruit-dans-la-cuisine

DOC. 3 Autres facteurs d'ambiance mis en place dans la boutique

Musique d'ambiance	Micro	Senteurs	Animations ponctuelles	Démonstrations culinaires
– Style actuel – Sélection proposée par un prestataire – Mise à jour régulière	Annonce des offres commerciales en cours	Prises parfumées variables en fonction du moment de la journée : notes gourmandes le matin, notes épicées l'après-midi	Ex. : bar à sirop avec dégustation des différents produits vendus en magasin	– Tous les jours, à 16 h, sauf le lundi – Une recette nouvelle chaque semaine

1 **Repérez les quatre univers de produits de l'enseigne Du Bruit dans la Cuisine (document 1).**

....

....

....

Conseil – Épreuve E2
Soyez attentif aux verbes utilisés dans une consigne qui permettent de délimiter la réponse attendue.

2 **Caractérisez les différents éléments d'ambiance présents au sein de l'enseigne.**

Facteurs d'ambiance	Description
Sol	....
Couleurs	....
Mobilier	....
Éclairage	....
Vitrine	....

3 **À partir de l'ensemble de vos travaux, déterminez comment l'enseigne parvient à stimuler les 5 sens de la clientèle.**

Les sens	Actions de stimulation par l'enseigne
La vue	....
L'ouïe	....
L'odorat	....
Le goût	....
Le toucher	....

APPLICATION

★★ | pix 1.3. Traiter des données

2 Étudier des solutions modernes de facteurs d'ambiance

Vous débutez votre période PFMP au sein de l'enseigne « 4 Casino ». Vous êtes chargé(e) du dossier relatif à l'analyse de la mise en valeur du lieu qui correspond à la vision du magasin de demain selon Casino : sans caissiers, ouvert 24 h/24 et 7 j/7, avec des solutions connectées pour proposer une expérience client moderne et un « vrai » lieu de vie.

À l'aide des documents 1 et 2, par groupes, analysez les facteurs d'ambiance chez 4 Casino et complétez l'annexe (4Casino_Annexe.docx). Vous conclurez sur la qualité de l'expérience de consommation proposée au client de 4 Casino.

Conseil – Épreuve E32

Le verbe analyser est souvent utilisé dans les consignes. Les documents ressources permettent d'affiner sa signification.

DOC. 1 Le 4 Casino, l'Amazon Go à la française du groupe Casino

Un lieu de vie digitalisé

Baptisé le « 4 Casino », car situé au 4 avenue Franklin-Roosevelt [à Paris], le point de vente dispose d'une surface de vente de 400 m², répartie sur 3 étages. Le rez-de-chaussée est réservé au rayon frais, à la cave à vin, à l'épicerie fine et à l'espace restauration avec un bar à vin et un « bar à croc ». Le sous-sol comprend les produits secs. Tandis que, plus original, l'étage est consacré au showroom de Cdiscount, mettant principalement en avant l'offre déco et ameublement de l'enseigne, ainsi qu'à un espace de coworking. [...]

Une expérience connectée à tous les étages

Pour faciliter le parcours client, une borne « itinéraire » a été installée au centre du magasin, juste avant les ascenseurs et les escaliers. Baptisée « OK Max », elle vise à retrouver facilement les produits dans le magasin. Prononcez « OK Max, où se trouve le tarama ? », et le trajet s'affiche sur un plan reconstitué en 3D. La gondole où se trouve le produit s'affiche et d'un simple scan sur l'écran, le client peut recevoir le plan directement sur son smartphone.

Une offre « augmentée »

Toujours au rez-de-chaussée, un « Picking Wall » [...], sous forme de larges écrans tactiles et connectés, permet de commander des courses alimentaires *via* l'application Casino Drive. Chaque écran représente un rayon du magasin. Au total, 300 références de l'application [...] sont disponibles *via* ce mur. Les produits peuvent être livrés dans une centaine de villes en France sous 24 heures dans un créneau de deux heures. Dans cette logique d'offre « augmentée », à l'étage, le client a également accès, *via* une borne dédiée, à l'offre Cdiscount.

Des étiquettes intelligentes

Côté information produits, toutes les étiquettes sont électroniques et disposent d'un QR Code permettant de connaître la composition et l'origine des produits. [...] Pour aller plus loin, l'enseigne teste également des bandeaux lumineux avec SFD Système pour afficher, au-delà du prix, des contenus afin de rendre les étagères plus attrayantes.

Pour le côté « fun », les vitrines sont en réalité augmentée, avec des images pré-filmées ajoutées en surimpression, à l'intérieur et à l'extérieur.

Pas de personnel en caisse, donc : « *Le personnel est déployé ailleurs. On a un caviste, du personnel de restauration au bar, une personne à la coupe au rayon fromage, de la vente assistée sur le corner Cdiscount...* » [...] « *On réinvente le commerce en gardant ces valeurs les plus nobles : l'accueil, le service, le lieu de vie. Passer un moment agréable, c'est ce qui est important pour nous. On l'a imaginé dans ce magasin. Le 4 incarne cet idéal.* »

www.usine-digitale.fr

Le supermarché du futur
liennathan.fr/17qb3p

DOC. 2 Le marketing sensoriel au service du 4 Casino

[...] Avenue Franklin-Roosevelt, a été inauguré, en octobre 2018, le **premier supermarché Casino 100 % digital** [...]. Ici, une autre forme de marketing sensoriel est à l'œuvre pour faire vivre au « consomm/acteur urbain » une expérience qu'il ne pourra pas reproduire devant son écran d'ordinateur ou de smartphone. En effet, le « 4 Casino » casse les codes de la grande surface classique, avec sa terrasse, son bar au centre de l'espace, l'odeur de café, les jeux de lumière sur les produits, les écrans et leurs sons qui façonnent autour de vous une ambiance... techno-cosy. « *Nous avons voulu créer un lieu de vie, avec un espace bar-snacking, un coworking et des services particuliers* », nous confirme un collaborateur du Groupe Casino.

www.e-marketing.fr

DOSSIER 10

Valoriser l'offre sur les sites marchands et les réseaux sociaux

COMPÉTENCE

Rendre l'unité commerciale attractive et fonctionnelle

- Valoriser l'offre sur les sites marchands et les réseaux sociaux.

RÉSULTATS ATTENDUS

- L'information est conforme à la politique de l'enseigne, visible et attractive.
- La politique de communication est en adéquation avec l'offre produit et la clientèle.

Présentation de l'enseigne Nature & Découvertes
liennathan.fr/8d5a4l

- Identifiez les valeurs de Nature & Découvertes.

Contexte professionnel

Nature & Découvertes est une enseigne française indépendante qui compte plus de 90 magasins en France et en Europe. Elle propose plusieurs univers de produits authentiques et originaux autour de la nature, l'éducation, la santé et le bien-être. Les clients peuvent effectuer leurs achats *via* le site marchand ou dans les magasins, qui sont de vrais temples dédiés au plaisir des sens.

Le directeur des ventes en ligne, Pierre Durand, souhaite procéder à l'analyse du site Internet afin d'en vérifier la cohérence par rapport à l'image de l'enseigne ainsi que la conformité aux règles de qualité en matière d'agencement, pour une valorisation maximale de l'offre.

Vous êtes sollicité(e) pour étudier les facteurs d'ambiance et de stylique du site afin de faire des propositions d'amélioration.

Fiche d'identité de l'entreprise

Raison sociale	....
Activité	....
Type de commerce	....
Statut juridique	SA (Société anonyme)
Localisation	....
Concurrents :	Cultura, Oxibul (éducation), Décathlon (sport, santé et bien-être), Casa (décoration)

1. **Comment appelle-t-on une enseigne qui distribue ses produits *via* une unité commerciale physique (magasin) et une unité virtuelle (site Internet) en parallèle ?**
2. **D'après vous, comment peut-on créer une atmosphère sur un site Internet ?**

MISSION 1

Identifier les facteurs d'ambiance d'un site Internet

Il faut, dans un premier temps, analyser les facteurs d'ambiance qui contribuent à créer l'atmosphère conviviale du site. À l'aide de la page d'accueil du site (www.natureetdecouvertes.com ou document 1), du document interne relatif aux principes de base à respecter (document 2), de l'entretien avec notre dirigeant (document 3) et de la symbolique des couleurs (document 4), relevez les points de cohérence du site Internet avec l'image du magasin. Complétez l'annexe.

DOC. 1 Page d'accueil du site Nature & Découvertes

DOC. 2 Principes de base pour créer une atmosphère sur un site Web

NATURE & DECOUVERTES

– Reproduire l'identité graphique de l'enseigne (couleurs, logo…).

– Suggérer des univers ou des thématiques à partir de symboles et de codes (par exemple, pour un univers de Noël, prévoir des sapins, des bonshommes de neige, utiliser les couleurs vert et rouge…).

– Utiliser des nuances de couleur, des animations, des vidéos, des visuels valorisant les produits.

Ces éléments doivent refléter l'image de l'enseigne, son positionnement et ses valeurs, afin de créer des émotions et solliciter les sens de l'utilisateur.

DOC. 3 Interview du directeur de magasin

Comment se caractérise votre offre commerciale ?

Nous revendiquons des valeurs d'éthique, de développement durable, de respect de l'homme et de la nature. Notre offre commerciale est construite autour de ces valeurs et nous proposons, en complément de nos univers de produits (puériculture, jeux et jouets, déco, bijoux, livres, etc.), des sorties et des ateliers autour de la nature.

À quel type de clientèle vous adressez-vous ?

Notre clientèle est variée, et nos produits et activités intéressent particulièrement des consommateurs engagés et responsables, sensibles au bien-être naturel, au bio, etc.

Comment qualifiez-vous votre stratégie ?

Notre enseigne s'est développée en France et à l'international *via* une chaîne de magasins physiques que nous avons ensuite élargie grâce à une unité commerciale virtuelle, ce qui fait de nous une enseigne « *click and mortar* ». Cela nous donne un avantage face à nos concurrents « *pure players* » qui ne sont présents que sur le Net. L'enjeu, pour nous, est de récréer en ligne l'expérience que le client peut vivre en magasin.

DOC. 4 Symbolique des couleurs

Couleur	Symbolique
Blanc	Douceur, pureté, innocence, brillance, éclat
Vert	Nature, plein air, écologie, équilibre
Bleu	Confiance, calme, fidélité, sérénité
Noir	Mystère, élégance, haut de gamme, raffinement
Rouge	Énergie, dynamisme, créativité
Jaune	Bois naturel, chaleur, lumière

Le noir provoque les contrastes. Le blanc est un rehausseur de ton et repose l'œil.

ANNEXE Analyse des facteurs d'ambiance du site

Facteurs d'ambiance	Présence sur la page d'accueil	Points à analyser	Votre analyse / Vos observations
Couleurs	☐ Oui ☐ Non	– Symbolique des couleurs – Ambiance émanant des couleurs (chaude, froide…) – Respect de l'identité visuelle de l'enseigne (couleurs et logo)	…………………… ……………………
Musique	☐ Oui ☐ Non	– Type de musique – Symbolique des choix musicaux, ton – Rythme (lent, rapide)	…………………… ……………………
Police de caractères	☐ Oui ☐ Non	– Unique ou variée – Symbolique de la police – Taille – Type de caractères	…………………… ……………………
Illustrations et images	☐ Oui ☐ Non	– Description des photos et des éléments qui les composent – Idées développées – Symbole des illustrations – Messages suggérés – Respect des valeurs	…………………… …………………… …………………… ……………………

- **Quelle est l'atmosphère émanant de la page au regard de cette analyse ?**

……………………………………………………………………………………

……………………………………………………………………………………

- **Est-elle cohérente avec les valeurs de la marque ?**

……………………………………………………………………………………

……………………………………………………………………………………

Objectif atteint ☐ OUI ☐ NON

MISSION 2

Optimiser la navigation sur le site Internet

De : pdurand@natureetdecouvertes.fr
À : stagiaire@natureetdecouvertes.fr
Objet : Configuration du site et analyse de la stylique

Bonjour,
Maintenant que vous avez vérifié que les facteurs d'ambiance étaient cohérents par rapport à notre image, j'aimerais avoir votre avis sur la navigabilité de notre site. J'ai réuni quelques informations sur les éléments liés à l'ergonomie d'un site Internet (documents 1 et 2). Pouvez-vous évaluer ce qu'il en est pour notre site en complétant les annexes 1 et 2 ?
Merci et bon courage.
Pierre

DOC. 1 Les éléments de construction d'un site marchand

L'arborescence (ou la structure) représente le plan du site. Ce plan doit favoriser la navigabilité, la clarté et la lisibilité du site car l'objectif est de transformer un visiteur en acheteur. Il comporte des éléments incontournables :

L'en-tête de page	C'est l'espace dédié aux onglets de navigation. Il est fixe et se répète sur chaque page.
L'espace dédié au contenu	C'est dans cet espace que le contenu va varier en fonction de la page affichée. Parfois, la page pourra comporter un menu secondaire, qui se trouvera sur la gauche.
Le pied de page	C'est ici que se trouvent les liens complémentaires ou annexes, comme l'accès aux réseaux sociaux de l'enseigne, la rubrique « Contact », le service après-vente, les mentions légales.

DOC. 2 L'optimisation de la navigation

La navigation correspond au chemin parcouru par l'internaute sur le site pour trouver la réponse à son besoin. Elle doit être fluide et intuitive : tous les éléments de facilitation ci-après fléchés contribuent à l'ergonomie du site, c'est-à-dire que celui-ci fournit un environnement adapté aux besoins de l'utilisateur (confort, sécurité, efficacité…).

Le **menu de navigation principal** présente la structure et la largeur de l'offre et permet d'accéder aux différentes rubriques du site.

Le **moteur de recherche** permet de trouver facilement un produit grâce à une recherche par mots-clés. Il permet de gagner du temps lorsque l'offre est volumineuse.

Le **fil d'Ariane** indique la position de la page consultée grâce au chemin des navigations. Il permet de revenir sur les pages précédentes en cliquant sur les différents liens présents.

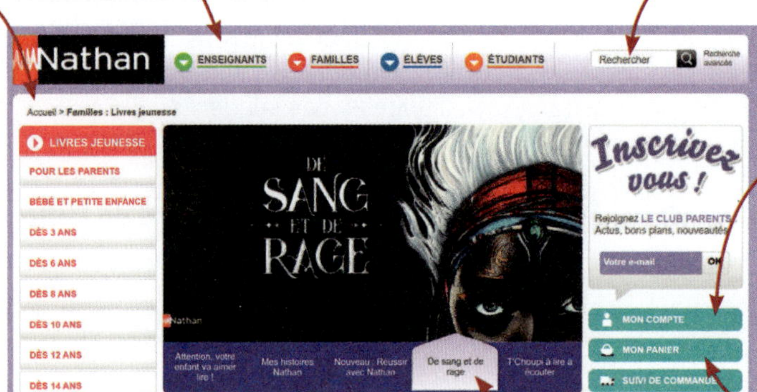

L'**espace personnel** permet à l'internaute d'accéder à des contenus spécifiques et personnalisés liés à son profil et son identité.

Un **menu de navigation secondaire** peut apparaître au survol du menu principal sous forme de barre latérale. Il permet de segmenter le catalogue en catégories de produits. Ne pas dépasser trois sous-niveaux de segmentation.

Un **focus** sur une partie du catalogue permet de présenter les nouveautés, les promotions ou les produits phares afin de dynamiser le site et d'attirer l'acheteur.

Le **panier** permet à l'internaute de visualiser les produits qu'il a sélectionnés et de finaliser sa commande. Il reste mémorisé et permet à l'enseigne de relancer l'internaute en cas d'abandon du site.

ANNEXE 1 Structure du site à étudier

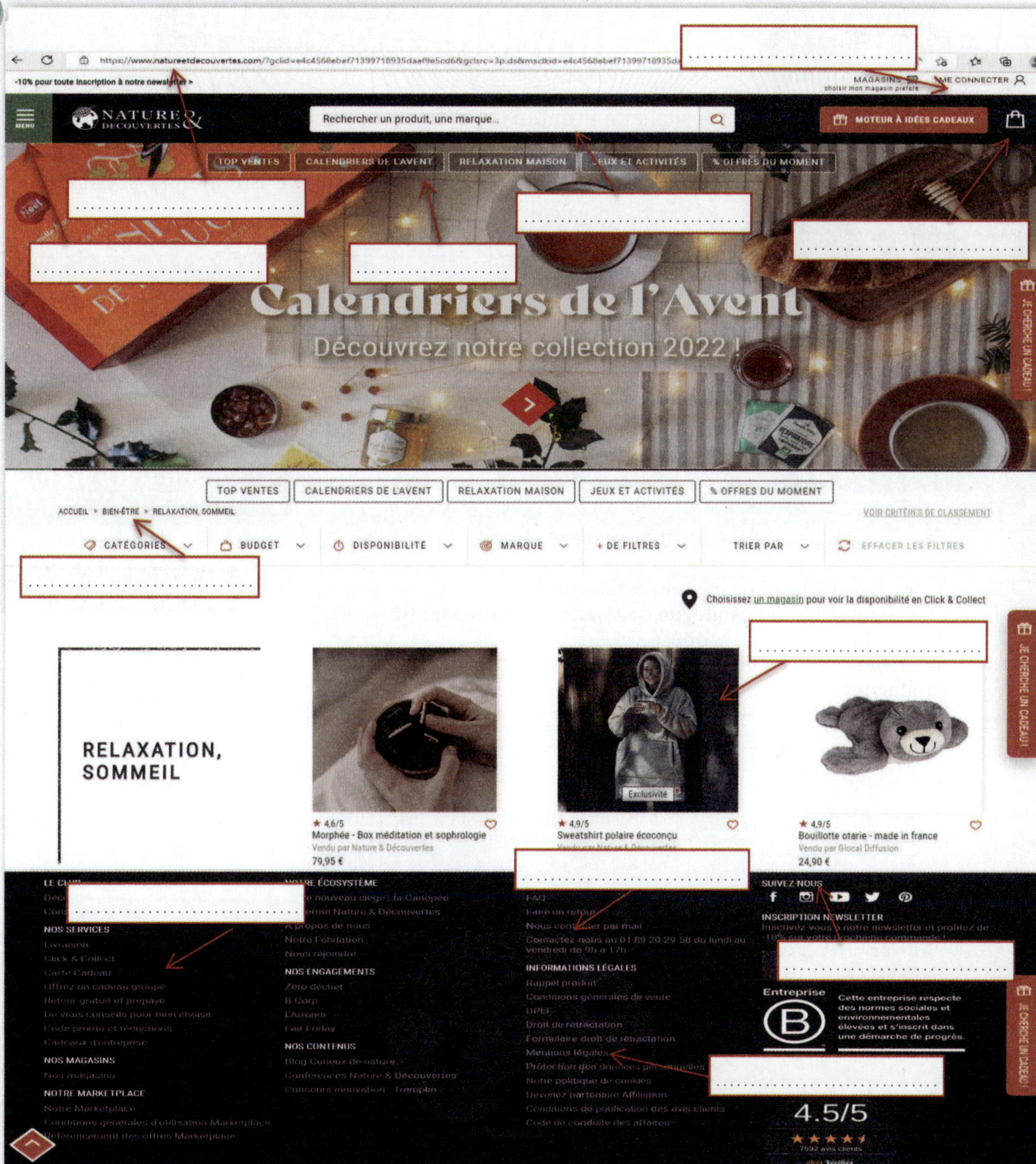

ANNEXE 2 Évaluation des facteurs de stylique

Validation des critères	Oui	Non
Navigabilité : facteur facilité pour atteindre plus facilement les pages désirées.		
Lisibilité : facteur facilité pour mieux comprendre la configuration du site et trouver les informations recherchées		
Ergonomie : facteur facilité pour fluidifier le site et rendre l'utilisation plus conviviale		

MISSION 3

Rendre l'offre produits accessible

Je souhaite maintenant m'assurer de la qualité de la présentation de notre offre, de sa lisibilité et son accessibilité. En effet, pour que l'utilisateur se transforme en acheteur, nous devons soigner la stylique relative à la mise en valeur de l'offre.

Dans un premier temps, j'attends de vous que vous appréciiez la qualité de notre catalogue. Pour cela, je vous transfère une fiche conseil pour la création d'un catalogue (document 1), un extrait de celui-ci (document 3) et le menu déroulant de ses options (document 2). Vous compléterez l'annexe.

DOC. 1 Fiche conseil

Fiche n° 18 – Le catalogue en ligne

1. Les types d'organisation du catalogue

La structuration du catalogue doit permettre une identification claire de l'offre proposée.
Vous disposez de deux méthodes d'organisation de votre catalogue :

	Type d'organisation	Description	Exemples
Critères techniques	Par famille	Les produits sont semblables et de même nature.	Thés verts, thés noirs, tisanes
	Par rayon	Les produits sont de même catégorie.	Boissons « détente »
	Par univers	Les produits sont complémentaires ou comparables et répondent à un même besoin de consommation.	Bien-être
Critères thématiques	Exemples : destination des produits, lieu d'utilisation (cuisine, chambre, salle de bains…), profil client (débutant, expert…).		

2. Les outils de filtrage

Pour accompagner votre client dans son choix, il est pertinent de proposer des critères permettant de filtrer l'offre du catalogue : l'internaute pourra, par exemple, demander une sélection en fonction de la taille, de la couleur, de la matière, de l'usage, etc.
Un outil de comparaison peut être nécessaire pour certains produits techniques comme la téléphonie, l'informatique, le matériel et outillage technique, les véhicules, etc.

DOC. 2 Menu déroulant des options du catalogue

DOC. 3 Extrait d'une page du catalogue

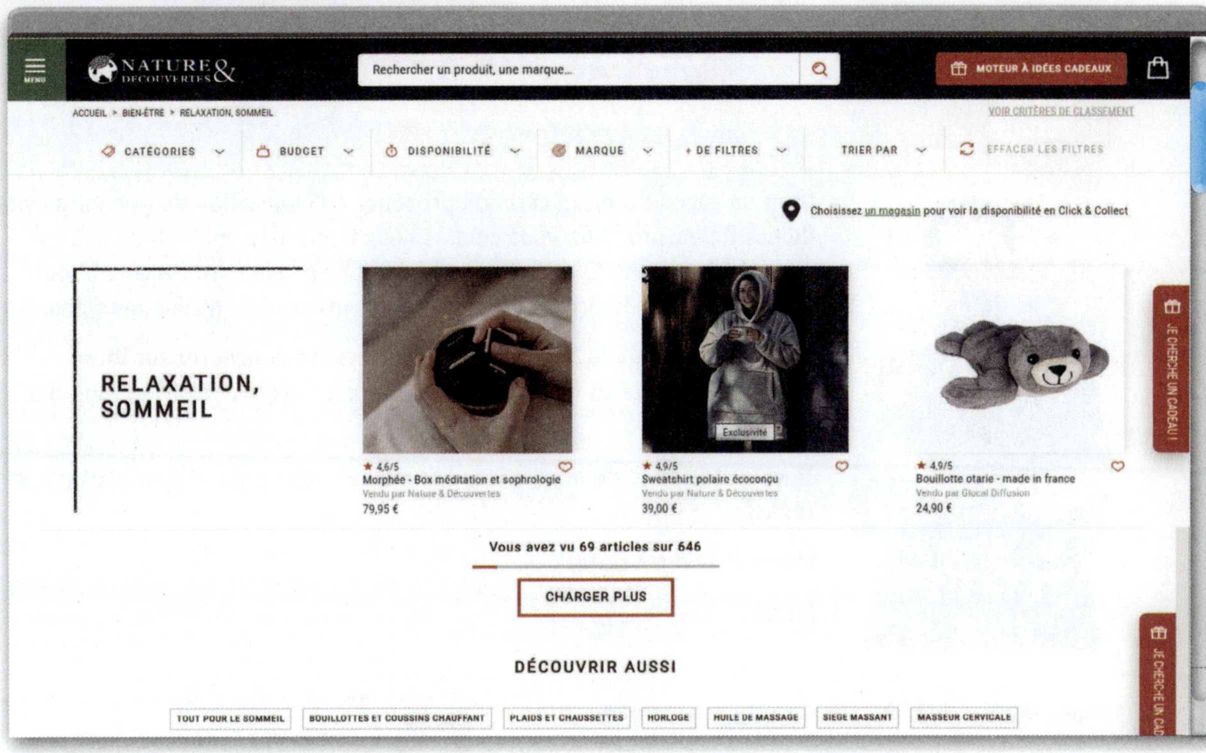

ANNEXE Aide à l'évaluation du catalogue

Le catalogue est-il classé selon un critère technique ou selon un critère thématique ?	....
Quelle est la liste des domaines proposés ?	....
Le catalogue propose-t-il uniquement des produits ? Justifiez.	....
Cette organisation est-elle claire ?	....
Quels sont les filtres proposés pour une recherche plus fine et plus rapide ?	....
Ces filtres sont-ils pertinents par rapport : – à l'offre ? – à la cible ?	....
Y a-t-il d'autres outils destinés à favoriser la navigation au sein du catalogue ? Si oui, lesquels ?	....
Y a-t-il des suggestions d'achat ? Quel est l'objectif ?	....
Avez-vous d'autres idées à proposer ?	....

MISSION 4

Valoriser les produits en ligne

Dans un second temps, merci de procéder à l'évaluation de la configuration de nos fiches produits. Pour cela, je vous transmets une vidéo avec son résumé (document 1) et un exemple de fiche produit (document 2) qui vous donneront de précieux conseils pour créer vous-même une fiche.

Après avoir rempli la légende de l'annexe, vous concevrez sur Word ou sur PowerPoint la fiche produit du surmatelas chauffant et massant (document 3).

Je vous demande de m'adresser par mail la fiche produit que vous aurez réalisée.

Merci et bon courage,

Pierre

DOC. 1 Mettre en valeur une fiche produit

E-commerce : Comment faire une fiche produit qui vend (beaucoup) ?
liennathan.fr/n811gq

Les conseils pour la fiche produit

Prévoir un visuel principal, que l'on peut zoomer, et des vignettes de différentes vues du produit ou une mise en situation (la vidéo est très appréciée). – Agrémenter de tests comparatifs. – Hiérarchiser les informations produits : disponibilité / notes des avis / options du produit / prix. – Prévoir des boutons d'action avec des couleurs contrastées pour attirer le regard et le clic (par exemple, le bouton « Mise au panier »). – Faire figurer les éléments de partage avec les réseaux sociaux ou par mail sous le visuel. – Préciser les avis clients. – Ajouter du cross-selling (c'est-à-dire des suggestions d'autres produits à acheter en complément). – Faire apparaître un pop-in (fenêtre avec le récapitulatif final) et faire des propositions de choix : « Panier » ou « Continuer ses achats ». – Informer du montant des frais de port rapidement pour éviter les abandons de panier ultérieurs.

Ajouter des mentions d'influence psychologique : stock limité, nombre de visiteurs en simultané, compte à rebours avant fin de l'offre, livraison le lendemain, etc.

DOC. 2 Exemple d'une fiche produit

Donner des éléments visuels du produit grâce à des **photos** sous différents angles, des vues à 360°, des **vidéos** de démonstration, etc.

Indiquer l'**intitulé** exact du produit et quelques caractéristiques qui le définissent.

Présenter le produit à l'aide d'une **description détaillée** qui met en valeur ses avantages et ses **caractéristiques techniques** (taille, poids, nombre de pièces, etc.).

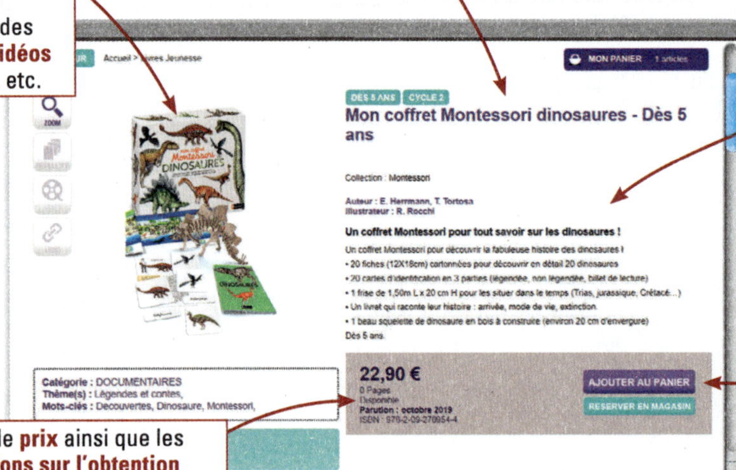

Indiquer le **prix** ainsi que les **informations sur l'obtention** du produit (disponibilité, conditions de livraison).

Le bouton **Ajouter au panier** doit être bien visible et permet de gérer la quantité souhaitée. Le produit peut également être ajouté à une liste de favoris ou une liste partagée *via* les réseaux sociaux.

DOC. 3

Caractéristiques du surmatelas chauffant et massant

- Le surmatelas se pose sur un matelas afin d'en renforcer le confort.
- Il est réalisé en matériaux naturels (fibres de bambou, coton, laine et billes de bois). Ergonomique et à mémoire de forme, il a été spécialement étudié pour les personnes qui souffrent du dos, d'arthrose, de rhumatismes…
- Il se branche sur secteur et a un effet chauffant. En activant la fonction « massage », les billes de bois se mettent en mouvement pour un massage lent et léger. Ce procédé est une innovation protégée par un brevet.
- Disponible en 2 tailles : 0,90 × 1,90 m (89,00 €) et 1,40 × 1,90 m (119,90 €).
- Des housses de protection (couleur beige ou gris clair) sont vendues en complément.

ANNEXE Exemple d'une de nos fiches produits

MISSION 5

Intégrer les réseaux sociaux pour créer du lien

Après ce travail de mise en valeur de l'offre sur notre site, j'aimerais que vous analysiez la façon dont nous créons du lien avec nos clients *via* les réseaux sociaux. Je voudrais un état des lieux des réseaux sur lesquels nous sommes déjà présents, et une analyse des outils ou réseaux qu'il serait judicieux de mettre en œuvre pour accompagner l'essor du m-commerce (achat en ligne *via* un terminal mobile) et du f-commerce (achat en ligne *via* le réseau social Facebook).

Repérez sur notre site les liens vers les réseaux sociaux sur lesquels nous sommes présents, en les entourant sur le document 1. Vous présenterez ensuite, à l'aide du document 2, les objectifs des publications de Nature & Découvertes sur les trois réseaux présentés (annexe 1 à compléter). Vous proposerez enfin, dans l'annexe 2, l'utilisation de trois nouveaux outils, en précisant leur intérêt (aidez-vous des exemples du document 3).

DOC. 1 Notre enseigne et les réseaux sociaux

WWW

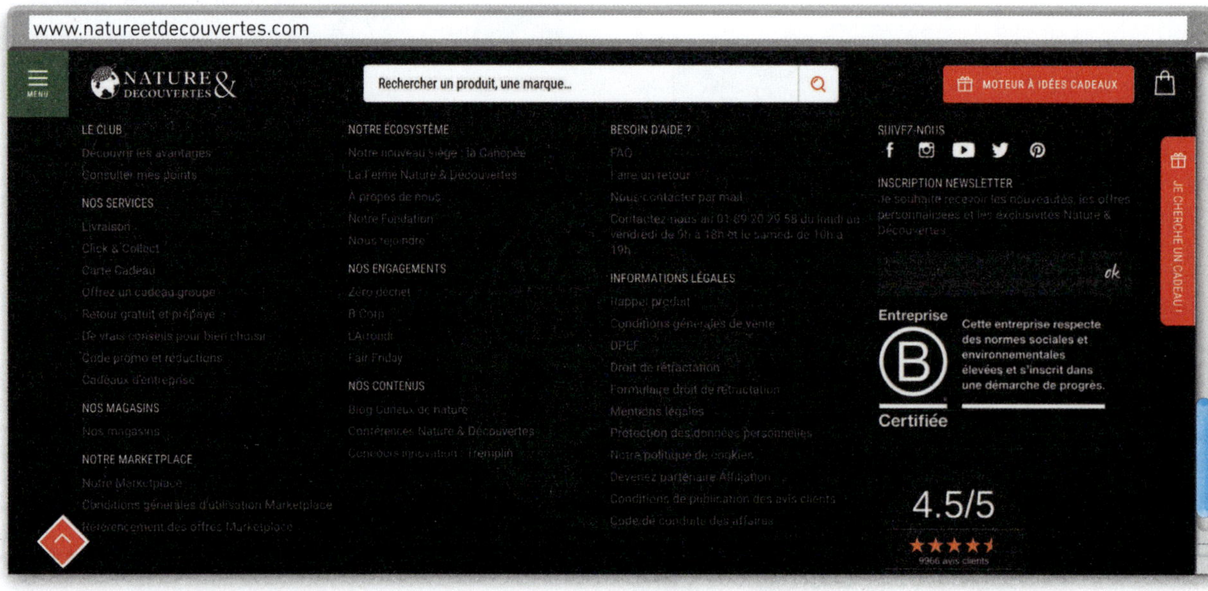

DOC. 2 Nature & Découvertes interagit sur les réseaux sociaux

WWW

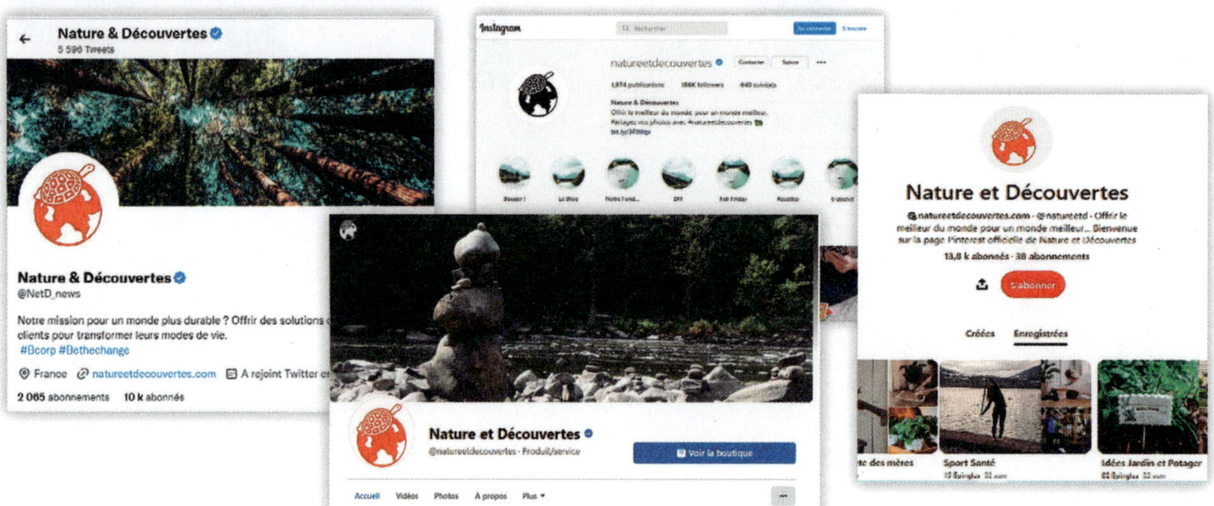

DOC. 3 Des outils d'aide personnalisés qui créent du lien social

Au-delà d'une page sur un réseau social (Facebook, Instagram, Pinterest, Twitter, etc.), de nombreux outils d'interaction et d'échange sont à la disposition des marques qui veulent créer du lien.

1 Le **forum** permet de discuter d'un thème, d'échanger sur des sujets variés avec l'ensemble des membres de la communauté (exemple : Aufeminin.com).

2 Les **tchats clients** mettent en relation immédiate les consommateurs afin qu'ils puissent échanger en direct, poser des questions, être conseillés… (exemple : France Loisirs).

3 Le **blog** permet de publier des articles régulièrement.

4 Le **tchat conseiller** permet au client d'entrer directement en contact avec un conseiller.

5 Les **avis clients**.

6 Le ***chatbot*** est un programme informatique équivalent à un assistant virtuel (robot) qui peut simuler une conversation écrite ou orale afin d'aider l'internaute dans son choix. Il utilise soit une bibliothèque de questions-réponses, soit des programmes d'intelligence artificielle. Il propose une assistance en ligne 24 h/24, 7 j/7.

7 La **FAQ** (foire aux questions).

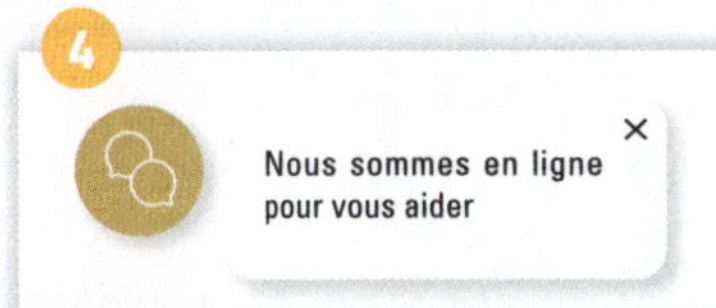

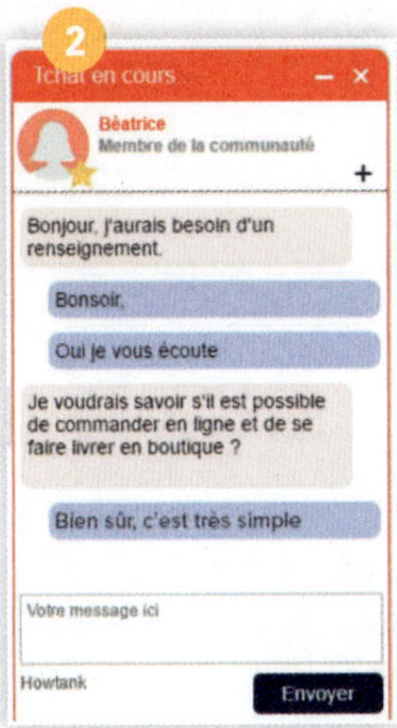

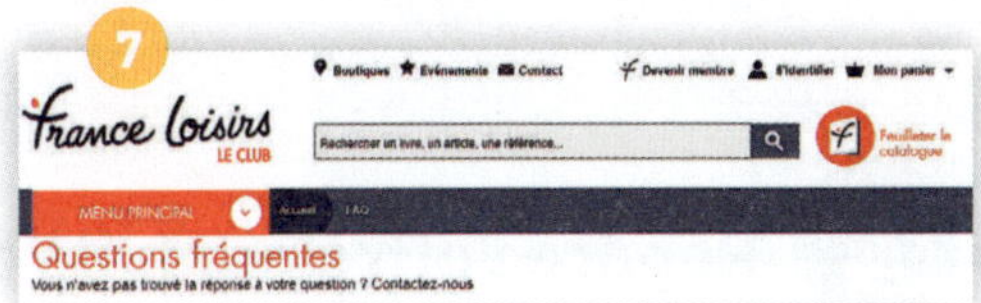

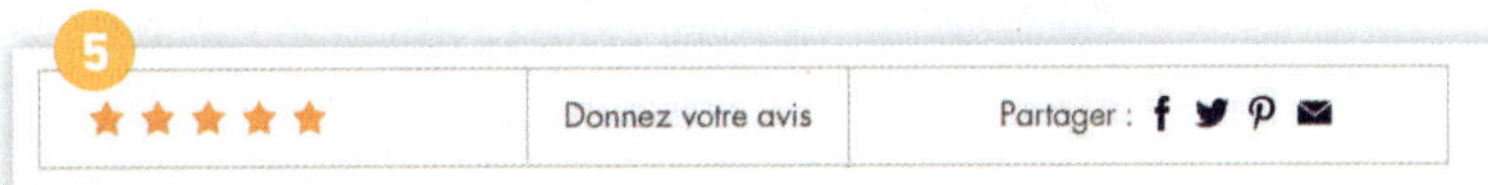

ANNEXE 1 Nature & Découvertes et les réseaux sociaux

	Facebook	Instagram	Pinterest
Objectifs des publications de Nature & Découvertes	…………………………… …………………………… ……………………………	…………………………… …………………………… ……………………………	…………………………… …………………………… ……………………………

ANNEXE 2 Proposition de nouveaux outils d'interaction

N°	Désignation	Justification
….	……………………………	……………………………………………
….	……………………………	……………………………………………
….	……………………………	……………………………………………

À VOUS DE JOUER !
Flashez le QR code et répondez aux questions sur l'utilisation des réseaux sociaux.
liennathan.fr/9xy28y

Évaluez votre réussite du dossier P. 7

SYNTHÈSE

liennathan.fr/sa39v3

1 2 Identifier les facteurs d'ambiance d'un site marchand et optimiser la navigation

Les facteurs d'ambiance créent une atmosphère propice à l'achat et à la valorisation de l'offre.	Les facteurs de stylique favorisent une visite agréable du site, fluide et intuitive.
– Musique	– …………
– Polices de caractères	– …………
– …………	– Lisibilité
– …………	– Accessibilité
– …………	

3 4 Rendre l'offre produits accessible et la valoriser

Le catalogue peut être structuré selon deux logiques :

- …………
- …………

La fiche produit fera apparaître différents éléments :

- Visuel produit et intitulé, photos
- ………… …………
- Prix, disponibilité, livraison
- ………… …………
- Avis clients, partage sur les réseaux sociaux

5 Intégrer les réseaux sociaux pour créer du lien

Les facteurs sociaux contribuent à valoriser l'offre sur les réseaux en parallèle du site (Facebook, Twitter, Instagram, Pinterest...).

- Forum de discussion
- ………… …………
- Agents virtuels (*chatbot*)
- Tchats clients
- ………… …………
- ………… …………

MOTS-CLÉS

Facteurs d'ambiance • Stylique • Navigabilité • Ergonomie • Lisibilité • Visibilité • Facteurs sociaux

QUIZ liennathan.fr/4zwq44 SCORE …………

APPLICATION

1 Adapter un site Web à tout support de connexion

Vous débutez une PFMP dans un magasin Celio. Le responsable vous remet une documentation relative à l'adaptation des sites Web aux divers terminaux de connexion pour répondre au développement du m-commerce et du f-commerce (document).

DOC. Le *responsive Webdesign*

Le ***responsive Webdesign*** est une approche de conception Web qui vise à l'élaboration de sites offrant une expérience de lecture et de navigation optimale pour l'utilisateur, quelle que soit sa gamme d'appareils (téléphones mobiles, tablettes, liseuses, moniteurs d'ordinateur de bureau).
Une **expérience utilisateur « *responsive* »** réussie implique un minimum de redimensionnement (zoom), de recadrage et de défilements multidirectionnels des pages.
À l'heure où des centaines de tailles et formats d'écrans différents se connectent à chaque instant, la méthode du *responsive Webdesign* apparaît comme la « solution de facilité » en vertu de son objectif principal : s'adapter à tout type d'appareil de manière transparente pour l'utilisateur [...].

L'un des avantages indéniables depuis quelque temps est que Google met en avant les sites « adaptés au mobile » au sein de ses résultats de recherche. On appelle cette caractéristique le « *mobile friendly* ».

www.1min30.com

1 **Par groupes de 2 ou 3 élèves, à l'aide de votre smartphone, de votre tablette scolaire et d'un ordinateur, connectez-vous au site de Celio et analysez la façon dont le *Responsive WebDesign* est intégré. Complétez le tableau comparatif ci-dessous pour faire apparaître les différences d'affichage entre les supports.**

	Différences sur le fond (contenu présenté, restitution des textes, présentation du catalogue, mentions communes, messages...)	**Différences sur la forme** (aspect visuel, éléments techniques, apparence, format, disposition, ergonomie...)
Connexion *via* PC	....	....
Connexion *via* tablette	....	....
Connexion *via* smartphone	....	....

2 **Concluez sur la qualité de l'interface pour le m-commerce et le f-commerce en termes de navigabilité, d'ergonomie, de lisibilité et d'accessibilité.**

....

....

....

....

2 Analyser l'ergonomie d'un site marchand

Vous réalisez une PFMP chez le *pure player* Nuoo, qui propose des produits de beauté bio et des abonnements à des box beauté. Dès votre arrivée, votre responsable vous demande d'analyser le site www.nuoobox.com.

1 **Sur la page d'accueil du site (document 1), identifiez les facteurs d'ambiance utilisés.**

Conseil – Épreuve E32
Repérez bien l'étendue d'une consigne donnée par le nombre de verbes d'action.

2 **Décrivez l'atmosphère du site et vérifiez la cohérence avec les valeurs de Nuoo (www.nuoobox.com/pages/notre-histoire).**

3 **Analysez la structure du catalogue présenté sur la page d'accueil et les outils d'aide à la navigation (document 1 et www.nuoobox.com).**

4 **Analysez la fiche produit (document 2) : recensez les éléments de mise en valeur de l'offre et vérifiez qu'elle est conforme au modèle que vous connaissez.**

5 **Recherchez sur le site les liens vers les réseaux sociaux utilisés par Nuoo. Analysez les types de publication sur chacun des réseaux.**

6 **Recherchez sur le site les outils d'aide personnalisés mis en place et décrivez-les.**

DOC. 1 Extrait de la page d'accueil du site nuoobox.com

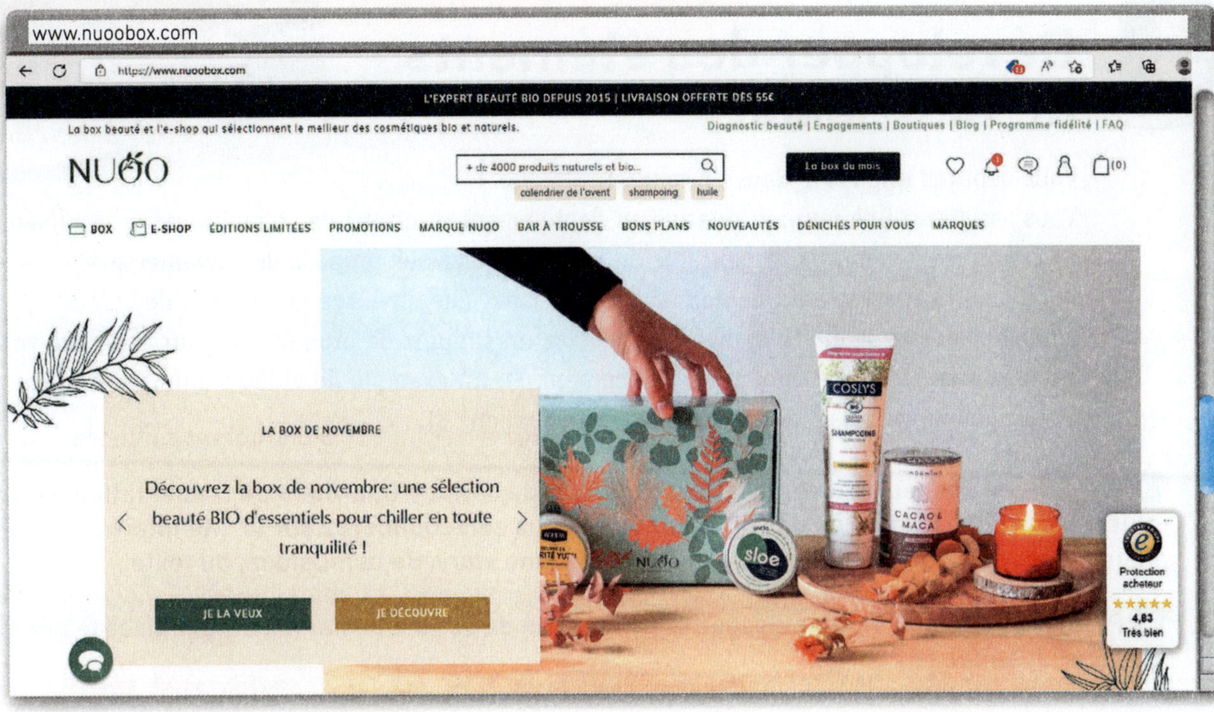

DOC. 2 Extrait d'une fiche produit

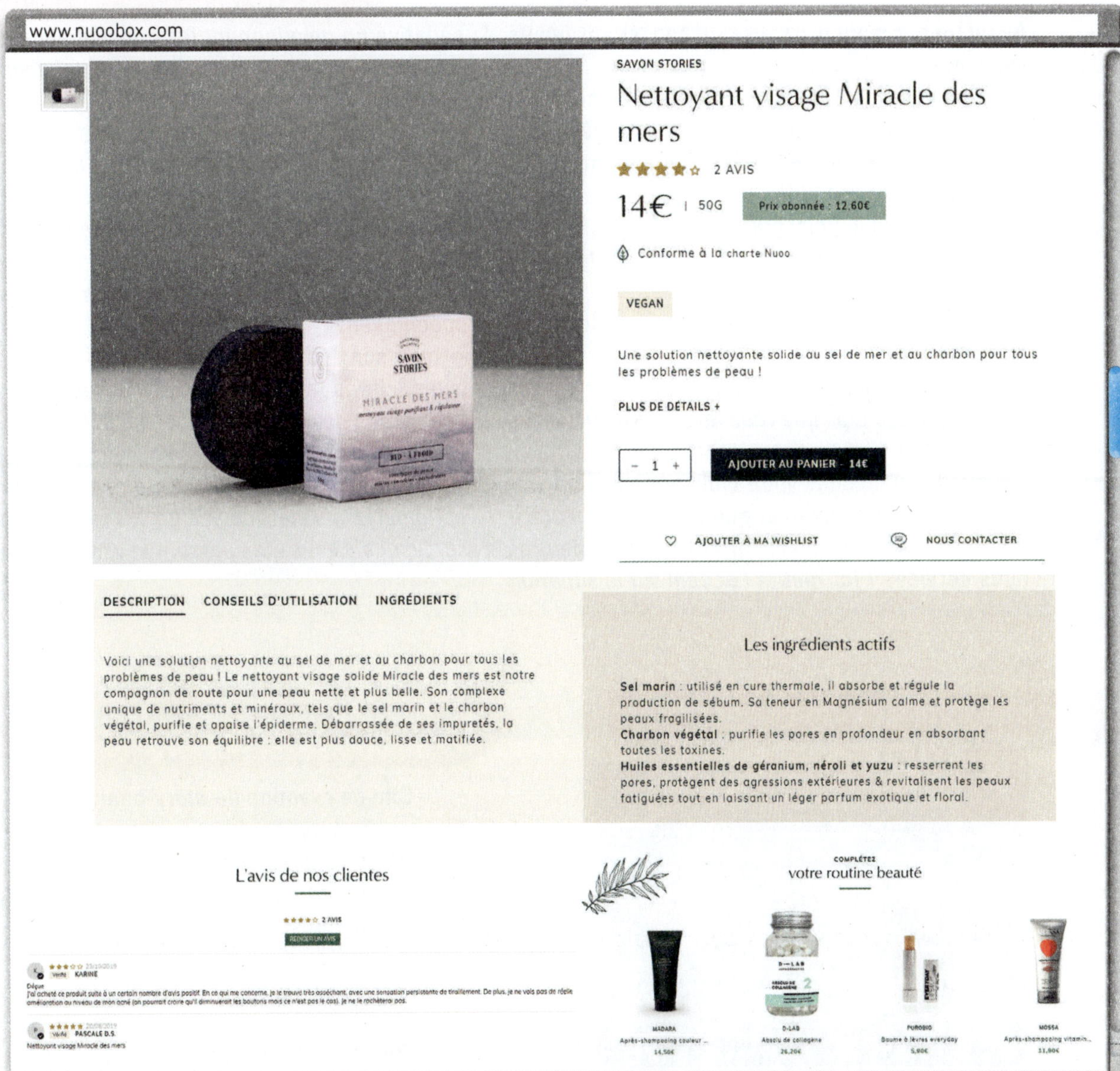

APPLICATION

pix 2.2. Partager et publier
3.1. Développer des documents textuels
3.2. Développer des documents multimédias

3 Développer des éléments de lien social

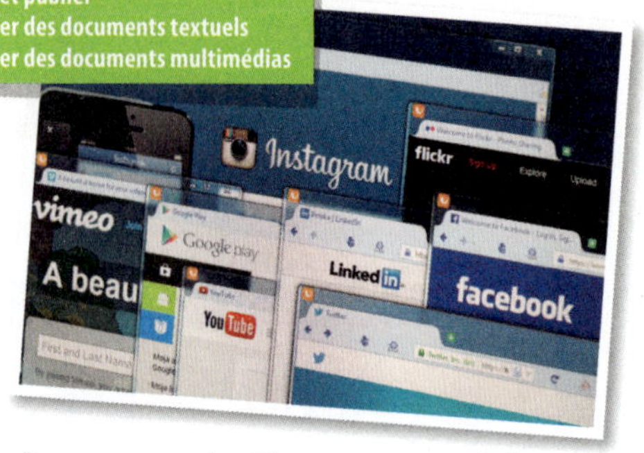

Vous débutez une PFMP dans un magasin Orange.

Vous assistez à une réunion relative au déploiement d'actions de communication commerciale pour l'année à venir. La responsable du site Internet vous propose de travailler sur la communication spécifique aux réseaux sociaux. Elle envisage la création de vidéos commerciales et souhaite que vous proposiez un support de promotion. Pour cela, elle vous soumet une fiche méthodologique (document 1), un exemple de vidéo d'animation (document 2) et un modèle de présentation des scènes (document 3).

1 Par groupe de 2 ou 3 élèves, réalisez un projet de script d'une vidéo de présentation d'un ou plusieurs produits/services de votre choix que vous sélectionnerez sur le site Internet d'Orange. Vous y intégrerez des visuels (captures d'écran), une *story*, de la musique, du texte...

2 Précisez comment vous envisagez la publication de cette vidéo afin de maximiser le nombre de vues. Justifiez ces choix.

Conseil – Épreuve E2

Tenez à jour votre lexique de vocabulaires en ajoutant les termes peu rencontrés tel que le mot « script ».

DOC. 1 Conseils pour réaliser une *story* pertinente

Avant toute création, il vous faut penser aux points suivants :

• **Définir votre objectif :** présenter l'enseigne et ses produits au travers d'un message clair et précis afin de vous faire connaître, déclencher l'achat, etc.

• **Choisir le format vidéo** (votre smartphone, par exemple, ou un logiciel gratuit d'animation vidéo).

• **Écrire votre scénario**, c'est-à-dire la *story* que vous comptez mettre en scène :

– Quel message ou quelle promesse voulez-vous communiquer ?

– Quelle est la cible prioritaire de votre vidéo ? *Créez un personnage type que vous ferez vivre au travers de cette story.*

– À quelles difficultés votre cible est-elle confrontée dans son quotidien et quelles solutions votre entreprise peut-elle lui apporter en termes de produits/services ? *Ici, mettez l'accent sur la situation négative en développant les conséquences et les émotions de votre personnage avant de rebondir en lui faisant découvrir votre produit ou service.*

– Quels sont les arguments auxquels votre cible peut être sensible ? *Mettez en avant les avantages et les bénéfices de votre solution.*

– Quelles questions les plus fréquentes la cible pourrait-elle se poser sur votre offre ? *Expliquez bien les caractéristiques en insistant sur les aspects spécifiques.*

– Quels sont les objections et les freins qu'il faudrait lever ? *Dans la story, insistez sur les preuves de l'utilisation de votre produit et minimisez les freins.*

– *Terminez le scénario sur la nouvelle situation avec votre personnage rayonnant grâce à votre solution et rappelez vos marque et logo, les réseaux sociaux sur lesquels vous êtes présent et vos coordonnées.*

DOC. 2 Exemple de vidéo d'animation

We Park :
liennathan.fr/992jcn

DOC. 3 Modèle/outils de présentation de votre *story-board*

– Site de création de *story-board* www.storyboardthat.com/fr (avec version d'essai gratuite)

– Word ou PowerPoint : prévoir une diapositive par scène sous ce format :

Visuel
Descriptif bref / message fort

DOSSIER 11

Préparer l'action commerciale

COMPÉTENCES

Développer la clientèle

- Proposer des actions commerciales génératrices de trafic dans l'unité commerciale.
- Sélectionner les gammes de produits à mettre en avant en lien avec la stratégie de l'unité commerciale.

RÉSULTAT ATTENDU

- Les propositions d'actions commerciales sont argumentées et cohérentes avec les objectifs à atteindre.
- Les recommandations de l'enseigne sont respectées.

Découvrir Cultura
liennathan.fr/7t7zf4

- Quel est le message que veut transmettre l'enseigne à travers cette publicité ?
- Quels sont les produits ou services mis en avant par l'enseigne ?

Contexte professionnel

L'enseigne Cultura, leader sur le marché des loisirs créatifs et culturels, distribue environ 1 million de références en loisirs créatifs, livres, vidéos, presse, musique, jeux vidéo, papeterie, jeux éducatifs. Cette grande surface spécialisée (GSS) souhaite faciliter l'accès à la culture dans les zones commerciales périphériques et essaie de développer continuellement sa clientèle en proposant des ateliers et des animations.

Le directeur du magasin d'Auxerre, Ali Boulehri, vous demande de proposer des actions afin d'acquérir de nouveaux clients en créant du trafic dans son point de vente. Pour débuter votre période de formation chez Cultura, il vous confie au chef du secteur « Livres », Éric Sarpati.

Fiche d'identité de l'entreprise

Raison sociale	....
Activité	....
Type de commerce	....
Statut juridique	SAS (Société par actions simplifiée)
Localisation	....
Concurrents	Amazon, Fnac, Espace culturel E.Leclerc
Stratégie commerciale	....

pix D1.1. Mener une recherche et une veille d'information

MISSION 1 Exploiter les informations sur la clientèle

Le secteur « Livres » est un univers important en nombre de références. Il nécessite de se mettre à jour quotidiennement sur les nouvelles tendances de consommation. J'ai sélectionné différentes informations (documents 1 à 5), récupérées soit grâce à Google Alerts, soit avec la plateforme de gestion de données clients de l'enseigne (clients encartés et visiteurs du site Internet). J'aimerais que vous m'aidiez à les analyser (annexe).

VOCABULAIRE

Google Alerts : outil qui permet, grâce à des mots-clés, de recevoir les derniers contenus relatifs à ces mots-clés.

Session recording : analyse des pages vues et des parcours de visite sur le site.

DOC. 1 Extrait des résultats de l'enquête

Enquête auprès des clients encartés qui ont acheté un livre format numérique ou papier

(Envoi par mail suite à un achat)

Mince, vous n'êtes pas satisfait... Dites-nous tout sur ce qui vous a déçu.	Commande perdue / Attente en caisse / Jours de séance dédicace, trop de monde
Mince, vous n'êtes pas complètement satisfait... Dites-nous ce qui vous comblerait.	Moins d'attente en caisse / Des espaces pour s'asseoir / Une mise en avant des meilleures ventes et des nouveautés
Dites-nous ce qui vous a enthousiasmé.	Choix en livres / Conseil / Ambiance / Dédicaces
Recommanderiez-vous notre rayon « Livres » à votre entourage ? *(Sur une échelle de 0, pas du tout, à 10, fortement)*	Notes de 0 à 6 (les détracteurs) : 24 % Notes 7 et 8 (les passifs) : 59 % Notes 9 et 10 (les promoteurs) : 17 %
Vous êtes...	Un homme (36 %) Une femme (64 %)
Dans quelle tranche d'âge vous situez-vous ?	Moins de 18 ans (3 %) / De 18 à 34 ans (35 %) / De 35 à 54 ans (41 %) / De 55 à 65 ans et plus (18 %) / Pas de réponse (3 %)

DOC. 2 Données de Statista sur le secteur des livres *(fournisseur d'études de marché)*

Profil des lecteurs lisant le plus

Tranche d'âge : 65 ans et +

Niveau d'éducation : Diplôme universitaire

Sexe : Femmes

Niveau de revenus : 2 300 € et +

Catégorie socioprofessionnelle : Inactifs

Types de livres préférés

Livres arts de vivre et loisirs (49%)
Histoire (45%)
Romans policiers (43%)

Lecteurs de livres numériques

25-34 ans (23%)
Autant de femmes que d'hommes

DOC. 3 Données de la plateforme de gestion de données Cultura

- **Session recording :** consultation du site Cultura Auxerre : **+ 4 %** *(par rapport à N-1)*
- **Les tops et les flops livres par rapport à N-1 :** livres jeunesse 4-7 ans (**+ 12 % d'achats en magasin ou en click & collect**), livres jeunesse 8-10 ans (**+ 8 %**), e-books jeunesse (**– 3 %**), BD/Mangas (**+16 %**), meilleures ventes du Pass Culture (*One Piece*, *Demon Slayer* et *L'Attaque des Titans*)

DOC. 4 Statistiques Edistat

Top 5 des ventes

1. **BD :** *Astérix tome 39 : Astérix et le griffon*, Jean-Yves Herri, Didier Conrad
2. **Fiction (hors poche) :** *L'inconnue de la Seine*, Guillaume Musso
3. **Fiction (hors poche) :** Prix Goncourt, *La plus secrète mémoire des hommes*, Mohamed Mbougar Sarr
4. **Fiction (hors poche) :** *L'affaire Alaska Sanders*, Joël Dicker
5. **BD :** *Le monde sans fin*, Christophe Blain, Jean-Marc Jancovici

DOC. 5 Données de la Fevad

Communiqué de presse « Biens culturels : une dynamique 2020 des ventes en ligne sans précédent »

Plus faible sur le livre, les achats en ligne pour la vidéo, le jeu vidéo et la musique ont profité de la fermeture des magasins physiques.

50,1 % des produits achetés en ligne sont des produits culturels.

Les modes de livraison utilisés par les e-acheteurs : 86 % à domicile, 64 % en point relais et 41 % de click & collect.

Malgré la dynamique de la vente en ligne, le marché des biens culturels a connu une baisse de 6 % en 2020.

Panier moyen en biens culturels sur Internet : 36 €, soit +8 €.

« La cible d'acheteurs sur les sites de e-commerce s'est modifiée : plus jeune et plus masculine que l'acheteur-type de biens culturels, plus de familles également (48 %).... »

Source : Fevad (Fédération du e-commerce et de la vente à distance)

ANNEXE Analyse des sources d'information et des tendances de consommation

Sources d'information internes (générées par l'entreprise)	– ... – ...
Sources d'information externes (générées par des organismes d'études et de statistiques)	– ... – ... – ...

Typologie du client « Livres »
Les clients passionnés de lecture, les plus susceptibles d'être intéressés par des actions sur ce secteur : ...
Cible lecteur « livre dématérialisé » : ...
Habitudes d'achat Secteur « Livres »
La catégorie de livres la plus recherchée (marché du livre) : ...
Type de produit le plus recherché actuellement : ...
Type de produit délaissé, à redynamiser : ...
Produits « BD/manga » à mettre en avant : ... Produits Littérature « hors poche » à mettre en avant : ...
Évolution e-commerce
Les ventes de biens culturels : ...
Typologie de l'acheteur en ligne : ...
Satisfaction client
Suggestions clients : ...
Freins clients : ...
Taux de recommandation du rayon « Livres » par les encartés *(référence précédente : 15 %)* : ...

À VOUS DE JOUER !

Flashez le QR Code et répondez aux questions à l'aide de la vidéo « Comment vérifier la source d'une information ? ».

liennathan.fr/428zyi

MISSION 2 Segmenter la clientèle

De : esarpati@cultura.com
À : stagiaire-livres@cultura.com

Bonjour,
Pour mener des actions commerciales dans le secteur « Livres », je dois segmenter mes clients potentiels et personnaliser au mieux mes offres.
J'ai laissé des consignes et des documents sur mon bureau à votre attention.
– Dans un premier temps, je vous propose de lire un rappel sur la notion de segmentation (document 1). Ensuite, repérez les critères de segmentation utilisés dans les profils de clients (document 2) et classez-les en annexe 1.
– Sélectionnez, dans le document 3, les familles du secteur « Livres » susceptibles d'intéresser Manon et Jacques (annexe 2).
– Enfin, vous proposerez des critères de segmentation pertinents en fonction des actions envisagées (annexe 3).

DOC. 1 La segmentation clients

La **segmentation** consiste à découper la clientèle en groupes homogènes selon différents critères (sociodémographiques, comportementaux…). Cela permet de réunir des clients qui se ressemblent afin de leur adresser des offres similaires. Pour cela, il est important de créer des segments pertinents selon la finalité commerciale. On peut, par exemple, segmenter :

- par **données démographiques** ;
- par **centres d'intérêt** ;
- par **date du dernier achat** ;
- par **fréquence d'achat** ;
- par **pages visitées** ;
- par **ancienneté du client**.

DOC. 2 Profils de clients encartés chez Cultura *(issus de la base de données)*

Manon, 35 ans
célibataire, sans enfant
Localisation : Auxerre centre-ville
Métier : assistante commerciale
Passions : les voyages et les arts appliqués
Mode de vie : aime voyager en Asie ; lit en moyenne deux romans format poche par mois.
Fréquence d'achat : achète au minimum une fois par mois.
Dernier achat : il y a deux semaines.
Comportement d'achat : achète plutôt le samedi après-midi, utilise au moins une fois par an le service Click & Collect, effectue 25 % de ses achats en ligne (Click & Collect compris). Dépense en moyenne 27 €. Aime le choix et les services de l'enseigne.

Jacques, 54 ans
en couple, deux enfants
Localisation : Auxerre périphérie (5 km)
Métier : agent d'assurances
Passions : le sport et la lecture
Mode de vie : pratique la course à pied en club ; aime les bandes dessinées.
Fréquence d'achat : achète en moyenne une fois tous les deux mois, l'année dernière une fois par mois.
Dernier achat : il y a deux mois et demi.
Comportement d'achat : achète 10 % de livres dématérialisés. N'utilise pas le site Internet, préfère venir en magasin. Dépense en moyenne 23 €. Aime le choix, est sensible aux actions commerciales.

DOC. 3 Principales familles du secteur « Livres »

Livres pour enfants
Livres 0-3 ans
Livres 4-7 ans
Livres 8-10 ans
Livres 11 ans et plus
Romans jeunesse

Voyages

Vie pratique
Cuisine et vins
Loisirs créatifs
Loisirs et passions
Livres d'art

Médecine - Paramédical

Fantasy - Science-fiction

Romans - Littérature
Littérature française
Littérature étrangère
Romance

Romans Poche

Romans policiers

BD - Humour
BD
BD pour enfants
Mangas
Comics
Humour

E-books

ANNEXE 1 Critères de segmentation

Critères sociodémographiques (concernent la démographie, la situation géographique et économique du client)	**Critères psychologiques** (concernent les traits de personnalité, les centres d'intérêt)	**Critères comportementaux** (concernent le comportement d'achat des clients)
....	....	....
....	....	....
....	....	....
....	....	....
....	....	....

ANNEXE 2 Rapprochement clients et familles de produits

Familles du secteur « Livres » susceptibles d'intéresser Manon	**Familles du secteur « Livres » susceptibles d'intéresser Jacques**
....	....
....	....
....	....
....	....
....	....
....	....

ANNEXE 3 Propositions de critères de segmentation en fonction des objectifs poursuivis

Objectifs poursuivis par M. Sarpati et l'enseigne Cultura	**Critères de segmentation à utiliser**
Je souhaite inviter des enfants de 6 à 10 ans et leurs parents à participer à une lecture de contes dans l'espace « Livres pour enfants ».	....
Une nouvelle collection de guides de voyage vient de paraître : je souhaite la mettre en avant auprès de certains clients.	....
Je souhaite récompenser les clients encartés en fonction de la durée de fidélité et mener des actions à chaque date anniversaire.	....
Nous avons des clients particulièrement actifs en visites et en achats. Je souhaite les récompenser en fonction de leur fidélité.	....
Je n'oublie pas les clients *on-line* qui passent commande directement sur le site et cliquent sur certains segments du secteur « Livres ». Nous devons également leur proposer des offres.	....
Je souhaite informer les clients de ma zone de chalandise par une publicité déposée dans les boîtes aux lettres.	....
Je m'interroge sur la meilleure période pour mener une action en magasin.	....

MISSION 3

Repérer les opportunités d'action commerciale

Mme Latour, chef de secteur : Chez Cultura, les événements et fêtes du calendrier sont souvent source d'opportunités commerciales pour l'ensemble de nos familles de produits. À l'aide du document 1, proposez quelques événements que nous pourrions exploiter tout au long de l'année (annexe 1).

Au rayon « Jouets », notre enseigne s'emploie à mener une politique d'alignement sur les prix pour développer la clientèle. Cultura souhaite profiter du Black Friday pour proposer des offres en point de vente et en ligne. Le thème est : « La semaine à tout prix ». J'ai besoin que vous m'aidiez dans ma veille concurrentielle sur 4 références clés (documents 2 et 3) en proposant une analyse (annexe 2).

DOC. 1 Calendrier des événements à venir

JANVIER	FÉVRIER	MARS	AVRIL	MAI	JUIN
• Jour de l'An • Épiphanie • Début des soldes d'hiver • Nuit de la lecture • Festival de la bande dessinée d'Angoulême	• Chandeleur • Nouvel An chinois • Saint-Valentin • Victoires de la musique • Carnaval	• Fête des grands-mères • Le Printemps des poètes • Salon du livre à Paris • Semaine de la langue française	• Pâques • French Days	• Armistice 1945 • Journée du commerce équitable • Fête des mères	• Fête des pères • Épreuves du bac • Fête de la musique • Début des soldes d'été • Euro de football

JUILLET	AOÛT	SEPTEMBRE	OCTOBRE	NOVEMBRE	DÉCEMBRE
• Vacances d'été • Départ du Tour de France	• Nuit des étoiles	• Rentrée des classes	• Fête des grands-pères • Halloween	• Black Friday • Prix littéraires Goncourt et Renaudot	• Cyber Monday • Noël • Réveillon du Nouvel An

DOC. 2 Relevé de prix et d'actions des enseignes concurrentes (veille concurrentielle)

	Cultura	Joué Club	Amazon	Cdiscount
	**84,99 €** Payez 3 × 28,33 € ou 4 × 21,25 € sans frais COUP DE CŒUR	**89,99 €** 2019 Grand Prix du Jouet	~~89,99 €~~ **84,99 €** Payez 4 × 21,73 € (dont 2,25 % de frais)	~~111,36 €~~ **84,99 €** Payez 4 × 21,76 € (dont 2,02 % de frais)
Jeu de société (Hasbro) 	~~27,99 €~~ **19,59 €** -30%	**24,99 €**	**33,10 €**	**27,24 €**
	~~109,99 €~~ **84,99 €** Payez 3 × 28,33 € ou 4 × 21,25 € sans frais -22%	**109,99 €** **6€ CRÉDITÉS SUR LA CARTE MAGIQUE**	~~109,99 €~~ **84,99 €** Payez 4 × 21,73 € (dont 2,25 % de frais) Amazon's Choice	~~109,99 €~~ **84,99 €** Payez 4 × 21,76 € (dont 2,02 % de frais)
Jeu de société 	**24,99 €** Nouveau	**29,99 €** 2019 Grand Prix du Jouet	**17,37 €** Amazon's Choice	**18,74 €**

DOC. 3 Veille Internet, blog, réseaux sociaux, communauté, YouTube

JouéClub France
21 novembre

LE JEU DU JEUDI 🎁🎁🎁
On aime bien lire les anecdotes de nos fans ! 😈😈
Cette semaine, tentez de remporter l'un des 4 chèques-cadeaux d'un montant de 30€, mis en jeu !

👉 Racontez-nous, quel était le(s) jouet(s) préféré(s) de votre enfance ?
👉 Commentez, likez, partagez !
Tirage au sort parmi les commentaires, jeudi 28 novembre, 12h !

ANNEXE 1 Sélection d'événements calendaires et commerciaux en vue d'organiser une action commerciale (2 exemples pour chaque catégorie)

Fêtes calendaires	Actualité littéraire	Actualité musicale
–	–	– ....
–	–	– ....
Actualité sportive	**Événements saisonniers**	**Événements commerciaux**
–	–	– ....
–	–	– ....

ANNEXE 2 Exploitation de la veille concurrentielle sur les 4 références

Outils de veille utilisés	
–	
–	
Stratégie prix	
Positionnement actuel de Cultura par rapport à ses concurrents	☐ Aligné ou plus bas que les concurrents, références concernées : .... ☐ Prix souvent plus élevé, référence à valoriser par une action commerciale : ....
Stratégie offre	
Actions commerciales de Cultura sur les 4 références	*Buzz l'Éclair* : .... *Monopoly Fortnite* : .... *Lego Poudlard* : .... *Picture Show* : ....
Avantages mis en avant par les concurrents susceptibles d'inspirer Cultura	
–	
–	
Utilité de surveiller la page Facebook des enseignes concurrentes	
....	
....	
Objectifs de la veille concurrentielle	
....	
....	

pix D1.1. Mener une recherche et une veille d'information

MISSION 4 Sélectionner les produits à mettre en avant

Ali Boulehri, directeur : Le mois de décembre est très important pour notre CA annuel, nous avons beaucoup de produits en stock et il faut être réactif dans les actions en magasin. Aujourd'hui, vous allez participer aux choix des produits mis en avant dans différents rayons.

Dans un premier temps, Mme Latour vous a laissé des consignes (document 1 et annexe 1) pour l'aider sur le rayon « Jouets ».

Je vous charge ensuite de préparer l'opération (OP) du rayon saisonnier (e-mail en document 2 et annexe 2).

Pour finir, M. Sarpati, du secteur « Livres », sollicite votre aide sur le choix des produits à mettre en avant. Il doit déstocker certains produits (document 3 et annexe 3).

DOC. 1 Podium idées cadeaux

Bonjour,

Je suis absente pour la journée. J'aimerais que vous sélectionniez 4 produits à partir de l'annexe 1 pour notre "Opération Podium" à destination des enfants de plus de 8 ans. Le thème retenu cette année est "l'expérience". Dans votre sélection, veillez à retenir des produits de différents fabricants et à proposer des gammes de prix variées pouvant répondre à différents budgets. Merci de justifier vos propositions.

Mme Latour

DOC. 2 Mail d'Inès Dubreuil du 26 janvier

De : siegesocial@cultura.fr
À : aboulheri@culturaauxerre.fr
Objet : Déstockage Déco et calendriers Noël

Bonjour,
Nous vous rappelons la mise en place de l'OP « Déstockage déco et calendriers – 30 % » dès le 25 novembre dans tous les points de vente physiques et en ligne. Elle consiste, comme l'année dernière, à déstocker et liquider au maximum les produits du rayon saisonnier « Noël ».
Vous sélectionnerez pour la première phase, jusqu'au 10 décembre, 2 segments de produits.
La seconde phase aura lieu après le 10 décembre pour les autres segments.

DOC. 3 État des stocks des coffrets de Noël en magasin

Livres Coffrets éditions limitées				Livres Collection			
Référence	Prix de vente TTC	Quantité en stock	*	Référence	Prix de vente TTC	Quantité en stock	*
Marvel	75,00 €	**5**	C	Astérix Artbook	199,95 €	**3**	B
Black Torch	34,50 €	**2**	M	*Game of Thrones*	69,95 €	**6**	I
Tintin intégrale	99,00 €	**3**	B	Batman 80 ans	35,00 €	**2**	B
Harry Potter	84,90 €	**7**	E	Rihanna	140,00 €	**3**	I
Pop-up Poudlard	80,00 €	**5**	E	Marvel, l'encyclopédie	49,95 €	**5**	C
Orcs et Gobelins	75,85 €	**6**	B	Pâtisserie ! Collector	40,50 €	**7**	I
Thanos	118,00 €	**5**	C	*Corto Maltese* T. 15	150,00 €	**2**	B
Umbrella Academy	53,85 €	**4**	C	*Lucky Luke*, conquête	49,95 €	**4**	B
Proust	271,00 €	**0**	L	*Paris Match* 70 ans	39,95 €	**3**	I

*** Univers concernés :** *B : bandes dessinées – M : mangas – E : enfants – C : comics – L : littérature – I : livres illustrés*

ANNEXE 1 Sélection de jouets éducatifs

Cochez les 4 produits retenus.

FABULUS POTIUM de Dujardin ~~29,99 €~~ **27,99 €** – *Grand prix du jouet 2019 – Coup de cœur Cultura* – Expériences scientifiques par la réalisation de potions – *8 ans et plus* ☐	**Microscope 50 expériences de Buki – 59,99 €** – Microscope en métal avec optiques et oculaires en verre qui offre des observations de grande qualité – *Dès 8 ans* ☐	**Exploraglobe – Le globe interactif de Clementoni – ~~64,99 €~~ 49,99 €** – Un globe interactif et son stylo à lecture optique. Plus de 500 questions – *Dès 7 ans* ☐
Kidi superstar rose de VTech – ~~59,99 €~~ 49,99 € – Micro sur pied avec plein de fonctions pour les apprenties stars ! – *Dès 6 ans* ☐	**Cristaux 15 expériences de Buki ~~21,99 €~~ 19,99 €** – 15 expériences pour faire pousser des cristaux de toutes les couleurs – *8 ans et plus* ☐	**J'apprends à lire de Nathan ~~21,99 €~~ 19,99 € –** Pour apprendre à lire en s'amusant. avec 90 mots différents à composer – *Dès 5 ans* ☐
Tiptoi Mon premier Atlas de Ravensburger – ~~62,99 €~~ 39,99 € – Découverte interactive de la planète avec plus de 1 500 informations, sons et jeux – *De 4 à 7 ans* ☐	**Archéo Ludic de Clementoni ~~21,99 €~~ 19,99 €** – Fouille dans les blocs de terre et reconstruis des squelettes phosphorescents – *Dès 7 ans* ☐	**RoboMaker de Clementoni – ~~59,99 €~~ 45,99 €** – Coffret pour découvrir les secrets de la robotique avec la programmation de 3 robots – *Dès 8 ans* ☐
Super Labo de Sciences de Clementoni – ~~36,99 €~~ 35,99 € – Expériences très variées avec de vrais accessoires comme un microscope – *Dès 8 ans* ☐	**83 lettres Magnetic's de Djeco – ~~16,99 €~~ 14,99 €** – Alphabet magnétique avec 83 lettres en bois pour apprendre et s'amuser avec l'alphabet – *À partir de 4 ans* ☐	**Slime Mystery de Sentosphère – ~~18,99 €~~ 17,99 €** – Coffret pour réaliser des pâtes gluantes fluorescentes – *À partir de 8 ans* ☐

Justifiez vos choix : ....

....

ANNEXE 2 Segments du rayon saisonnier « Noël »

Votre sélection pour la 1re phase de l'opération

☐ Je fais mes paquets-cadeaux (papier cadeau, kraft, étiquettes).	☐ Je choisis mon calendrier de l'avent (fait maison, pour enfant ou original).	☐ Je prépare mon sapin et ma décoration de Noël (sapin et accessoires).
☐ Je prépare Noël avec les enfants (idées d'activités manuelles).	☐ Je décore ma table de Noël (décoration végétale, figurines, serviettes).	☐ Je prépare mes gourmandises de Noël (bûche, biscuits, chocolats).

Justifiez vos choix : ....

....

ANNEXE 3 Sélection de 4 coffrets et livres Collection

Références coffrets et livres	Justification
....	....
....	....
....	....
....	....

Je souhaite privilégier les prix les plus élevés dont les stocks sont les plus importants pour la mise en avant. Pensez aussi à varier les univers. Merci.

Éric Sarpati

MISSION 5

Proposer des actions génératrices de trafic dans le point de vente

Ali Boulehri, directeur : Nous sommes toujours à la recherche d'idées pour attirer de nouveaux clients et conserver nos clients déjà fidélisés. Nous devons faire preuve d'originalité dans les actions commerciales proposées. J'ai sélectionné des actions déjà entreprises dans des points de vente Cultura (document). J'aimerais que vous me proposiez différentes idées d'actions pour les événements calendaires proposés et que vous m'indiquiez les objectifs ainsi poursuivis (annexe à compléter).

DOC. Exemples d'actions menées dans les magasins Cultura pour développer le trafic dans le point de vente *(informations issues des pages Facebook Cultura)*

WWW

Des rencontres et dédicaces

Cultura (Auxerre)
27 mai ·

⚠ Dédicace ⚠
⚠ Attention évènement sur réservation car places limitées ⚠
À l'occasion de sa venue pour l'avant-première de son film "Rumba la vie" au CGR Auxerre - Ciné Casino , Franck Dubosc nous fait l'honneur de venir en dédicace dans votre Cultura Auxerre.
La séance de dédicaces aura lieu le mercredi 8 juin de 16h30 à 17h30. ...

L'organisation d'actions promotionnelles

Venez profiter de remises exceptionnelles sur les coffret DVD et BLU-RAY RAY à l'occasion de la semaine à tout prix.

Jusqu'à 50% de remise immédiate en caisse tous le week-end et lundi 2 décembre sur les produits signalés en magasin.

Des actions pour les clients encartés

Du 7 au 11 septembre 2022, bénéficiez de -5% de remise* sur l'ensemble de vos achats lors de la création d'un nouveau compte Culturaddict en magasin

Qui n'a jamais rêvé de voir ses achats de fournitures scolaires remboursés ? Cette année encore, on réalise votre rêve en remboursant 500 paniers à hauteur de 100€ Pour tenter votre chance, il vous suffit de vous identifier avant le 11/09 lors de votre achat en caisse ou sur Cultura.com ! Bonne chance à tous

L'organisation d'événements ou d'opérations éphémères

Bonjour, pour rappel, cet après-midi à lieu en magasin une initiation du jeu de cartes à jouer Yu-Gi-Oh Speed-duel de 14H à 18H! Venez le découvrir en magasin

Bourse d'échange de cartes POKEMON

Ce mercredi 4 décembre de 15h à 17h, une bourse d'échange de carte Pokemon vous attends au rayon Gaming dans votre magasin.
Viens vite compléter ta collection

Des mises en avant, des sélections de produits

Allez "la semaine à tout prix" continue aux jeux de sociétés !!! Jessica vous attend pour vous conseiller afin de trouver LE jeu de société qui conviendra a vos enfants, à vos amis, à vos proches !!! Jeux de stratégie, jeux d'enquête, jeux de rôle, jeux classiques, puzzles, casse têtes ... Le choix est varié à Cultura

Diversification des services proposés

libérée, délivrée, ça y est, vous l'avez de nouveau en tête ?

Au cinéma à partir du 20 novembre, retrouver vos places de cinéma CGR au prix de 7.60€ au lieu de 9.90€ dans votre Cultura Auxerre.
Profitez-en !!!

L'organisation d'expériences clients

[ENIGMES] ⚠ ‼
Vous avez été nombreux à venir participer à nos énigmes en librairie dont voici les réponses :
Énigme enfant : Le coupable était le zombie car il savait que c'était un garçon qui avait été kidnappé alors que l'inspecteur n'a parlé que d'un enfant.
Énigme adulte : Énigme n°1 - Formule
Énigme n°2 - Miroir... Afficher la suite

La mise en place de partenariats

Venez assister à la lecture de contes pour enfants avec l'association Lire et faire lire.
Tous les mercredis, jusqu'à fin novembre, à partir de 15h (sur inscription à l'accueil du magasin, les enfants doivent être accompagnés d'un adulte).

La proposition de cours ou d'ateliers

[Mardi : Papeterie, Création, Eveil]
Un coup de pouce pour votre déco de Noël ? Venez réaliser vos décorations à l'atelier. Peintures, collages, assemblages, plusieurs techniques et idées vous seront proposées. Cours de 2h pour les adultes et 1h30 pour les enfants, dates et horaires disponibles en magasin et sur le sites

L'exploitation du *web-to-store*

ANNEXE Proposition d'actions susceptibles de générer du trafic client dans le point de vente

Opportunité événementielle : Festival de la bande dessinée d'Angoulême

Le festival donne de la visibilité aux autrices et aux auteurs à travers des prix et de nombreux concours !

Période : du 26 au 29 janvier

Proposition d'action au rayon « Bandes dessinées » :

Type d'action : …………………………………………

Description : …………………………………………

…………………………………………

Objectif de l'action : …………………………………………

…………………………………………

…………………………………………

Opportunité événementielle : Carnaval

Période : fin février

Proposition d'action sur le magasin :

Type d'action : …………………………………………

Description : …………………………………………

…………………………………………

Objectif de l'action : …………………………………………

…………………………………………

…………………………………………

Opportunité événementielle : Fête de la musique

Période : fin juin

Proposition d'action au rayon « Musique » :

Type d'action : …………………………………………

Description : …………………………………………

…………………………………………

Objectif de l'action : …………………………………………

…………………………………………

Opportunité événementielle : rentrée des classes

Période : début septembre

Proposition d'action au rayon « Fournitures scolaires » :

Type d'action : …………………………………………

Description : …………………………………………

…………………………………………

Objectif de l'action : …………………………………………

…………………………………………

À VOUS DE JOUER !

Flashez le QR Code et relevez les trois derniers évènements d'animation sur la page Facebook du magasin d'Auxerre.

liennathan.fr/ba953z

Évaluez votre réussite du dossier P. 7

SYNTHÈSE

liennathan.fr/bs9x23

1 Exploiter les informations sur la clientèle

Les informations sur la clientèle et les tendances de consommation sont étudiées pour :

- ....
- Proposer une offre produits qui répond aux besoins et aux évolutions des habitudes de consommation.

2 Segmenter la clientèle

La clientèle est découpée en segments à l'aide de critères de segmentation, qui peuvent être :
....

- L'offre peut ainsi être adaptée et présentée en familles de produits.
- Les clients susceptibles d'être intéressés par des actions commerciales sont ciblés.

3 Repérer les opportunités d'action commerciale

Les opportunités d'actions commerciales sont repérées afin de conserver une longueur d'avance sur la concurrence (en prix, promotion et offre produits). Pour trouver des idées, on utilise :

- .... (à l'aide d'outils comme Google Alerts, pages Facebook, avis consommateurs, relevés de prix...)
- ....
- .... (nouveautés, prix, évolution des ventes, offres fournisseurs)

4 Sélectionner les produits à mettre en avant

Critères de sélection des produits

- ....
- ....
- ....
- ....

5 Proposer des actions génératrices de trafic dans le point de vente

- Surprendre grâce à des expériences clients en point de vente
- Proposer plus de services et miser sur le *web-to-store*
- ....
- Organiser des événements et opérations éphémères
- ....

MOTS-CLÉS

Segmentation • Veille concurrentielle • Opportunité commerciale

QUIZ SCORE

liennathan.fr/s77wj5

APPLICATION ★

1 Segmenter la clientèle

Vous réalisez une PFMP chez Micromania, point de vente spécialisé dans la vente de consoles et jeux vidéo. Votre tuteur, M. Courant, vous propose un projet de segmentation (document) et vous sollicite pour l'aider à cibler les segments concernés par des offres produits.

DOC. Segmentation de la clientèle encartée en fonction de ses habitudes d'achat

Clients fidélisés (5 642 soit 100 %)

Hommes 57 %				Femmes 33 %			
Jeux PC 10 %	Jeux Playstation 39 %	Jeux Xbox 34 %	Jeux Nintendo 17 %	Jeux PC 21 %	Jeux Playstation 31 %	Jeux Xbox 28 %	Jeux Nintendo 20 %
D'action	D'action	D'action	D'action	D'action	D'action	D'action	D'action
D'aventure	D'aventure	D'aventure	D'aventure	D'aventure	D'aventure	D'aventure	D'aventure
De rôle	De rôle	De rôle	De rôle	De rôle	De rôle	De rôle	De rôle
De plateforme	De plateforme	De plateforme	De plateforme	De plateforme	De plateforme	De plateforme	De plateforme
De stratégie	De stratégie	De stratégie	De stratégie	De stratégie	De stratégie	De stratégie	De stratégie
De simulation	De simulation	De simulation	De simulation	De simulation	Desimulation	De simulation	De simulation
De tir	De tir	De tir	De tir	De tir	De tir	De tir	De tir

1 Indiquez les trois critères pris en compte par M. Courant pour réaliser sa segmentation (document).

• ....

• ....

• ....

2 Précisez le nombre de segments ainsi obtenus : ....

3 Proposez, pour les deux informations commerciales ci-dessous, les segments susceptibles d'être intéressés et auprès desquels il faudra communiquer.

	Sortie du nouveau jeu FIFA 23 Fifa 23 sur PlayStation5, Xbox One et PC vous propose le prestige du football professionnel et une nouvelle expérience réaliste de *street football*.	**Offre promotionnelle** – 15 % sur les accessoires Xbox One du 8 au 15 mars inclus : casques, manettes, volants et supports de charge.
Segments à privilégier dans la communication	....	....

APPLICATION 2 ★

Exploiter les informations sur la clientèle

Vous poursuivez votre PFMP chez Micromania. M. Courant étudie avec attention l'évolution du marché du jeu vidéo et des comportements d'achat des clients. Il a récupéré les résultats d'enquête du Syndicat des éditeurs de logiciels de loisirs sur le profil des joueurs de jeux vidéo (document). Il vous charge de les analyser.

• **À partir du document, complétez ci-dessous le profil du joueur de jeux vidéo.**

TYPOLOGIE JOUEUR

Sexe : ....

Âge moyen : ....

CSP (catégorie socioprofessionnelle) :

....

Niveau d'études : ....

Lieu de vie : ....

HABITUDE DE JEU

Fréquence de jeu :

....

Support de jeu :

....

Genre de jeux :

....

CLIENTÈLE POTENTIELLE

Nombre de joueurs occasionnels potentiels pour sa ville de 34 846 habitants de plus de 10 ans : ....

COMPORTEMENT D'ACHAT

Lieu d'achat :

....

Format d'achat :

....

À VOUS DE JOUER !

Flashez le QR Code et répondez à la question à l'aide de l'étude « Les Français et le jeu vidéo ».

liennathan.fr/9ah94r

Conseil – Épreuve E2

Vous aurez souvent des infographies ou des graphiques à analyser. Repérez en priorité dans la légende les éléments qui donnent du sens au graphique.

DOC. Étude « Les Français et le jeu vidéo »

Étude réalisée sur Internet du 6 au 27 septembre 2021, auprès d'un échantillon de 4 016 internautes de 10 ans et plus, représentatif de la population d'internautes vivant en France (Médiamétrie pour le compte du SELL)

www

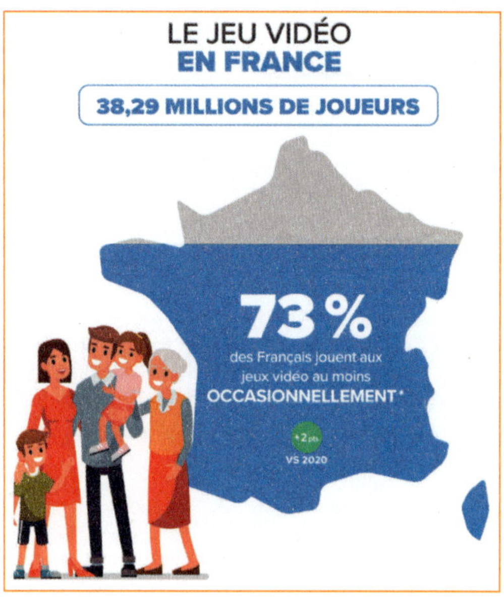

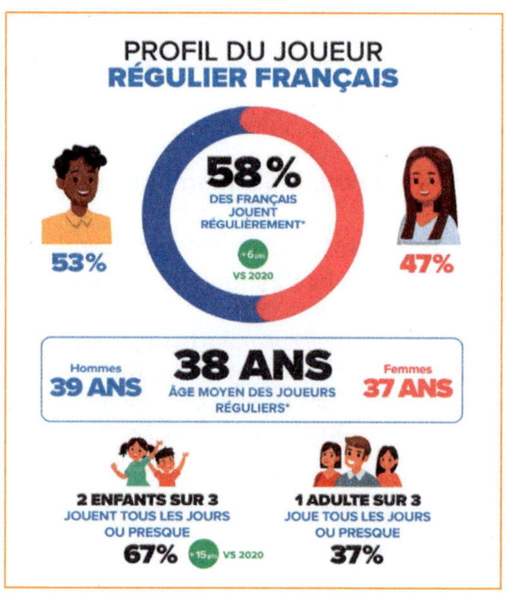

•••

PARMI LES JOUEURS FRANÇAIS

POURCENTAGE DE JOUEURS PAR TRANCHE D'ÂGE

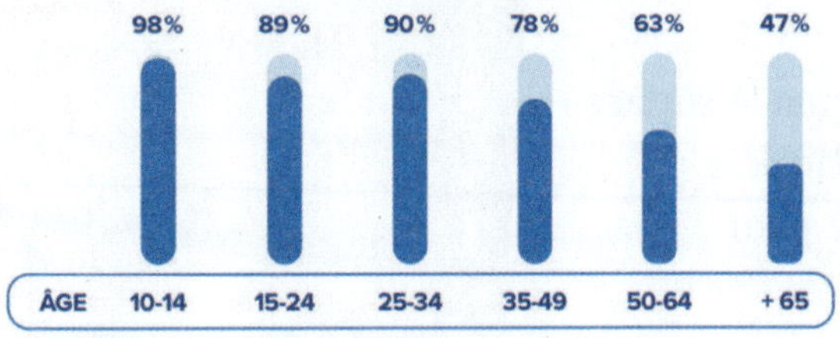

FRÉQUENCE DE JEU

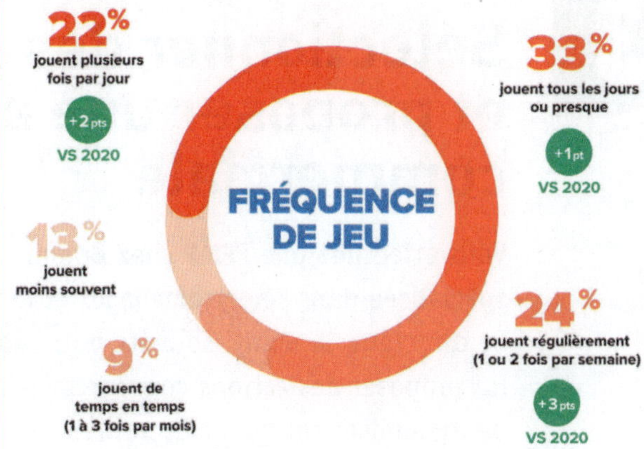

PARMI LES JOUEURS FRANÇAIS

RÉPARTITION DES JOUEURS PAR CSP

CSP+	CSP-	RETRAITÉS	ÉTUDIANTS
30 %	28 %	14 %	12 %

RÉPARTITION DES JOUEURS PAR NIVEAU DE DIPLÔME

AU MOINS 1 DIPLÔME	BAC OU PLUS	BAC+3 OU PLUS	BAC+5 OU PLUS
85 %	68 %	24 %	14 %

TOP 10 DES GENRES DE JEUX PRÉFÉRÉS DES FRANÇAIS EN 2021

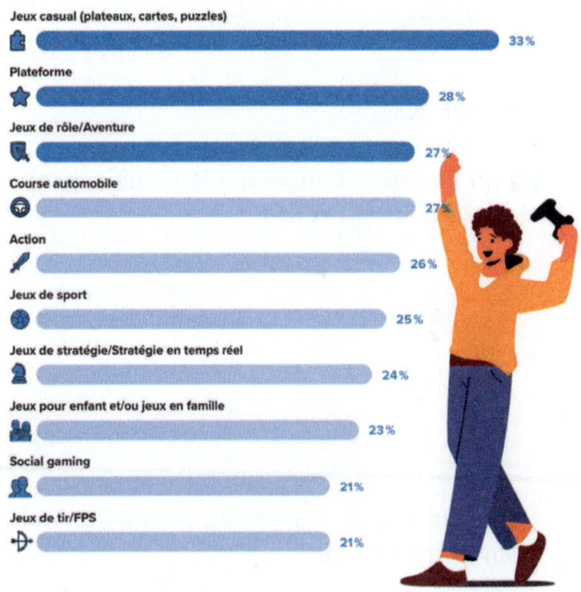

SUPPORTS UTILISÉS POUR JOUER AUX JEUX VIDÉO

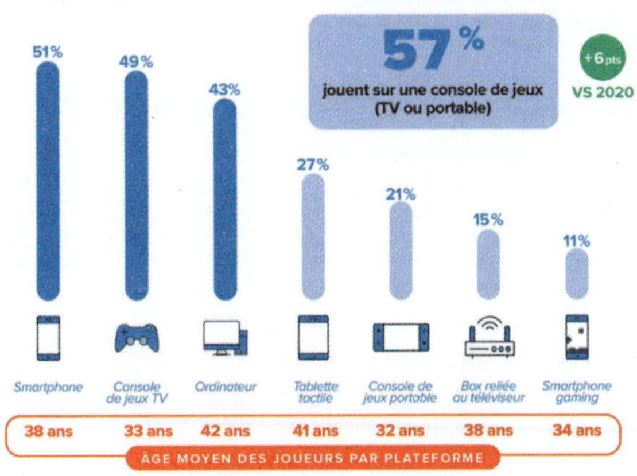

DONNÉES ET COMPORTEMENT D'ACHAT

LIEU PRÉFÉRÉ D'ACHAT DE JEUX VIDÉO

FORMAT PRÉFÉRÉ DES JEUX VIDÉO ACHETÉS

APPLICATION

D3.1. Développer des documents textuels

3 Sélectionner des produits et proposer une action commerciale

Vous effectuez une PFMP chez Boulanger, grande surface spécialisée dans l'électroménager et le multimédia. Le directeur, M. Luny, sollicite votre équipe pour lui proposer des actions commerciales afin de dynamiser son point de vente.

1 Formez des binômes puis choisissez une opportunité d'action dans la liste ci-dessous et entourez-la (une action différente par binôme).

Opportunités		
Événements calendaires	**Opportunité interne au magasin**	**Veille concurrentielle et marché**
– La fête des mères – Les Jeux olympiques d'été – Halloween – La rentrée des classes – La Chandeleur – L'Avent Noël	– Nouveauté produit en magasin : robot Cook expert – Des ventes en baisse sur les téléviseurs – Un stock important de congélateurs – Le référencement du nouvel iPad d'Apple – Les 10 ans du magasin	– Offre fournisseur Moulinex : *remboursement différé de 10 € pour l'achat d'un produit électroménager Moulinex d'une valeur égale ou supérieure à 50 €* – Offre fournisseur JBL : *pour l'achat d'un casque ou d'écouteurs JBL, 3 mois d'essai gratuit à Apple Music* – Votre concurrent Darty propose une promotion : « *Jusqu'à – 50 % sur une sélection de produits électroménagers* » – Partenariat entre la marque Le Creuset et l'émission télévisée *Top Chef*

2 En lien avec l'opportunité choisie, proposez une action susceptible de créer du trafic dans le point de vente.

....

....

....

....

....

3 Sur le site de l'enseigne Boulanger, sélectionnez la gamme de produits ou les produits retenus pour votre action.

....

....

....

....

....

4 Précisez les objectifs de votre action et présentez-les oralement à l'aide d'un PowerPoint.

....

....

....

....

....

DOSSIER 12

Mener l'action commerciale et évaluer les résultats

COMPÉTENCES

Développer la clientèle

- Participer à la planification et à l'organisation des actions de promotion des marchandises.
- Communiquer sur l'événement.
- Participer à l'évaluation et à l'analyse des performances des actions commerciales.
- Comparer les résultats aux objectifs fixés et proposer des actions correctrices.

RÉSULTATS ATTENDUS

- Les supports utilisés respectent les contraintes et la règlementation et sont attractifs pour les clients actuels et potentiels.
- Les performances commerciales et financières des actions de conquête de nouveaux clients sont contrôlées et évaluées en analysant des tableaux de bord.
- Les solutions/axes d'amélioration sont justifiées.

Contexte professionnel

King Jouet est un réseau de plus de 200 magasins de jeux et jouets implantés dans toute la France mais aussi en Suisse (9 magasins) et en Belgique (1 magasin).

Les équipes accueillent les clients, les conseillent et leur assurent un achat réussi, quelle que soit l'occasion, au juste prix et toujours avec le sourire.

Vous intégrez le magasin King Jouet de Voiron (38). M. Benmeda, responsable du point de vente, souhaite que vous travailliez sur la mise en place d'actions commerciales. Du ciblage de la clientèle à l'analyse des performances, vous réaliserez toutes les étapes d'une action commerciale dûment menée.

Découvrir King Jouet Groupe
liennathan.fr/27tue5

- Quels sont les atouts des magasins King Jouet ?

Fiche d'identité de l'entreprise

Raison sociale	
Activité	
Type de commerce	
Forme juridique	SAS (Société par actions simplifiée)
Localisation	
Concurrents	Joué Club, Maxi Toys, La Grande Récré

1 **Citez des supports de communication qu'une entreprise commerciale peut utiliser.**

2 **Citez des concurrents indirects de King Jouet.**

MISSION 1

Planifier les actions commerciales

Avant de faire le plan prévisionnel des actions commerciales de l'année, je voudrais que vous appréciiez le calendrier des actions menées l'an dernier (document 1). À partir des documents 2 et 3 et de vos connaissances, justifiez pour chaque action le choix de la période. Vous indiquerez la cible et les objectifs poursuivis par ces actions (annexe).

DOC. 1 Le plan publi-promotionnel

	Janv.	Fév.	Mars	Avril	Mai	Juin	Juil.	Août	Sept.	Oct.	Nov.	Déc.
Soldes	×						×					
Carnaval		×										
Anniversaire Barbie			×									
Anniversaire Playmobil					×							
Loisirs plein air				×	×	×	×	×				
Tournois Beyblade									×			
Action récolte de jouets avec la ressourcerie*									×			
Anniversaire King Jouet										×		
Halloween										×		
Black Friday											×	
Noël										×	×	×

* Ressourcerie : lieu de collecte d'objets dont les propriétaires n'ont plus besoin dans le but de réduire les déchets.

DOC. 2 Les profils clients

La clientèle du magasin habite Voiron et les alentours (dans un rayon de 20 km). Âgée de 5 à 80 ans, elle est répartie en 4 catégories :

- les **enfants/ados** consomment avant tout les produits. Ils orientent fortement les achats de leurs parents. Ils peuvent également devenir acheteurs mais ont alors un petit budget car ils payent avec leurs économies ;
- les **kidultes** veulent se faire plaisir avec des jeux plutôt destinés aux adultes ou faire plaisir à un proche ;
- les **parents** viennent souvent le samedi, mais aussi le mercredi après-midi avec les enfants. Ils passent du temps dans le magasin afin de satisfaire au mieux leurs enfants. Ils adorent les remises afin d'offrir plus de jouets ;
- les **grands-parents** habitent en général près du magasin et viennent acheter un cadeau pour leurs petits-enfants afin de les combler au mieux. Ils ne regardent pas à la dépense et veulent avant tout faire plaisir.

DOC. 3 Les objectifs des actions commerciales

La **promotion des ventes** est une technique de communication dont l'objectif est de stimuler les ventes à court terme, en « poussant » le produit vers le consommateur. Au-delà d'une réduction de prix, elle peut concerner des concours, des opérations de communication événementielle, des offres spéciales pour l'essai d'un produit, des cadeaux... Elle peut, par exemple, permettre d'élargir la cible en contribuant à séduire de nouveaux consommateurs pour qui le prix était jusqu'à présent un frein suffisant pour interdire l'achat. « Les promotions peuvent rendre possible l'exploration de nouveaux domaines : découvrir de nouvelles marques, de nouvelles variétés. »

le-sav-du-commerce.over-blog.com

L'**animation** est un outil stratégique car elle va permettre de donner du dynamisme au point de vente et de faire augmenter les ventes de produits complémentaires. Elle facilite la communication et engendre du trafic. Le plus souvent, l'objectif des actions est de faire connaître et de vendre les produits (ou services) aux consommateurs sur le lieu de vente. Mais, parfois, les objectifs peuvent être différents, comme se différencier de la concurrence au travers d'un événement original, entretenir la notoriété ou développer l'image de l'entreprise, déstocker des produits qui prennent de la place en réserve, ou encore fidéliser la clientèle ou attirer des prospects.

ANNEXE Bilan annuel des actions commerciales

Action	Justification du choix de la période	Objectif principal	Cible de clientèle
Soldes			
Tournois Beyblade			
Action récolte de jouets avec la ressourcerie			
Anniversaire King Jouet			
Noël			
Plein air			

À VOUS DE JOUER !
Flashez le QR Code et répondez aux questions à l'aide de l'article.
liennathan.fr/ti9j59

MISSION 2

Communiquer sur l'événement

Chez King Jouet, nous préparons la communication des actions commerciales lors du briefing annuel afin de bien les anticiper. C'est pourquoi, pour chacune des actions commerciales de cette nouvelle année, nous vous demandons, avec votre regard neuf, de proposer deux supports de communication pour toucher au mieux notre cible de clients. Pour cela, consultez le document 1 et complétez l'annexe 1.

DOC. 1 Les différents supports de communication

	Supports de communication	Avantages	Inconvénients
Médias	**Télévision**	Permet de montrer l'intérêt du produit.	Coûteux.
Médias	**Radio**	– Peu coûteux. – Permet de répéter le message.	– Écoute peu attentive. – Ne permet pas de transmettre un visuel du produit.
Médias	**Cinéma**	Bonnes conditions d'écoute.	Permet de toucher particulièrement les jeunes et les citadins. Très coûteux.
Médias	**Presse**	– Couverture géographique importante. – Beaucoup de lecteurs.	Coût élevé pour certains types de presse.
Médias	**Site Internet**	Transmission rapide et importante des informations.	Mise à jour fréquente obligatoire.
Médias	**Réseaux sociaux**	Interaction avec et entre les membres qui permet de se faire connaître rapidement.	Nécessitent une présence continuelle et une mise à jour régulière.
Médias	**Affichage**	– Grande audience. – Permet de cibler géographiquement.	Audience peu sélective.
Hors média	**Marketing direct (publipostage, e-mailing…)**	– Personnalisation du message. – Coût peu élevé. – Rapidité pour le courriel.	Message long à arriver pour le publipostage.
Hors média	**Flyer / Catalogue**	Permet de montrer les produits en promotion ou à mettre en avant.	Ne touche pas forcément toute la population souhaitée.
Hors média	**Sponsoring[1]**	Permet d'accroître la notoriété.	Grande participation financière.
Hors média	**Mécénat[2]**	– Permet d'accroître l'image de l'entreprise. – Déduction d'impôts.	Participation financière.
Hors média	**Publicité sur le lieu de vente**	– Facilité d'utilisation. – Changement à la demande.	Ne permet pas de faire venir le client en magasin

1. Sponsoring : contribution financière ou matérielle pour une action sociale, culturelle ou sportive dans une optique commerciale.
2. Mécénat : apport financier pour soutenir une action d'intérêt général sans gain d'argent par la suite.

ANNEXE 1 Choix des supports de communication

Action	Supports de communication à privilégier (2 par action)	Justification
Tournois Beyblade	....	....
Action collecte de jouets avec la ressourcerie	....	....
Anniversaire King Jouet	....	....
Noël	....	....
Plein air	....	....

DOC. 2 Les jouets à mettre en avant

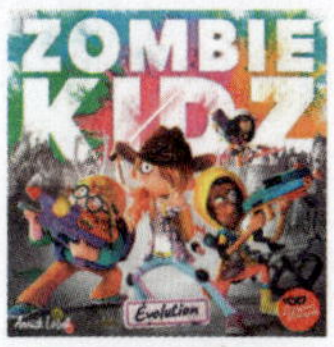

Jeu de société « Zombie Kidz Évolution »
Zombie Kidz Évolution est un jeu coopératif : les joueurs gagnent ou perdent ensemble. Ils doivent verrouiller l'école et repousser les zombies avant qu'ils ne deviennent trop nombreux. Prix TTC : 28,99 €

Babyfoot Powerplay 4 jeux en 1
La table multijeux Powerplay est composée d'un vrai baby-foot de qualité, doté de 3 fonctions de jeu additionnelles (billard, ping-pong, palets) et au design moderne. Produit très stable et robuste, et particulièrement adapté à une utilisation familiale de par ses dimensions.
Prix TTC : 249,99 € au lieu de 289,99 €

Cuisine Clean Tefal
La cuisine Clean Tefal est le jeu d'imitation par excellence. Les enfants pourront concocter de bons petits plats et s'initier au ménage ! Elle combine deux espaces de jeu cuisine et ménage et possède tous les attributs d'une vraie cuisine.
Prix TTC : 99,99 € au lieu de 129,99 €

J'ai reçu 3 produits en grande quantité (document 2) : je voudrais que vous mettiez en place une opération pour les écouler. En termes de budget, le magasin ne souhaite pas dépasser 5 % du chiffre d'affaires réalisé l'année dernière sur une opération similaire (CA N-1 : 5 000 €).

Vous compléterez l'annexe 2 afin de :
– choisir les supports de communication à utiliser en fonction de leur coût (document 3) ;
– calculer les dépenses en communication pour cet événement en tenant compte du budget.

DOC. 3 Coûts des supports de communication

Supports de communication	Coûts
Radio locale	• 3 diffusions/jour : 40 €/mois + création : 15 € pour 30 secondes • 6 diffusions/jour + logo sur le site : 80 €/mois + création : 15 € pour 30 secondes
Publipostage	• Affranchissement : 0,95 €/envoi, 0,85 €/envoi à partir de 200 envois • 0,03 € l'enveloppe • Lettre + impression : 0,07 € • Réalisation : 60 €
Presse	Entre 5 000 € le ¼ de page et 25 000 € la double page
Cinéma	• Spot de 12 secondes : 189 € • Spot de 16 secondes : 279 €
Réseaux sociaux Site Internet	Gratuits
Flyer / Catalogue	• A5 ou A4 : papier : 0,15 €/feuille, impression : 0,35 €/feuille • A3 : papier : 0,30 €/feuille, impression : 0,70 €/feuille
PLV	Papier + impression : • 42 × 60 cm : 2,99 €/affiche • 60 × 84 cm : 7,19 €/affiche

ANNEXE 2 Coût de l'opération

Choix	Justification	Calcul	Résultat
....	....	....	....
....	....	....	....
....	....	....	....
Total	....	....	....

À VOUS DE JOUER !
Flashez le QR Code et répondez aux questions à l'aide de la vidéo « L'ingrédient miracle de toute publicité qui marche ».
liennathan.fr/n7s68x

MISSION 3

Participer à l'évaluation et à l'analyse des performances

De : djibril.benmeda@king-jouet.com
À : stagiaire.voiron@king-jouet.com

Bonjour,
Dans le cadre de l'évaluation des performances de l'action réalisée le mois dernier, je vous laisse le soin de préparer l'analyse des résultats car nous devons envoyer un compte rendu au siège avant la fin de la semaine.
Complétez la pièce jointe (annexe 1). Puis, à l'aide des résultats du questionnaire de satisfaction (document), analysez les points forts et les points faibles de l'action réalisée le mois dernier (annexe 2).
Cordialement,
Djibril Benmeda
Responsable King Jouet Voiron

ANNEXE 1 Tableau des performances commerciales

	Jeu « Zombie Kidz »	Cuisine Clean Tefal	Babyfoot Powerplay 4 en 1
Ventes moyennes hebdomadaires hors action commerciale	4	2	1
Ventes pendant le mois de l'action commerciale	24	32	12
Ventes moyennes hebdomadaires pendant le mois de l'action commerciale	24 / 4 = 6	....	....
Prix d'achat unitaire HT	14,95 €	59,90 €	195,90 €
Prix de vente HT hors action commerciale	24,16 €	....	....
Prix de vente HT pendant l'action commerciale		....	....
Marge unitaire hors action commerciale	24,16 – 14,95 = 9,21 €	....	....
Marge unitaire pendant l'action commerciale		....	....
CA HT pendant un mois hors action commerciale	24,16 × (4 × 4) = 386,56 €	....	....
CA HT pendant le mois	24,16 × 24 = 579,84 €	....	....
Marge totale pendant un mois hors action commerciale	9,21 × (4 × 4) = 147,36 €	....	....
Marge totale dégagée pendant le mois	9,21 × 24 = 221,04 €	....	....

Que pouvez-vous en déduire ?
....
....
....

DOC. Résultats de l'enquête réalisée auprès des acheteurs lors de l'action

	Oui	Non
Avez-vous entendu parler de cette action ?	45 %	55 %
Êtes-vous un(e) client(e) régulier(ère) de notre magasin ?	65 %	35 %
Êtes-vous prêt(e) à acheter ces produits ?	65 %	35 %

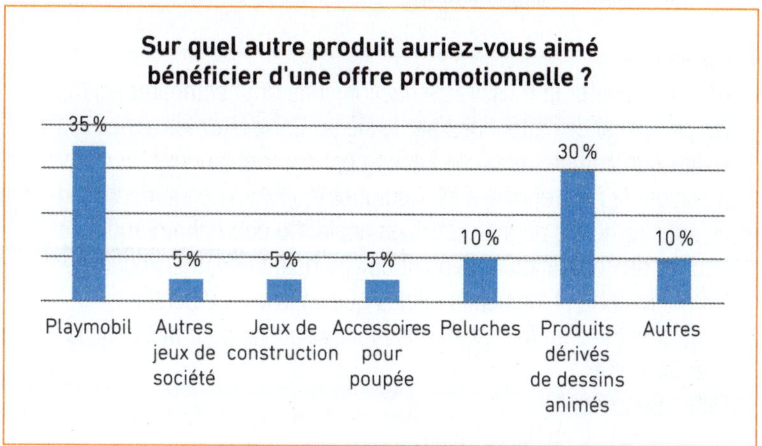

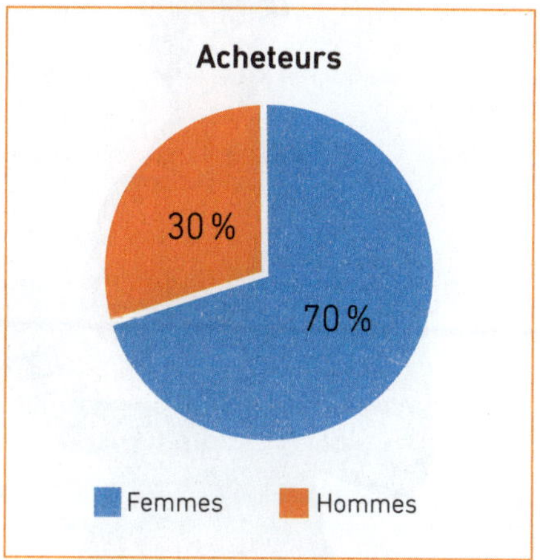

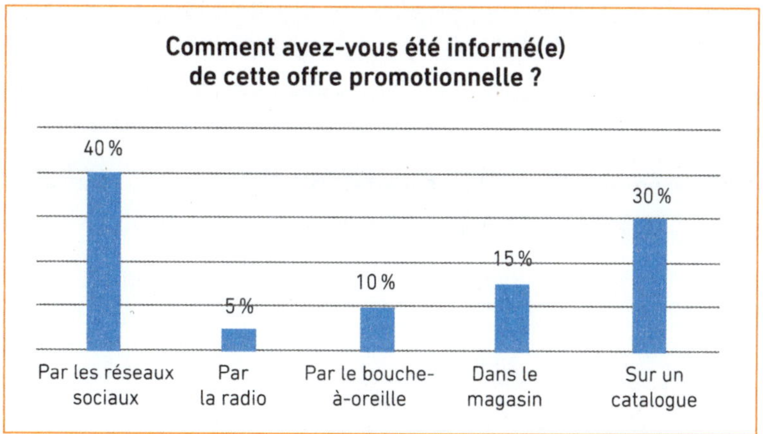

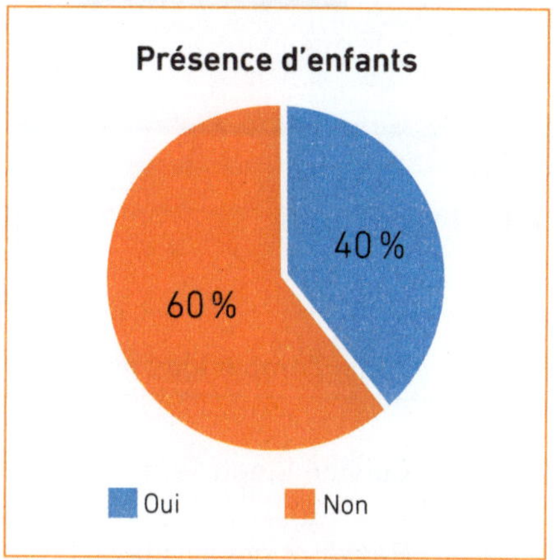

	Inintéressante	Peu intéressante	Intéressante	Très intéressante
Comment jugez-vous cette action ?	5 %	10 %	35 %	50 %

ANNEXE 2 Éléments à retenir de l'enquête

Points forts	Points à améliorer
....	....
....	....
....	....
....	....
....	....
....	....
....	....
....	....
....	....
....	....
....	....

MISSION 4

Comparer les résultats et proposer des actions correctrices

De : djibril.benmeda@king-jouet.com
À : stagiaire.voiron@king-jouet.com

Bonjour,
Afin de mesurer la réussite de l'action, il faudrait comparer les résultats avec les performances attendues par le siège. Complétez les annexes 1 et 2 puis rédigez un compte rendu de l'action par courriel (annexe 3), que vous enverrez au siège de l'entreprise, à M. Couturier (guillaume.couturier@king-jouet.com). Je vous remercie de me mettre en copie. Ce courriel reprendra le bilan de l'opération d'un point de vue quantitatif, mais également les points forts et les points faibles que vous avez détectés.
Vous conclurez en formulant des préconisations pour des actions futures.
Cordialement,
Djibril Benmeda
Responsable King Jouet Voiron

ANNEXE 1 Atteinte des objectifs

	Quantités vendues		Chiffre d'affaires HT		Marge	
	Prévu	Réalisé	Prévu	Réalisé	Prévu	Réalisé
Jeu « Zombie kids »	30	....	724,00 €	....	276,30 €	....
Cuisine Clean Tefal	25	....	2 083,25 €	....	585,75 €	....
Babyfoot power play 4 en 1	10	....	2 083,30 €	....	124,28 €	....
Total	**65**	....	**4 890,55 €**	....	**986,33 €**	....
Analyse	....					

ANNEXE 2 Tableau d'analyse de l'évolution

Chiffre d'affaires HT		Taux d'évolution
N-1	N	
5 000 €	....	....

ANNEXE 3 **Compte rendu**

De :

À :

CC :

Objet :

Évaluez votre réussite du dossier P. 7

SYNTHÈSE

liennathan.fr/99fx2d

1 Planifier les actions commerciales

La planification des actions commerciales doit prendre en compte...

- Les événements du calendrier
- Le plan publi-promotionnel
- La clientèle ciblée

Les objectifs : ....

....

....

....

2 Communiquer sur l'événement

....		....	
– Télévision – Cinéma – Site Internet – Affichage	– Radio – Presse – Réseaux sociaux	– Marketing direct – Sponsoring – Publicité sur le lieu de vente	– Flyer / Catalogue – Mécénat
Attention au budget de communication de l'entreprise !			

3 Participer à l'évaluation et à l'analyse des performances

Évaluer une action commerciale

....	....
Volume des ventes Marge réalisée = Chiffre d'affaires – Coût d'achat global	Enquête de satisfaction

4 Comparer les résultats et proposer des actions correctrices

Comparer les résultats avec ceux des années précédentes → ....
....
.... → Faire ressortir les points forts et les points faibles afin de proposer des actions correctrices

MOTS-CLÉS

Plan publi-promotionnel • Promotion des ventes • Mécénat • Sponsoring

QUIZ liennathan.fr/hrs585

SCORE ....

D2.2. Partager et publier
D3.1. Développer des documents textuels

1 Participer à la communication des actions promotionnelles

Vous êtes employé(e) au sein d'un supermarché Auchan. Votre tutrice, Marine Beneto, vous demande de réaliser la communication d'une action commerciale qui sera mise en place en magasin à l'occasion des fêtes de Noël.
Cette action consistera à mettre en avant les différents types de chocolats Lindt proposés pour les fêtes de fin d'année (document 1). Une promotion de – 50 % sera proposée sur le 2e produit (le moins cher des deux).
L'opération se déroulera du 15 au 24 décembre N.

DOC. 1 Les produits de Noël

- **Le compagnon idéal pour les fêtes de fin d'année**
  – Le traditionnel Père Noël en chocolat au lait qui fera fondre de douceur petits et grands !
  – L'ours : retrouvez toute la tendresse de Lindt dans un moulage de chocolat au lait, idéal pour un cadeau qui ravira les petits et les grands gourmands ! Toute la finesse et le savoir-faire des maîtres Chocolatiers Lindt.
- **Le traditionnel Lindor**
  Croquez sa délicate coquille. Son cœur passionnément fondant vous emporte comme dans un rêve, pour un petit moment de bonheur rien qu'à vous.

DOC. 2 Comment écrire un spot radio ?

www

Commençons par le début : la partie « comédie ». C'est là que le produit, l'événement, la marque sont mis en situation, dans une petite saynète. Dialogue, monologue, chanson, bruitages, devinettes… tout est possible ! Le tout est de captiver l'auditeur avec une entrée de spot accrocheuse, et de suivre une même idée directrice, un concept, tout en collant à l'univers de la marque. Un vrai travail de conception-rédaction !
La seconde partie est la partie dite « institutionnelle ». C'est là que l'annonceur donne toutes les infos, de manière très précise et détaillée sur le produit, sur l'événement. Le ton est toujours très informatif, clair et sans subtilités de langage.
Il y a parfois une troisième partie, qui donne les informations légales : celles, par exemple, rendues obligatoires par le Bureau de Vérification de la Publicité, ou par diverses lois (« mangez bougez », « l'abus d'alcool est dangereux pour la santé »…).

https://attraptemps.fr

Sur poste informatique et par groupes de 2 ou 3 élèves :

1 **À l'aide du document 2, rédigez le spot radio (définissez le contexte de la situation, construisez le dialogue comme une pièce de théâtre, choisissez les effets sonores).**

DOC. 3 Rappel sur la méthode AIDA

La méthode AIDA permet de construire un publipostage efficace en quatre étapes :

- **A** comme **attirer l'Attention** : par une **accroche** originale, une question, une exclamation qui pousserait le client à en savoir plus sur le produit ou service présenté ;
- **I** comme **provoquer l'Intérêt** : en faisant rapidement comprendre ce que l'on propose, en donnant l'envie d'en savoir plus ;
- **D** comme **susciter le Désir** : en développant les avantages de l'offre et en provoquant ainsi l'envie d'achat du prospect ou client ;
- **A** comme **pousser à l'Action** : pousser le prospect ou client à agir pour profiter de l'offre proposée.

2 Réalisez le publipostage de l'opération en vous aidant du document 3. Vous devez indiquer que, pour 4 produits achetés concernés par l'offre le 20 décembre, une peluche de 20 cm du célèbre ourson Lindt sera offerte.

DOC. 4 7 conseils pour réussir votre flyer

1 – Écrivez une accroche percutante : il faut écrire un slogan qui soit facilement mémorisable. Le tout est d'attirer l'attention et de donner envie au client d'en savoir plus. Il existe des termes magiques, comme : *Facile, Gratuit, Offert, Seulement, Exceptionnel, Promotion, Comment faire pour, Vous…, Découvrez, Devenez, Ne perdez plus…, Oubliez…*

2 – Utilisez un design qui attire l'œil : il est également important de mettre une image sur son flyer…

3 – Mettez en avant les bénéfices pour vos clients : bien entendu, vous devez parler bénéfices, ne pas dire « nous » ou « je », mais « vous » et utiliser l'impératif… Il convient aussi de faire des phrases très courtes. Il faut également soigner la mise en page pour une lisibilité *via* une lecture rapide de la page : listes avec puces, points…

4 – Mettez en avant un témoignage, une citation : il n'y a rien de plus fort qu'un témoignage de client satisfait, cela rassure et met en confiance. Un témoignage est encore plus fort s'il y a le prénom et le nom de la personne, sa ville ou son adresse.

5 – Mettez en avant les éléments essentiels : l'offre, le prix, l'endroit, la date… doivent être mis spécialement en évidence pour une lecture rapide grâce à de la couleur, du gras…

6 – Rappelez-vous que trop d'information tue l'information !

7 – Poussez vos prospects à l'action : faire une offre, c'est bien. Inciter ses clients à acheter, s'inscrire ou tout simplement venir, c'est mieux !

DOC. 5 Créer un QR Code

Application permettant de créer un QR Code : qrcode.bookbeo.com

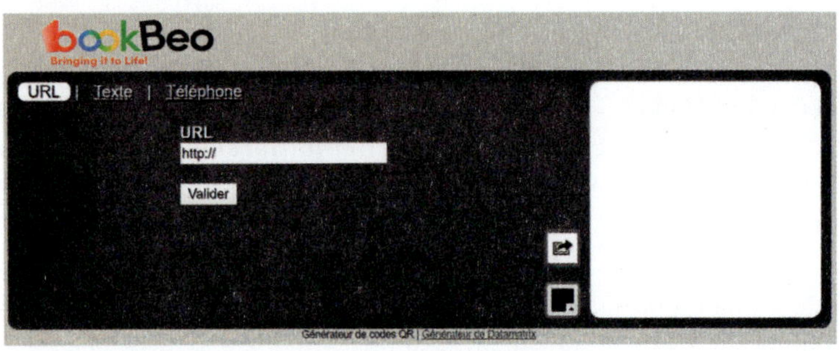

Une fois le lien de la vidéo copié, validez et faites une capture d'écran du QR code. Ensuite, insérez-la dans votre flyer.

Lien de la vidéo Lindt à intégrer :

Chocolat Lindt - Ours Lindt

liennathan.fr/55hp2h

Conseil – Épreuve E2

Mettez à jour votre lexique de vocabulaire en intégrant régulièrement les termes de vocabulaire anglais tel que flyers.

3 En suivant les conseils du document 4, créez le flyer pour annoncer la promotion sur la marque Lindt. À l'aide du document 5, vous ajouterez sur le flyer un QR Code qui permettra de faire le lien avec une publicité sur ces chocolats.

APPLICATION ★★ pix D2.2. Partager et publier

2 Mettre en place une soirée événementielle

Vous avez obtenu votre baccalauréat professionnel Commerce et vous êtes embauché(e) aux Galeries Lafayette, magasin de vêtements homme et femme, chaussures et accessoires. Votre tuteur, M. Prin, vous demande de préparer la soirée événement de la nouvelle collection « Printemps-Été » de la marque Le Temps des Cerises, qui se déroulera le 25 avril N. Les meilleurs clients de la marque seront conviés à cet événement. M. Prin vous charge de choisir les bons supports de communication à mettre en place.

DOC. 1 Les consignes de M. Prin

Cette soirée se déroulera le mardi 25 avril N à partir de 19 h. Les clients pourront découvrir en avant-première la collection « Printemps-Été » et essayer les produits de leur choix. Un cocktail avec petits fours leur sera offert. De plus, nous avons fait appel à un DJ qui assurera l'animation musicale à partir de 21 h. Pour toute commande passée lors de cette soirée, une remise de 20 % sera offerte.

Concernant le publipostage, les invitations sont à envoyer aux clients ayant une ancienneté d'au moins 5 ans et ayant effectué des achats au cours des 12 derniers mois.

Pour le post sur les réseaux sociaux, 10 personnes seront sélectionnées après tirage au sort. Pensez à une accroche pour attirer les clients à cet événement, mais attention, il faut bien préciser que seules les personnes inscrites pourront participer à la soirée.

1 **À l'aide du document 1, sélectionnez les clients à inviter en cochant la case « Choix », en justifiant votre réponse pour chacun d'eux.**

Extrait du fichier clients					
Prénom NOM	Date d'ouverture du contrat	Date du dernier achat	Panier moyen	Choix	Justification
Mariel ALVES	Avril N-6	Décembre N-1	180 €	☐	....
Ruben LIGNEUL	Mars N-1	Mars N	300 €	☐	....
Joan CALAMARI	Janvier N-4	Janvier N-2	80 €	☐	....
Athénaïs ZOUAF	Juin N-1	Juin N	220 €	☐	....

2 **Afin d'attirer les prospects, M. Prin souhaite que vous réalisiez une publication sur Facebook. En vous basant sur les indications du document 1, réalisez le message à insérer sur la page du magasin.**

....

....

....

....

....

....

....

DOC. 2 Coût de l'événement

Coût du publipostage

- Coût d'une enveloppe porteuse : 0,03 €
- Coût d'une lettre + impression : 0,05 €
- Affranchissement : 0,95 € par envoi, 0,85 € au-delà de 200 envois
- Coût de réalisation : 60 €

Coût de l'organisation

- Petits fours et cocktail : 150 €
- Disc-jockey : 1 000 €
- Affichage : 40 €

3 Votre responsable vous a transmis le détail des coûts unitaires liés à l'envoi du publipostage et à l'organisation (document 2). Il souhaite que vous calculiez le coût total de l'opération, sachant qu'il a envoyé 300 lettres commerciales.

Conseil – Épreuve E2
La notion de rentabilité est souvent évoquée dans les sujets. Il faut savoir repérer les facteurs de de chiffre d'affaires et de coût pour pouvoir estimer la marge.

Envoi	....
Coût total du publipostage	....
Coût de l'organisation	....
Coût total de l'événement	....

4 Le bilan de la soirée semble positif : 100 clients ont dépensé en moyenne 50 €. M. Prin vous demande d'évaluer la rentabilité de l'opération et d'analyser les résultats.

CA réalisé sur la soirée	....
Marge nette	....
Analyse des résultats	....

APPLICATION

★★

pix 1.3. Traiter des données
3.1. Développer des documents textuels

3 Analyser les performances d'une opération

Vous travaillez au sein du magasin Fossil de Nice. Magalie Prudhon, votre responsable, vous demande de réaliser l'évaluation quantitative et qualitative de l'opération « Black Friday » sur les portefeuilles (document 1). Au terme de votre analyse, vous êtes chargé(e) de lui envoyer un compte rendu par courriel.

DOC. 1 Les produits en promotion

www

OPÉRATION « BLACK FRIDAY »
Date de l'opération : 25 octobre N

Porte-monnaie rabat GM à languette Logan RFID
★★★★★ (4.8)
~~69,00 €~~ 35,00 €

2 de coloris

Portefeuille Ryland RFID
★★★★★ (0.0)
~~55,00 €~~ 38,00 €

3 de coloris

Porte-monnaie rabat MM Fiona
★★★★★ (5)
~~69,00 €~~ 35,00 €

APERÇU RAPIDE

Portefeuille à deux volets avec grande poche porte-monnaie Ward RFID
★★★★★ (4)
~~69,00 €~~ 48,00 €

6 de coloris

Porte-monnaie rabat GM zippé Liza
★★★★★ (5)
~~89,00 €~~ 62,00 €

3 de coloris

Porte-cartes Halifax
★★★★★ (0.0)
~~29,00 €~~ 20,00 €

Portefeuille à deux volets et pince à billets Ronnie RFID
★★★★★ (0.0)
~~45,00 €~~ 23,00 €

Objectifs de la journée :

Chiffre d'affaires TTC du rayon	700 €
Produit à écouler en priorité	Portefeuille
Volume total des ventes	15
Marge brute totale	300 €

1 **À l'aide des informations du document 1, mesurez la rentabilité de l'opération dans le fichier Excel transmis par votre responsable (D12_Appli3_rentabilite.xlsx).**

DOC. 2 Les résultats de l'enquête

Questions posées dans le cadre de l'enquête			
1. Le choix des produits en promotion correspond-il à vos attentes ?	20 %	36 %	44 %
2. Avez-vous été bien informé(e) ?	10 %	28 %	62 %
3. L'ambiance autour de cette action vous a-t-elle plu ?	86 %	10 %	4 %
4. Pensez-vous revenir dans le point de vente ?	88 %	7 %	5 %
5. Connaissiez-vous les produits en promotion ?	35 %	50 %	15 %
6. La durée de l'action commerciale vous a-t-elle paru suffisante ?	14 %	24 %	62 %
7. Êtes-vous satisfait(e) de l'accueil du personnel de vente ?	98 %	1 %	1 %

2 Repérez, dans les résultats de l'enquête réalisée à l'occasion de cette opération (document 2), les éléments d'analyse permettant d'améliorer cette action promotionnelle.

Points forts
....
....
....

Points faibles	Propositions d'amélioration
....	....
....	....
....	....
....	....

3 Rédigez par courriel le compte rendu de fin de journée destiné à votre responsable, Magalie Prudhon.

DOSSIER 13

Développer sa clientèle grâce aux canaux digitaux

COMPÉTENCES

Développer la clientèle
- Démarcher une nouvelle clientèle.
- Recourir aux sites marchands et aux réseaux sociaux.
- Inciter à l'achat par une action commerciale interactive.
- Générer des contacts positifs, utiles.

RÉSULTAT ATTENDU
- Les supports utilisés respectent les contraintes et la réglementation et sont attractifs pour les clients actuels et potentiels.

Renforcer sa visibilité grâce aux réseaux sociaux
liennathan.fr/37b9rh

- Qu'a permis à Dominique Fave sa présence sur les réseaux sociaux ?

Contexte professionnel

Kalyana développe une activité de e-commerce spécialisée dans les produits santé. Le site propose des compléments alimentaires, du thé, des tisanes et des boissons santé bio. Son cœur de cible est composé de femmes âgées de 30 à 60 ans, CSP+, soucieuses de leur santé et de celle de leur famille, amatrices de thé. L'entreprise fait face à de nombreux concurrents, notamment les magasins bio et d'autres sites marchands. Le créateur de Kalyana, Lucas B., expert en la matière, a aussi créé un blog d'information afin de mettre à disposition de tous ses connaissances et ses conseils. Récemment créé, le site a besoin de visibilité pour être visité et générer des ventes. Recruté(e) il y a quelques semaines en tant qu'assistant(e) commercial(e), vous assistez Lucas B. pour développer la notoriété du blog et les ventes du site marchand, *via* les réseaux sociaux notamment.

Fiche d'identité de l'entreprise

Raison sociale	....
Activité	....
Type de commerce	....
Statut juridique	EURL (Entreprise unipersonnelle à responsabilité limitée)
Concurrents	Magasins bio et autres sites de vente en ligne de produits bio
Mode développement de clientèle	Blog et réseaux sociaux

1) **Quelle est la méthode de commercialisation des produits Kalyana ?**

2) **Pourquoi le site a-t-il besoin de visibilité ?**

3) **Quels sont les canaux digitaux que vous connaissez ?**

MISSION 1

Sélectionner des réseaux sociaux

De : Lucas.b@kalyana.com
À : assistantcom@kalyana.com
Objet : Sélection des réseaux sociaux

Bonjour,
À la création du site Internet, j'ai ouvert un compte Instagram afin de faire connaître l'entreprise sur les réseaux sociaux. Pris par le temps, je n'ai publié, à ce jour, que quelques photos (document 1). Nous devons absolument publier des contenus plus régulièrement pour gagner en visibilité.
Par ailleurs, je m'interroge sur l'opportunité d'utiliser un autre réseau social : je pense à Facebook, Twitter ou YouTube. À l'aide du document 2, comparez ces réseaux sociaux dans l'annexe 1, puis conseillez-moi deux autres réseaux en justifiant leur intérêt (annexe 2).
Cordialement,
Lucas B.
Gérant Kalyana

DOC. 1 Publication Instagram Kalyana

WWW

DOC. 2 Quel réseau social choisir ?

Choisir les réseaux sociaux sur lesquels apparaître est aujourd'hui un enjeu important pour les entreprises. Ce choix doit se faire au regard des objectifs poursuivis, de la cible (le public) visée ou encore de l'audience du réseau.

- **YouTube** est une plateforme vidéo de Google. Elle totalise 890 millions de visites par mois en France et compte 63,9 millions d'utilisateurs.
- **Facebook** détient 40 millions d'utilisateurs actifs mensuels en France. C'est le réseau le plus utilisé. Les entreprises y ont recours pour fidéliser les abonnés en B to C (articles, jeux concours, photos, vidéos), pour conquérir et prospecter (grâce à son immense base de données) en B to B.
- **Instagram** est utilisé par les entreprises pour fidéliser et communiquer avec leur audience sur un mode ludique (essentiellement des photos et hashtags). Le réseau détient plus de 22 millions d'utilisateurs français, chaque mois. Très apprécié au niveau des jeunes, il est toutefois de plus en plus adopté par toutes les classes d'âge.
- **Twitter** (plus de 16 millions d'utilisateurs mensuels en France) est plutôt utilisé par les entreprises en B to C pour accroître leur notoriété et en B to B pour asseoir leur expertise. Le recours aux hashtags y est très développé. Ce réseau permet le partage de messages courts, sans image ni vidéo.
- **LinkedIn** est un réseau de contacts professionnels utilisé aussi comme outil de prospection (réseau essentiellement professionnel).
- **Snapchat** est un outil de partage de photos et vidéos éphémères et de tchat. Ce réseau est très populaire auprès des plus jeunes.
- **Tiktok :** réseau le plus en vogue depuis 2021, il propose des vidéos courtes. 270 millions de vidéos créées par les utilisateurs en France, 10 millions de vidéos partagées. Avec un taux d'engagement de l'audience de 19,32 %, 56 % des usagers ont entre 18 et 34 ans. Il est de plus en plus utilisé par les entreprises.

ANNEXE 1 Comparaison de quatre réseaux sociaux

Réseau social	Public	Type de publication
Facebook	....	....
Twitter	....	....
YouTube	....	....
Instagram	....	....

ANNEXE 2 Cocher les deux nouveaux réseaux sociaux sélectionnés

☐ Facebook ☐ Twitter ☐ YouTube ☐ Snapchat ☐ LinkedIn

Justification : ....

....

....

....

....

....

....

....

À VOUS DE JOUER !

Flashez le QR Code et jouez le jeu de rôle de conseil auprès de Lucas. Évaluez votre prestation avec la grille d'observation.

liennathan.fr/n259yr

MISSION 2

Publier sur les réseaux sociaux et développer sa communauté

L'animation des réseaux sociaux implique la création d'une communauté. À ce jour, une trentaine de personnes sont abonnées à notre compte Instagram, essentiellement des clients fidèles et des connaissances personnelles. Il nous faut agrandir cette communauté.

Prenez connaissance des documents 1 à 4 et analysez la publication envisagée (document 2). Merci de renseigner l'annexe pour indiquer si cette publication est pertinente.

DOC. 1 Comment développer sa communauté* sur Instagram

Développer sa communauté est essentiel pour attirer les clients sur un site d'e-commerce. Voici quelques conseils pour faire grandir le nombre d'abonnés de votre compte Instagram. Mais cette liste n'est pas exhaustive.

1. Tout d'abord, il faut **soigner vos publications** en prenant soin de proposer des contenus (des photos sur Instagram) qui intéressent votre cible. Par exemple, si vous ciblez des « passionnés de cuisine », postez des photos de plats avec un dressage soigné.

2. Ensuite, il faut **interagir avec d'autres comptes** liés à votre activité. Il convient donc de les identifier par une recherche (avec l'icône en forme de loupe), puis de suivre ces comptes, aimer, commenter leurs photos. Ces comptes recevront des notifications et pourront à leur tour vous suivre, aimer et commenter vos photos..., entraînant alors une viralité* et donc de potentiels nouveaux abonnés.

3. Utilisez les bons hashtags. Là aussi, il est nécessaire d'identifier les hashtags populaires en utilisant la fonction « recherche » afin de les utiliser dans les publications.

4. Proposez un jeu-concours, comme un concours avec cadeau à la clé (par exemple, un concours de photos nécessitant de voter). Cela créera aussi de la viralité. Donc, sans doute, de nouveaux abonnés.

DOC. 2 Publication envisagée

VOCABULAIRE

Communauté : ensemble des abonnés au réseau social d'une entreprise ou d'une marque.

Viralité : diffusion rapide d'un contenu sur les réseaux sociaux.

DOC. 3 Quel hashtag choisir ?

Sur Instagram, les recherches s'effectuent par **hashtags (#).** Ces hashtags permettent de regrouper et catégoriser les contenus. C'est donc en choisissant bien les hashtags qui seront insérés dans la publication (30 maximum) que l'entreprise pourra être trouvée par sa clientèle cible.

Comment bien les choisir ?

Si l'on vend des chaussures par exemple, « #chaussures » ne sera pas très efficace car des millions de publications apparaissent déjà avec ce mot-clé. Il faut préférer des hashtags plus près des valeurs de l'entreprise (ex. : #chaussuresencuir #haute qualité).

Le mieux est d'essayer de trouver les hashtags les plus utilisés par la cible de l'entreprise ou ceux des influenceurs du secteur.

Des hashtags bien choisis permettront donc à l'entreprise d'augmenter sa visibilité.

DOC. 4 Exemple de jeu-concours

Notre concours co-création est lancé ! Entrez dans #LeStudioCréatif et plongez dans l'univers de nos stylistes !
Oubliez l'hiver et imaginez votre robe idéale en quelques clics.
#LeStudioCréatif

60 commentaires — 30 partages

ANNEXE Analyse de la publication envisagée et proposition

Le contenu de la publication est-il adapté à la cible ?	☐ Oui	☐ Non
Les hashtags utilisés sont-ils pertinents ?	☐ Oui	☐ Non

Proposition de publication

– Contenu de la publication :

....

....

– Quels hashtags pourraient être utilisés ?

....

....

....

– Quel pourrait être le message ? ....

....

....

....

En dehors de la publication, que proposeriez-vous pour développer la communauté ?

....

....

....

MISSION 3

Améliorer la visibilité de son site marchand

pix D2.1. Interagir

De : Lucas.b@kalyana.com
À : assistantcom@kalyana.com
Objet : Référencement

Bonjour,
Un site bien référencé sur les moteurs de recherche génère davantage de ventes. Lors de la création du site, nous n'avons pas beaucoup travaillé sur le référencement naturel, qui me paraissait long et compliqué.
Pour aller vite et nous faire connaître, j'avais décidé de payer un type de référencement appelé « SEA », mais cela coûte très cher. J'ai pris la décision d'arrêter il y a quelques semaines et, depuis, le trafic sur le site est en forte baisse, de même que pour les ventes…
Je souhaite travailler désormais sur le référencement naturel : j'aimerais que vous meniez une petite étude sur ce thème (documents 1 à 3).
Pouvez-vous, en réponse à ce mail, rappeler les règles du référencement naturel et proposer des mots-clés efficaces à utiliser sur le site, ce qui nous permettra de gagner en visibilité ? Merci.
Cordialement,
Lucas B.
Gérant Kalyana

ÉCO-DROIT
MODULE 2
liennathan.fr/8r93ge

ANNEXE Réponse à Lucas B.

De : ....
À : ....
Objet : ....

....
....
....
....
....
....
....
....
....
....
....
....
....
....
....

DOC. 1 Le référencement d'un site Internet sur les moteurs de recherche

Pour qu'un site Internet soit visité, il faut qu'il apparaisse dans les résultats de recherche des internautes et, si possible, dans la première page de résultats. Il doit donc être « référencé » dans les moteurs de recherche.

Pour cela, deux solutions existent :
– la première, la plus simple mais aussi la plus chère, est de « payer sa place ». On parle alors de référencement payant ou SEA (*Search Engine Advertising*) ;
– la seconde, « référencement naturel » ou SEO (*Search Engine Optimisation*), est gratuite, mais plus longue et plus complexe.

Pour améliorer son référencement naturel, il s'agit, dans un premier temps, de réfléchir aux mots et aux phrases (en lien avec l'activité de l'entreprise) que les internautes utilisent dans leurs requêtes sur les moteurs de recherche.
Cette réflexion permettra d'identifier une liste de **mots-clés à intégrer dans le site Internet** lors de sa conception (notamment dans les titres, les descriptions, les images...) et dans les articles et divers contenus lors des nouvelles publications.

DOC. 2 Quels mots-clés pour un bon référencement sur les moteurs de recherche ?

Pour déterminer la liste des mots-clés utiles pour le référencement naturel d'un site, il faut, dans un premier temps, réfléchir à tous les mots en lien avec les produits vendus, les thèmes traités... Pour cela, il est intéressant d'organiser un *brainstorming*.
Par exemple, si le site propose des colonies de vacances, il sera opportun de préciser dans les mots-clés les activités proposées (ex. : « colonie équitation », « colonie jeunes enfants », « colonies escalade »).
Une fois la liste des mots-clés potentiels dressés, il faut, pour chacun d'eux, se poser un certain nombre de questions : ce mot-clé peut-il mener à mon site ? Mène-t-il à mes concurrents ? Est-il trop courant ?...

DOC. 3 Exemple de résultats de recherche

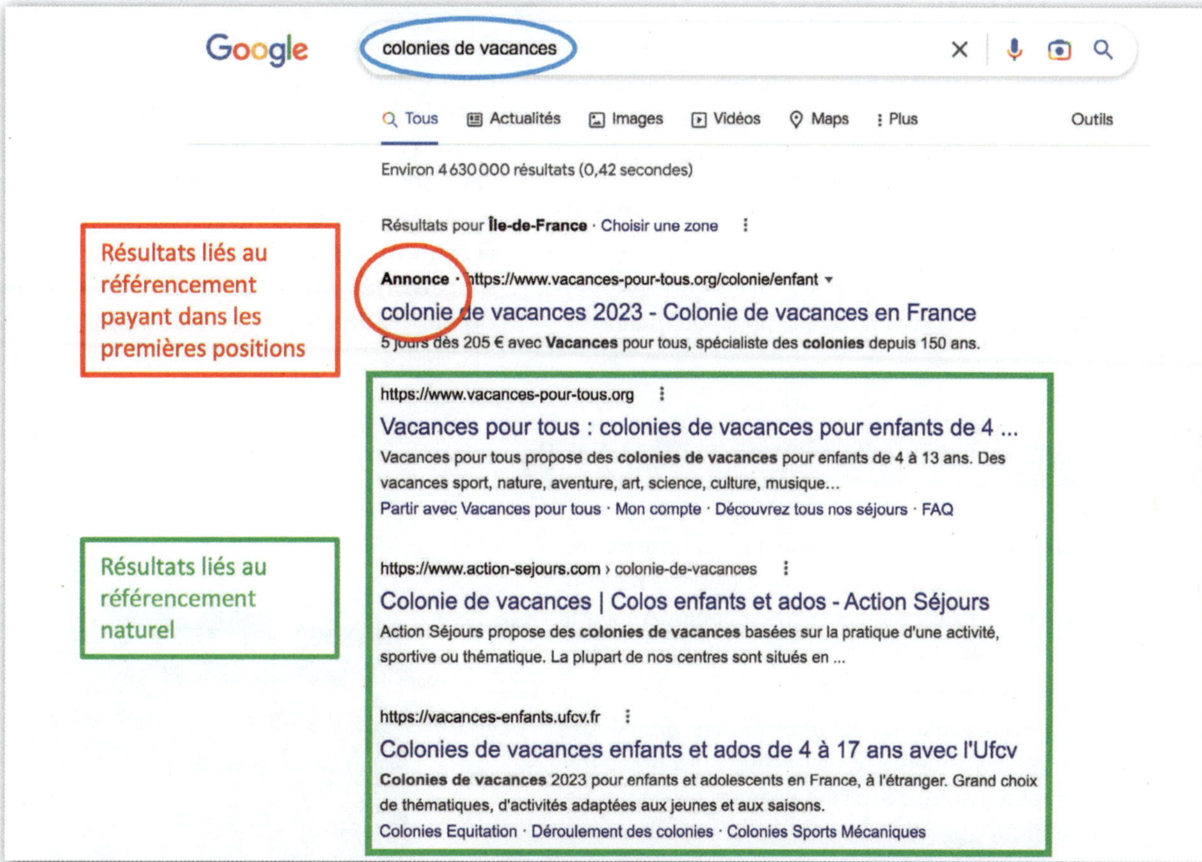

À VOUS DE JOUER !
Flashez le QR code et répondez à la question à l'aide de la vidéo « 8 erreurs fréquentes qui nuisent à votre référencement ».
liennathan.fr/5iiy82

MISSION 4

Améliorer son taux de conversion

Pour augmenter nos ventes, nous devons absolument chercher à convertir* un maximum de visiteurs sur notre site. C'est ce que vous allez tenter de faire en envoyant un mail de relance aux internautes ayant abandonné leur panier.

Lisez le document 1, qui vous explique la technique. Je joins également un exemple en document 3.

Rédigez, sur l'annexe 1, un mail de relance à Angélique, déjà cliente, (agirard635@free.fr), qui a laissé dans son panier deux boîtes de thé vert aux vertus réconfortantes. Puis présentez-le à l'aide du logiciel de votre choix, en ajoutant un visuel. Soyez créatif(-ve) et veillez à rédiger le message sans aucune faute d'orthographe : notre e-réputation est en jeu (document 2) !

Enfin, vous calculerez, à l'aide de l'annexe 2, le nombre de paniers validés suite à la relance réalisée la veille.

VOCABULAIRE

Convertir un visiteur : transformer le visiteur en client.

DOC. 1 La relance des paniers abandonnés

D'après une étude, entre la moitié et les trois quarts des internautes ne vont pas au bout de leur commande sur les sites d'e-commerce : ils sélectionnent des produits, les mettent dans le panier… puis l'abandonnent.

Plusieurs raisons expliquent cet abandon : les moyens de paiement proposés, des délais de livraison trop longs, des frais de livraison trop importants, ou encore l'obligation de créer un compte pour commander.

Pour récupérer ces prospects (ou *leads*), une solution est de leur envoyer un mail de relance de panier abandonné. D'après une étude, 11 % des mails de relance d'abandon de panier sont cliqués, et 29 % des clics aboutissent à un achat. Encore faut-il les envoyer rapidement : envoyés dans les 20 minutes, ils obtiennent un **taux de conversion de 5 %** ; lorsqu'ils sont **envoyés plus de 24 heures après l'abandon du panier, le taux de conversion passe à 2 %.**

DOC. 2 L'e-réputation : un élément primordial !

Choix de publication, réponse à un commentaire, envoi d'un mail, mise à jour du site ou des réseaux sociaux, ton utilisé, fautes d'orthographe… À chaque instant, l'entreprise engage sa e-réputation, c'est-à-dire sa réputation en ligne.

Et là où la circulation des informations prenait des jours ou des semaines il y a quelques dizaines d'années, aujourd'hui, Internet propage les contenus, les commentaires et donc aussi la réputation en quelques secondes…

Il est donc primordial d'être extrêmement vigilant, d'être en veille sur les réseaux sociaux et les sites d'avis clients afin de modérer les commentaires et avis !

DOC. 3 Conseils et exemple de mail de relance de panier abandonné

QUELQUES CONSEILS !

- **Soignez l'objet du mail :** c'est la première chose que le prospect lira à l'ouverture de sa boîte mail. Il doit faire bonne impression et donner envie d'en savoir plus ! Votre marque doit être identifiable.
- **Personnalisez le mail :** notamment en incluant le prénom et le nom du destinataire.
- **Travaillez le design** et rendez le message attrayant. Pour cela, vous pouvez utiliser des applications spécialisées, comme MailChimp.
- **Rappelez clairement le nom des produits abandonnés :** l'internaute a sans doute visité d'autres sites, il a donc de nombreux produits en tête.

ANNEXE 1 Mail de relance de panier abandonné

De : ....

À : ....

Objet : ....

....

....

....

....

....

....

....

ANNEXE 2 Nombre de paniers validés suite à la relance

	Nombre de paniers abandonnés	Taux de conversion relance > 24 heures	Nombre de validations espérées
Paniers abandonnés hier	189	2 %	....

MISSION 5

Générer du trafic

Nous avons besoin de générer du trafic sur le site Internet tout en collectant des données. J'ai préparé un brouillon de newsletter à laquelle les visiteurs du site pourront s'inscrire. Dans un premier temps, nous collecterons des données grâce à ces inscriptions. Cette newsletter doit proposer un lien vers notre site, donc, dans un second temps, nous générerons du trafic.

Pouvez-vous regarder ce brouillon (document 2) et vérifier, grâce à l'annexe, qu'il répond aux exigences d'une bonne newsletter ?

Merci.

ANNEXE Vérification du brouillon de la newsletter n° 1 de Kalyana

Exigences pour une newsletter de qualité	Oui	Non
1. La newsletter comporte un titre.	☐	☐
2. La newsletter comporte le logo de l'entreprise.	☐	☐
3. La périodicité de la newsletter est indiquée.	☐	☐
4. Le rappel au lecteur qu'il s'est inscrit lui-même est présent.	☐	☐
5. La proposition de désinscription se trouve en fin de document.	☐	☐
6. Un « *call to action* » a été inséré (du type « téléchargez ici » ou « cliquez ici pour recevoir… »).	☐	☐
7. Le contenu suscite l'envie d'aller sur le site.	☐	☐
8. En cliquant, le lecteur est envoyé sur le site.	☐	☐
9. Le contenu de la newsletter n'est pas purement promotionnel.	☐	☐
10. Le contenu propose des conseils, des informations utiles aux lecteurs (sinon, il ne lira pas).	☐	☐
11. La mise en page est soignée avec alternance de photos, de textes.	☐	☐
12. La newsletter est personnalisée.	☐	☐
13. Le message s'adresse au lecteur (utilisation du « vous »).	☐	☐

DOC. 1 Une newsletter pour générer du trafic sur le site

Une newsletter est un mail à caractère commercial envoyé périodiquement (chaque jour, chaque semaine ou chaque mois) à un ensemble d'internautes ayant consenti à cet envoi.
Elle contient généralement de l'information concernant la marque, l'entreprise, les produits. Elle raconte des histoires ou donne des conseils.
La newsletter se différencie du mail, qui a une visée purement promotionnelle et sert, par exemple, à prévenir les clients ou prospects d'une offre intéressante ou d'un événement.
L'e-mailing n'a pas de périodicité particulière.

DOC. 2 Newsletter n° 1 de Kalyana

Kalyana

VOTRE NEWSLETTER N° 1

L'édito • Chers abonnés,
Nous sommes heureux de vous faire parvenir notre première newsletter qui, nous l'espérons, vous apportera plaisir de lecture et satisfaction.
Chaque semaine, vous recevrez de nos nouvelles : actualités du site, événements spéciaux...
Bonne lecture !

La préparation du thé... tout un art !

Un bon thé se prépare dans les règles de l'art : dosage du thé, température de l'eau, durée d'infusion... Rien n'est à laisser au hasard ! Voici quelques conseils : pour le dosage, comptez 2 g pour 15 cl d'eau. La température de l'eau diffère, quant à elle, selon la nature du thé : une température trop élevée peut faire apparaître, par exemple, une certaine amertume... À chaque type de thé correspond une température optimale (elle est généralement indiquée sur l'emballage). Enfin, la durée d'infusion permet au thé d'exprimer toutes ses qualités. Elle varie de quelques secondes à quelques minutes.

Un formidable allié de votre santé !

Le thé apporte à l'organisme de nombreux antioxydants.

Il diminue les risques de maladie cardio-vasculaire. Le thé, noir ou vert, aide à lutter contre l'apparition de caries dentaires. Par ailleurs, selon certaines études, consommer au minimum deux tasses de thé vert par jour permettrait de retarder la détérioration des fonctions cognitives, de diminuer le risque de développer la maladie d'Alzheimer et la maladie de Parkinson.

Enfin, le thé améliorerait également la densité osseuse.

Alors n'hésitez pas, buvez du thé !

CODE DE RÉDUCTION POUR TOUTE COMMANDE

Cliquez sur ce lien et entrez le code
NEWS1
afin de bénéficier d'une réduction de – 20 % sur votre commande.

Évaluez votre réussite du dossier P. 7

SYNTHÈSE

liennathan.fr/xh383x

1 2 Développer sa clientèle grâce aux réseaux sociaux

1. Sélectionner les réseaux sociaux

2. ....
....
→ *Followers*
→ Abonnés

3. Publier des contenus
Ex. : ....
....

4. Proposer des jeux-concours pour créer une interaction

Likes, partages, commentaires...
Objectifs : augmenter la visibilité de l'entreprise et développer sa clientèle.

3 4 5 Développer sa clientèle par des actions d'optimisation du site Internet

AMÉLIORER LA VISIBILITÉ	....	GÉNÉRER DU TRAFIC	SOIGNER L'E-RÉPUTATION !
↓	↓	↓	↓
Référencer le site de façon optimale afin qu'il soit vu et visité Référencement payant : SEA Référencement naturel : SEO	Relancer les paniers abandonnés par mail	**Proposer l'inscription à la newsletter** pour générer des contacts à relancer	Que ce soit sur les réseaux sociaux, par e-mailing ou sur le site Internet.

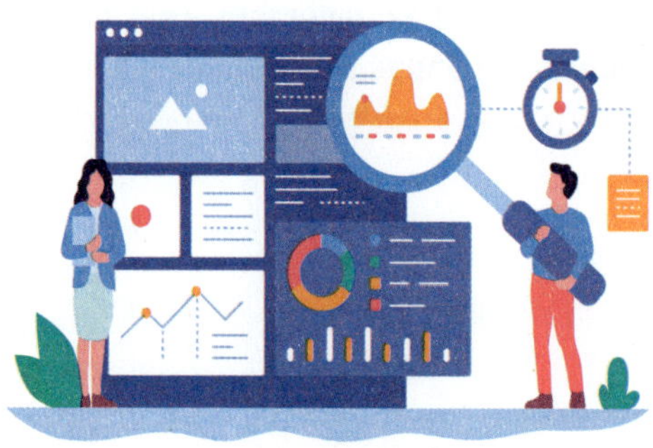

MOTS-CLÉS

Réseaux sociaux • Communauté • Publication • Référencement • Panier abandonné • Newsletter

QUIZ
liennathan.fr/6t5ns6
SCORE ....

APPLICATION

D2.2. Partager et publier

1 Organiser un jeu-concours sur Instagram

Vous réalisez une PFMP dans la boutique de réparation de smartphones Phon'Extra, qui vend également des accessoires et des smartphones reconditionnés. Son responsable vient de créer son site Internet. L'un de ses objectifs est d'attirer un jeune public, d'autant qu'un lycée se trouve à proximité.
Après avoir distribué des tracts devant le lycée, le responsable de Phon'Extra décide de mettre en place un jeu-concours sur Instagram et vous demande de l'aide. Vous consultez le document.

DOC. Quel jeu-concours proposer pour animer sa communauté ?

De nombreuses entreprises mettent en place des **jeux-concours** sur leurs réseaux sociaux afin de les animer, de recruter des *followers*, de fidéliser ou de récompenser leur communauté, de générer des contacts et d'augmenter leur visibilité. En voici quelques exemples…

– **Les jeux-concours « simples » sur Twitter, Instagram ou Facebook :** selon le jeu, il est demandé à chaque participant de partager en mode public, « liker », commenter en répondant à une question, taguer des amis… À la fin de l'opération (dont la durée est définie), un tirage au sort est effectué pour faire gagner un cadeau. Ce type de jeu est très viral et simple à mettre en œuvre. Il augmente la visibilité de la marque ou de l'entreprise. La publication est généralement composée d'un texte et d'une image.

– **Les jeux-concours photo ou vidéo :** les participants doivent partager une photo mettant en scène, par exemple, le bien ou le service de l'entreprise, puis un vote a lieu. Cela implique une forte viralité car, pour espérer gagner, les participants cherchent à obtenir un maximum de votes auprès de la communauté. Le ou les gagnants sont récompensés, et l'entreprise gagne en visibilité.

– **Les jeux-concours de type quiz, blind test, test de personnalité, roue de la fortune… :** avec chaque fois un tirage au sort, la recherche de viralité (c'est-à-dire la diffusion rapide du jeu sur le réseau social) et un lien vers le site Internet de l'entreprise pour augmenter le trafic sur le site…

1 Quel est l'intérêt de publier un jeu-concours sur Instagram pour le responsable de Phon'Extra ?

....

....

....

....

2 Par groupes de 2 ou 3 élèves, proposez les modalités d'un jeu-concours en complétant le tableau ci-dessous.

Type de jeu-concours : ....

Modalités	Détails de l'opération
☐ Demande de partages ☐ Faire « liker » ☐ Faire « taguer » des amis ☐ Proposer des votes ☐ Lien vers le site Internet pour créer du trafic ☐ Tirage au sort avec cadeau à la clé	....

APPLICATION ★★

pix D2.1. Interagir
D2.2. Partager et publier

2 Soigner sa e-réputation

Le magasin Mark & Shoes a ouvert ses portes il y a 6 mois. Il propose des chaussures de grandes marques. Ses créateurs, Ben et Virginie, sont très soucieux de leur réputation (document 1). Le mois dernier, ils sont partis 15 jours en vacances à l'étranger, laissant la responsabilité de leur établissement au frère de Virginie. À leur retour, en se rendant sur les réseaux sociaux et sur Google, ils sont surpris par les commentaires laissés par des clients (document 2).

DOC. 1 Le poids des avis d'internautes

Le poids des avis d'internautes ne cesse de croître. Alors que 92,7 % des Français utilisent Google comme moteur de recherche, 96% des internautes prêtent attention aux notes et avis, et 89% les jugent utiles dans leur processus d'achat.

Ces avis pèsent énormément dans le secteur des biens et services comme l'hôtellerie et la restauration. À l'inverse, ils sont moindres pour les biens technologiques (car c'est davantage l'avis des experts et spécialistes, voire de la presse qui importe), voire très faibles pour les biens culturels (où l'appréciation est plus subjective et individuelle).

Les internautes s'intéressent autant aux avis positifs que négatifs : 93% des internautes renoncent à un achat après avoir lu un avis négatif alors que 95% achètent **après** avoir lu un avis positif. Ils privilégient davantage les témoignages d'internautes plutôt que la note ou le nombre d'avis. Enfin, ils sont conscients qu'il existe de faux avis (90% des internautes en ont vu) sans pour autant remettre en question la crédibilité de l'entreprise ou des produits et services.

www.reputationvip.com

Comment répondre ?

Pour tout avis négatif, il est nécessaire de s'excuser auprès du client et de lui poser des questions afin de comprendre le problème qui s'est produit, d'apporter une solution et de chercher à s'améliorer.
D'autre part, remercier les internautes pour leurs bons avis est essentiel.
Enfin, il est très important de répondre à un commentaire ou un avis : cela montre que l'on est impliqué et désireux de s'améliorer.

1 **Quel peut être l'impact de tels commentaires sur l'activité du magasin ?**

....

....

....

....

....

2 **Que pensez-vous de la note attribuée au magasin par Google ?**

....

....

....

....

....

3 **Proposez une réponse à chaque commentaire afin de limiter cet impact.**

Conseil – Épreuve E2
Sachez vous projeter dans les attentes du correcteur en identifiant les critères de correction liés à une question.

DOC. 2 Modération des commentaires

Commentaires Facebook

J'ai toujours adoré ce magasin ! Mais ma dernière visite a été une catastrophe ! Le nouveau responsable n'est pas à la hauteur !

2 sem. J'aime Répondre

L'attente en caisse était interminable. Le vendeur était seul mais ne se pressait pas pour autant ! Heureusement que le choix parmi les modèles est toujours incroyable !

1 sem. J'aime Répondre

Réponses à formuler
....   2 sem. J'aime Répondre
....   2 sem. J'aime Répondre

Commentaires Google

« Mark & Shoes »
12 rue des Jardins, Paris
3,3 ★★★★☆ 48 avis

Donner un avis

Trier par : Avis les plus pertinents ▾

Simon
2 avis
★★★★☆ il y a 3 semaines
Déco sympa et le meilleur des grandes marques. Je recommande !
Visité en décembre
J'aime

Réponse du propriétaire :
....
....

Imane
8 avis
★★☆☆☆ il y a 2 semaines
Déçue car les deux modèles que j'avais repérés n'étaient plus disponibles en 38…
Visité en janvier
J'aime

Réponse du propriétaire :
....
....

APPLICATION ★★

3 Améliorer son taux de conversion grâce au *retargeting*

Vous travaillez pour un site d'e-commerce qui vend des créations originales de bijoux fantaisie. Afin d'améliorer votre taux de conversion, vous vous intéressez au *retargeting* (reciblage publicitaire). Après avoir visionné la vidéo (document 1) et consulté le document 2, répondez aux questions.

DOC. 1 Qu'est-ce que le *retargeting* ?

Reciblage (*retargeting*) ou remarketing, comment ça marche ?
liennathan.fr/36be1d

WWW

DOC. 2 Exemple de retargeting sur Facebook

WWW

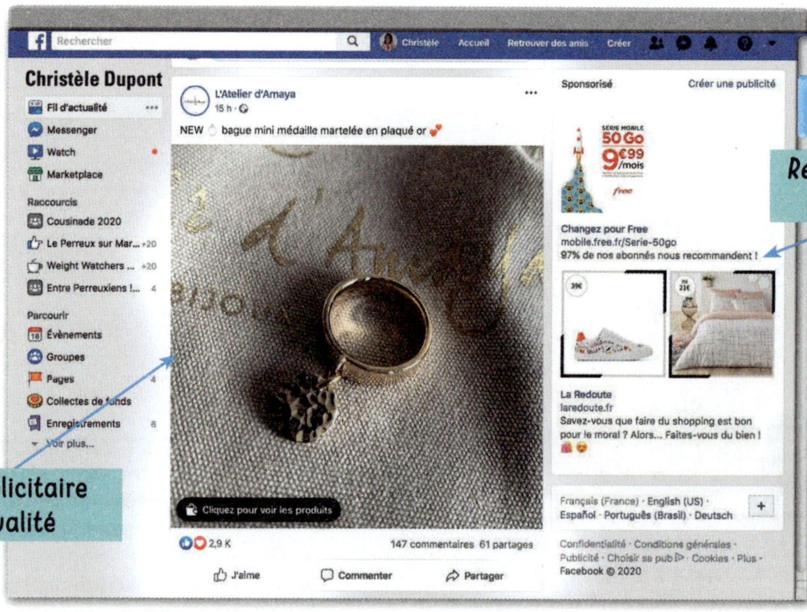

Conseil – Épreuve E2
Ajoutez le vocabulaire anglais avec sa traduction dans votre lexique des mots à retenir.

1 Quelle est la traduction de « *retargeting* » en français ?

....

2 Quel est l'objectif du *retargeting* ?

....

....

3 Complétez le schéma résumant le principe du *retargeting*.

Étape 1	→	Des visiteurs visitent le site d'e-commerce.	→	....
Étape 2	→	98 % des visiteurs quittent le site mais continuent leurs recherches sur Internet.	→	....
Étape 3	→	En cliquant sur la publicité, les visiteurs reviennent sur le site.	→	....

SCÉNARIO 2

Rendre l'unité commerciale attractive et développer la clientèle

COMPÉTENCES

Rendre l'unité commerciale attractive et fonctionnelle

- Aménager la vitrine et/ou le rayon
- Mettre en scène l'offre et en optimiser la visibilité
- Implanter les produits selon une logique commerciale et/ou d'entreprise
- Mettre en place la signalétique

Développer la clientèle

- Communiquer sur l'événement
- Participer à l'évaluation et à l'analyse des performances des actions commerciales

COMPORTEMENTS PROFESSIONNELS

- Faire preuve d'autonomie et d'esprit d'initiative
- Être créatif
- Être rigoureux et réactif

Contexte professionnel

Vous travaillez pour les vacances de printemps au magasin Bricomarché de Pézenas (34). Cette enseigne, spécialisée dans l'équipement de la maison, propose notamment des produits dédiés au bricolage, à la décoration, au jardinage et à l'animalerie.

Votre responsable, Gabriel Luard, souhaite que vous maîtrisiez rapidement les techniques de mise en valeur des produits de l'enseigne. Il vous confie plusieurs missions liées à l'implantation des linéaires, ainsi que la mise en place d'une opération promotionnelle avec son bilan.

Le magasin se situe dans une ville rurale. La moitié des résidents vit dans une maison avec jardin.

Formez des groupes pour effectuer les missions. Selon l'activité, le travail est à réaliser individuellement ou de manière collaborative.

SCÉNARIO 2

MISSION 1

Implanter les produits selon une logique commerciale

Lundi 11 février, Gabriel Luard vous demande d'implanter divers produits dans le magasin afin de vous familiariser avec les différents univers. Il vous demande de travailler en équipe en vous répartissant la réflexion sur l'implantation des produits.

1 À l'aide du plan du magasin (document 3), indiquez sur l'annexe 1, en justifiant vos choix, les emplacements pour implanter :
– la tête de gondole avec les produits de gazon de la marque distributeur Jardibest (document 1) ;
– trois autres produits (document 2).

2 Implantez les produits de gazon (document 1) sur les quatre étagères de la tête de gondole en complétant l'annexe 2. Suivez les consignes d'implantation (document 4). N'oubliez pas de justifier vos choix.

3 À l'aide des documents 1 et 4, calculez la capacité linéaire des produits de gazon sur l'annexe 3. Vous détaillerez vos calculs.

MISSION 2

Mettre en scène l'offre et mettre en place la signalétique

pix 3.1. Développer des documents textuels

Mardi 12 février, Gabriel Luard vous demande d'aider à la mise en place de l'opération « Changer de décor », qui touche plusieurs univers. Il souhaite que vous implantiez trois produits au rayon « Luminaires » (document 5). Vous vous mettrez d'accord au sein de votre groupe sur le type d'implantation et sur les affiches à retenir (questions 4 à 6), puis vous réaliserez les affiches en vous répartissant le travail (question 7).

4 Choisissez le type d'implantation adapté aux trois produits à mettre en scène (documents 5 et 6). Complétez l'annexe 4 en justifiant votre choix.

5 À l'aide des consignes de Gabriel Luard (document 7), choisissez l'affiche adaptée à chaque produit en complétant l'annexe 4.

6 Calculez sur l'annexe 5 les nouveaux prix pour l'ampoule et la lampe (la promotion sur les ampoules est de 20 % et celle sur la lampe est de 15 %). Vous pouvez vérifier vos calculs sur le site www.calculsolde.fr.

7 Concevez les affiches prix sur poste informatique à l'aide d'un logiciel spécialisé (Canva, Publisher...).

MISSION 3

Communiquer sur l'événement

pix 1.1. Mener une recherche et une veille d'information
3.1. Développer des documents textuels

En fin de journée, Gabriel Luard vous demande de créer des supports permettant de communiquer sur cet événement. Il souhaite que vous mettiez en avant le thème de l'action ainsi que l'arrivée du printemps.

8 À l'aide du document 8, réalisez en équipe le bandeau qui sera placé sur le site Internet de Bricomarché. Utilisez le logiciel Canva et n'hésitez pas à consulter les bandeaux déjà présents sur www.bricomarche.com.

9 Formez des binômes puis rédigez le message qui sera inséré sur le répondeur en dehors des heures d'ouverture (document 9) pour communiquer sur l'événement. Pour cela :
– préparez votre message au brouillon en vous aidant de la grille d'évaluation (annexe 6) puis enregistrez-vous à l'aide de l'enregistreur vocal de votre poste informatique. Vous pourrez vous inspirer des messages présentés sur le site http://www.audionetwork.fr/les-exemples-audio/ ;
– par groupes de deux, co-évaluez votre prestation à l'aide de la grille fournie (annexe 6).

MISSION 4

pix | 1.3. Traiter des données
3.1. Développer des documents textuels

Participer à l'évaluation des performances des actions commerciales

À la fin de l'opération « Changer de décor », Gabriel Luard vous demande d'en analyser les résultats. Il vous communique les objectifs de cet événement, précisés lors de la réunion de préparation (document 10), ainsi que les résultats de l'opération de l'année dernière (document 11). Vous réaliserez individuellement le bilan chiffré de l'opération avant de proposer un compte rendu commun.

10 Complétez le tableau de bord fourni sur Excel afin d'établir le bilan chiffré des opérations promotionnelles du magasin. Il fera apparaître les chiffres des opérations promotionnelles des années N-1 et N (documents 10 et 11), sachant que le chiffre d'affaires TTC réalisé cette année est de 32 867,40 €.

11 Représentez graphiquement les résultats de la répartition des charges pour les années N-1 et N.

12 Complétez l'annexe 7 puis rédigez sur texteur un compte-rendu à l'attention de Gabriel Luard. En vous appuyant sur les résultats chiffrés, vous indiquerez si :
- le magasin a atteint ses objectifs ;
- l'opération a dégagé un bénéfice ;
- l'opération a été plus rentable que celle de l'année dernière.

Vous expliquerez également la différence de résultat entre l'année N et l'année N-1

13 Créez les diapositives qui serviront de support visuel afin de présenter vos résultats lors d'une réunion d'équipe (6 slides maximum).

Évaluez votre réussite du scénario P. 7

DOSSIER DOCUMENTAIRE

DOC. 1 Produits de gazon Jardibest à présenter sur la tête de gondole

N°	EAN	Désignation	Cond.	Dimensions H × L × P*	Quantité	Prix
1	3505390924341	Gazon de regarnissage 500 g	10	21,5 × 14,5 × 6,5	20	7,50 €
2	3505390924228	Gazon anglais 1 kg	10	26,5 × 18 × 8	20	12,50 €
3	3505390924358	Gazon de regarnissage 1 kg	10	26,5 × 18 × 8	30	11,90 €
4	3999991459300	Mélange pour pelouse 10 kg	10	60 × 34 × 21	15	28,90 €
5	3505391011149	Gazon rustique 3 kg	5	33 × 26 × 12	15	24,90 €
6	3505390924297	Gazon ombre 1 kg	5	26,5 × 18 × 8	20	13,20 €
7	3505390924419	Gazon rustique 10 kg	4	60 × 34 × 21	4	67,95 €
8	3505390924365	Gazon de regarnissage 3 kg	15	33 × 26 × 12	15	29,90 €
9	3505390924327	Gazon terrain sec 5 kg	1	38 × 28 × 15	12	42,75 €

* H = hauteur – L = largeur – P = profondeur en cm

www.bricomarche.com

SCÉNARIO 2

DOC. 2 Autres produits à implanter

Radiateur portatif électrique bain d'huile
Stock : 24

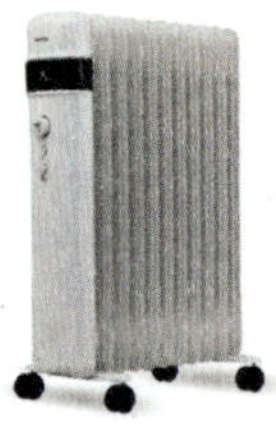

Sac d'aliment bio pour volailles
Marque : La Fermette
Sac : 20 kg
(réassort)

Hôtel à insectes
Idéal terrasses, balcons et petits jardins
30 × 21 × 10 cm
(nouveau produit)

DOC. 3 Plan du magasin

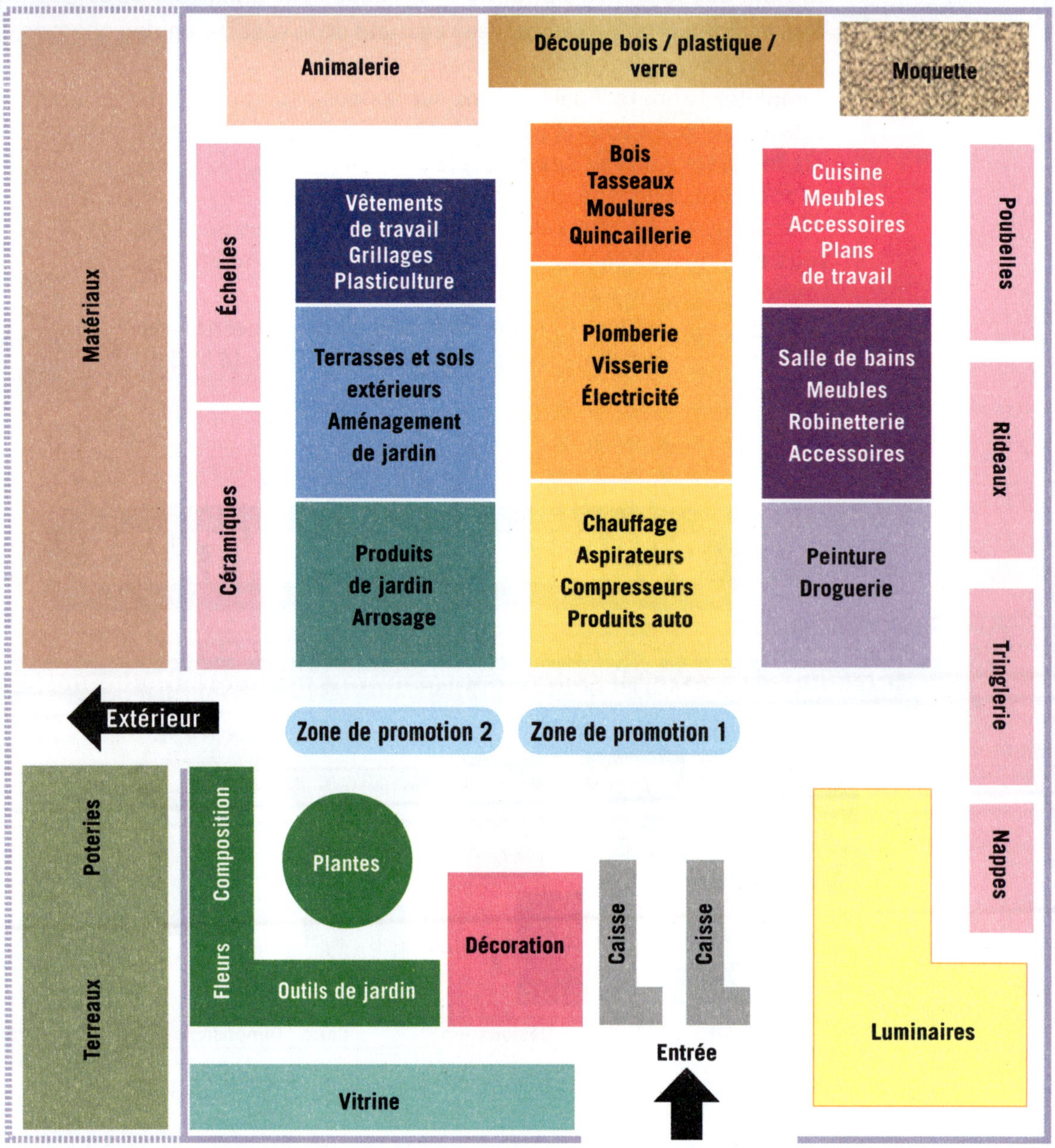

Zone promotion 1 : articles volumineux (radiateurs, barbecues, fours…) / Fins de collection
Zone promotion 2 : articles saisonniers / Nouveautés de l'univers « Jardin »

SCÉNARIO 2

DOC. 4 Consignes d'implantation

- **Minimum :** 2 facings par produit
- **Gazon de regarnissage :** sur la même étagère
- **Produits spécifiques ou haut de gamme :** étagère du haut
- **Produit leader :** étagère 3
- **Implantation horizontale par type de conditionnement**
- **Dimensions TG :** hauteur : 2,21 m, longueur : 1,35 m, profondeur : 0,42 m

DOC. 5 Produits à implanter au rayon « Luminaires »

Cache-pot « Coco »

Par lot de 3 – Prix : 15 €
En fibre naturelle extraite de l'intérieur de la coquille dure de la noix de coco. Produit entièrement dégradable. Constitue un engrais 100 % naturel qui bénéfice aux plantes (en 30 jours). Dimensions : 35 cm × 25 cm × 18 cm

Produit nouveau – Coup de cœur

Lampe trépied « Mode de vie »

Pied en pin massif, réglable en hauteur. Abat-jour en coton coloris blanc ou noir
Cordon d'alimentation (longueur 3,4 m) avec interrupteur au pied
Douille E27 pour ampoule 60 W max. (non fournie)
Dimensions du pied : 144 × 65 × 65 cm
Abat-jour : ø bas 46 cm, ø haut 33 cm, hauteur totale 25 cm
Fabriquée en France. Prix : 129,70 €

Produit exclusif Bricomarché

Ampoule « Mode de vie »

LED classique E 27. Référence : 345 234
Toutes lampes 60 W. Prix : 8,99 € (vendues par lots de 2)

Stock important (1 500)

DOC. 6 Types d'implantation utilisés pour les promotions

N°	Type de présentation	Caractéristiques
1	**Vrac**	Dans des bacs, à l'extérieur du rayon, sur le passage des clients. Adapté pour les lots ou les produits pour lesquels le stock est important.
2	**Stop-rayon**	Mise en valeur d'un produit à l'intérieur du rayon. Adapté pour mettre en valeur les petits produits.
3	**Podium de mise en situation**	Création d'une ambiance permettant de présenter plusieurs produits du rayon « Luminaires » avec d'autres produits d'autres rayons. Adapté pour les événements, la mise en scène d'un produit nouveau.
4	**Îlot**	Présentation de produits différents de ceux du rayon. Adapté pour liquider des stocks ou mettre en avant un produit nouveau ou un produit « coup de cœur ». Présentation à l'extérieur du rayon sur le passage des clients.
5	**Tête de gondole (TG)**	À l'extrémité du rayon. Adaptée pour les produits avec un stock important ou les produits de la collection de l'année dernière.

SCÉNARIO 2

DOC. 7 Consignes d'affichage

Détail prix	Consignes
Prix Promo	• Idéal pour les têtes de gondole ou le podium de mise en situation. • Description brève – Insister sur les arguments. • Inscription du nom de l'article et du prix promotionnel en rouge sur affiche blanche.
Prix barré	• Idéal pour les articles à liquider et uniquement pour présentation vrac. • Pas d'arguments. • Inscription rouge sur papier Kraft.
Prix Arrivage	• Idéal pour la mise en avant de produits en très grande quantité ou les produits « coup de cœur ». • Arguments + description. • Inscription du prix en noir sur affiche jaune.

DOC. 8 Éléments du bandeau digital

– Placez le logo.
– Privilégiez les couleurs de l'enseigne : jaune / rouge.
– Indiquez la proposition commerciale : offre promotionnelle / nom de l'événement.
– Accroche courte et simple en lien avec l'événement
– Date de la manifestation
– Photos de produits illustrant l'offre commerciale ou en lien avec l'événement
– « Call to action » (CTA) : mots-clés incitant à visiter le site « en savoir plus sur nos promotions »…

DOC. 9 Horaires

LUNDI	09:00-12:00 – 14:15-19:00
MARDI	09:00-12:00 – 14:15-19:00
MERCREDI	09:00-12:00 – 14:15-19:00
JEUDI	09:00-12:00 – 14:15-19:00
VENDREDI	09:00-12:00 – 14:15-19:00
SAMEDI	09:00-12:15 – 14:15-19:15

SCÉNARIO 2

DOC. 10 Réunion de préparation

Gabriel Luard : « Je vous ai réunis pour parler de l'opération « Changer de décor », qui se déroulera cette année du mercredi 12 au samedi 22 février. Je vous rappelle que nos objectifs sont de couvrir les charges et de créer du trafic dans le magasin.
J'ai fait de nouveau appel à PLV 34 pour assurer l'animation du week-end (jeux et animation musicale). J'ai pu négocier au même tarif. Par contre, cette année, nous utiliserons uniquement notre matériel, il n'y aura donc pas de frais de location de matériel. »

Louise, employée du rayon Décoration : « L'année dernière, nous avons sollicité les étudiants qui travaillent chez nous à temps partiel pour l'implantation. Peut-on procéder de la même manière ? »

Gabriel Luard : « Oui, tout à fait, cela leur permet d'augmenter leur salaire. J'ai d'ailleurs doublé le nombre d'heures supplémentaires cette année pour les rémunérer, et le budget communication est un peu plus élevé : 2 843 €. Cette année, nous ferons aussi de la publicité en ligne. »

DOC. 11 Résultats de l'opération – Année N-1

Charges HT	Montant	Produits HT	Montant
Achats de marchandises	19 025,21	Chiffre d'affaires HT	28 537,82
Location de matériel	278,30		
Mise en place de l'opération : Heures supplémentaires : 432,00 (24 h à 18 €/h) Animation : 1 426,89 (5 % du chiffre d'affaires)	1 858,90		
Communication	1350,00		
Total charges	**22 512,40**	**Total produits**	**28 537,82**

Coefficient multiplicateur : prix d'achat vers prix de vente TTC : 1,5.
TVA : 20 %.

ANNEXES

ANNEXE 1 Choix des emplacements

Gazon Jardibest	....
Radiateur portatif	....
Sac d'aliment bio pour volailles	....
Hôtel à insectes	....

ANNEXE 2 Implantation sur la tête de gondole

181 cm

141 cm

91 cm

13 cm

Justification

ANNEXE 3 Capacité linéaire

N°	DÉSIGNATION		DÉTAIL DU CALCUL	RÉSULTAT
1	Gazon regarni 500 g			
2	Gazon anglais 1 kg			
3	Gazon de regarnissage 1 kg			
4	Mélange pour pelouse 10 kg			

●●●

N°	DÉSIGNATION		DÉTAIL DU CALCUL	RÉSULTAT
5	Gazon rustique 3 kg	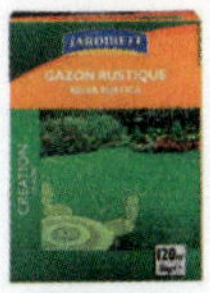		
6	Gazon ombre 1 kg			
7	Gazon rustique 10 kg			
8	Gazon de regarnissage 3 kg			
9	Gazon terrain sec 5 kg			

ANNEXE 4 Choix d'implantation et d'affiche

Produits	Type d'implantation choisie et justification	Affiche choisie
Cache-pot « Coco »		
Ampoule « Mode de vie »		
Lampe « Mode de vie »		

ANNEXE 5 Calculs des prix promotionnels (arrondis à 2 chiffres après la virgule)

Produits	Détail des calculs	Prix promotionnel
Ampoule	....	....
Lampe	....	....

ANNEXE 6 Grille d'évaluation du message audio

	😖	😟	🙂	😍
Fond du message				
Annonce des horaires d'ouverture	☐	☐	☐	☐
Annonce de la date de l'événement	☐	☐	☐	☐
Annonce du thème de l'événement (changer de décor)	☐	☐	☐	☐
Annonce de la durée de l'événement	☐	☐	☐	☐
Annonce de la promotion sur plusieurs rayons du magasin	☐	☐	☐	☐
Accroche en lien avec le thème du changement de décor et l'arrivée du printemps	☐	☐	☐	☐
Forme du message				
Intonation variée	☐	☐	☐	☐
Articulation correcte	☐	☐	☐	☐
Fin de phrases marquée	☐	☐	☐	☐
Message court	☐	☐	☐	☐
Phrases courtes (sujet, verbe, complément)	☐	☐	☐	☐
Améliorations à apporter :				

ANNEXE 7 Résultats de l'opération – Année N

Le magasin a-t-il atteint ses objectifs ?	....
Cette opération a-t-elle dégagé un bénéfice ? Si oui, de quel montant ?	....
L'opération a-t-elle été plus rentable que celle de l'année dernière ?	....
Comment expliquer la différence de résultat entre N et N-1 ?	....

ENTRAÎNEMENT À L'ÉPREUVE E2

N° 1

Analyse et résolution de situations professionnelles

Option A : animation et gestion de l'espace commercial

Contexte professionnel

Vous effectuez votre PFMP en tant que vendeur(se) dans le magasin Kanata, situé à Vannes (Bretagne). Kanata est spécialisé dans la vente à distance de produits alimentaires nord-américains (Canada, États-Unis) et cherche à développer son réseau en créant des boutiques en France.

> **Conseil – Épreuve E2**
> Le contexte de l'étude de cas vous permet de repérer les éléments essentiels concernant l'identité de l'entreprise.

Méconnue dans le monde, la gastronomie québécoise est pourtant excellente et étonnante de mélanges culturels (amérindiens d'abord, puis anglais et français, et enfin avec une forte influence nord-américaine).

Depuis 2007, Kanata propose de découvrir, en partenariat avec des artisans producteurs québécois, des produits qui font de plus en plus parler d'eux, mais aussi d'autres dont on n'a encore jamais entendu parler : sirop d'érable, cranberries, légumes amérindiens, tisanes inuites, bières de microbrasserie et spiritueux de microdistilleries, etc. Aujourd'hui, l'enseigne compte plus de 500 saveurs canadiennes, alliant tradition et innovation.

Kanata, c'est aussi une équipe de passionnés qui partage chaque jour son amour du Québec à travers un magasin en France qui s'appuie sur un dépôt attenant au magasin, permettant ainsi des livraisons rapides sur tout le territoire.

Mission 1	Assurer les opérations préalables à la vente	............/12
Mission 2	Rendre l'unité commerciale attractive et fonctionnelle	............/8

Consultez la grille d'évaluation des compétences page 259

Mission 1 Assurer les opérations préalables à la vente

Kanata propose plus de 500 références de produits essentiellement alimentaires et les importe depuis les États-Unis et le Canada. Étant donné les délais de livraison, cela nécessite une vigilance quotidienne au niveau de l'approvisionnement et des quantités en stock.
M. Robert, responsable du magasin, vous charge d'optimiser la gestion des stocks du rayon Épicerie sucrée.

Activité 1 : Optimiser les stocks *(temps indicatif : 30 minutes)*

Nous sommes en janvier N. Votre responsable vous demande de calculer les nouveaux indicateurs de gestion des stocks pour le sirop d'érable et le mélange à pancake selon les indications des fournisseurs.

À partir des ressources 1 à 4 et de vos compétences :

1.1 Calculer le stock d'alerte des deux produits pour préparer l'approvisionnement de février en sirop d'érable et mélange à pancake.

> **Conseil – Épreuve E2**
> Veillez à mettre en valeur l'ensemble de vos réponses sur votre copie, sous forme de tableau le cas échéant.

> **Conseil – Épreuve E2**
> Le stock d'alerte est nommé aussi « seuil de réapprovisionnement ».

1.2 Après réception de la livraison de février, valoriser le stock selon la méthode du coût unitaire moyen pondéré (CUMP). Indiquer le détail des calculs pour le sirop d'érable doré canne 750 ml SEMAR2.

> **Conseil – Épreuve E2**
> Le CMUP doit être calculé après chaque commande.

À partir des ressources 4 à 7 et de vos compétences :

1.3 Indiquer les éléments à compléter sur le bon de transport (lettre de voiture).

> **Conseil – Épreuve E2**
> Le bon de transport permet d'attester de la livraison des marchandises en bon état.

1.4 Relever les anomalies constatées en indiquant les actions à mener pour les résoudre.

> **Conseil – Épreuve E2**
> Pour répondre à cette question, comparez le bon de commande et le bon de livraison.

Activité 2 : Fixer le prix de vente *(temps indicatif : 30 minutes)*

M. Robert vient de référencer des nouveaux produits. Il est nécessaire, lors de tout référencement, de vérifier la marge dégagée pour s'assurer de la rentabilité du produit. M. Robert vous demande d'effectuer les calculs commerciaux.

À partir des ressources 8 et 9 et de vos compétences :

2.1 Calculer le prix de vente TTC pour chaque produit (détailler vos calculs).

> **Conseil – Épreuve E2**
> Il faut connaître le rôle du coefficient multiplicateur dans le calcul du prix TTC.

2.2 Calculer la marge dégagée pour chaque produit (détailler les calculs).

> **Conseil – Épreuve E2**
> La connaissance de la structure d'un prix permet de retrouver la marge.

DOSSIER RESSOURCES DE LA MISSION 1

RESSOURCE 1 Gestion du rayon Épicerie

KANATA

La gestion du rayon Épicerie est assez simple puisque l'entreprise se fournit uniquement auprès de deux fournisseurs. Pour limiter notre empreinte carbone, nous utilisons un transport lent, et nous travaillons sur un import à voile.

- La Belle Province : délai de livraison : 8 semaines ;
- Ferme Martinette : délai de livraison : 9 semaines.

Il faut être vigilant concernant le suivi des stocks de sécurité, l'organisation des événements et la gestion des aléas.
Le magasin est ouvert du lundi au samedi.

RESSOURCE 2 Fiches de stock

FICHE DE STOCK	
Rayon : Épicerie	**Stock minimum :** 170
Produit : Sirop d'érable doré canne	**Stock maximum :** 50
Référence : SEMAR1	**Fournisseur :** La Belle Province
Conditionnement : 540 ml	**Livraison moyenne :** 8 semaines

Ventes moyennes pour le sirop d'érable : 18 conserves par semaine.

FICHE DE STOCK	
Rayon : Épicerie	**Stock minimum :** 128
Produit : Mélange à pancake croquants d'érable	**Stock maximum :** 50
Référence : MPCE	**Fournisseur :** Ferme Martinette
Conditionnement : 250 gr	**Livraison moyenne :** 9 semaines

Ventes moyennes pour le mélange à pancake croquants d'érable : 12 sachets par semaine.

RESSOURCE 3 État des stocks du rayon Épicerie

ÉTAT DES STOCKS		DATE : 1er février N		
Référence	**Désignation**	**Quantité**	**Prix de vente HT**	**Prix d'achat HT**
SEMAR1	Sirop d'érable doré canne 540 ml	170	15,99	7,98
SEMAR2	Sirop d'érable doré canne 750 ml	186	31,90	15,29
SEMAR3	Sirop d'érable doré feuille d'érable	250	17,90	3,66
SIMART	Sirop d'érable doré en pot	210	6,75	2,25
SIMAC	Sirop d'érable doré cruchon	190	27,95	5,66
MPCE	Mélange à pancake 250 ml	128	6,50	3,11
MPCA	Mélange à pancake 500 ml	160	9,95	5,17

RESSOURCE 4 Bon de livraison du mois de février

BON DE LIVRAISON N° 78 *Exemplaire client*						
Réf. bon de commande : 798 **Livré le 2 février N**					À KANATA 1 rue Lefèvre-Utile 56000 VANNES	
Code	**Désignation**	**Quantité commandée**	**Quantité livrée**	**Quantité restant à livrer**	**Prix**	**Observations**
SEMAR1	Sirop d'érable doré canne 540 ml	144	120	24	7,98	Rupture de stock
SEMAR2	Sirop d'érable doré canne 750 ml	170	170	0	16,00	
SEMAR3	Sirop d'érable doré feuille d'érable	200	200	200	3,60	Erreur référence sirop d'érable canne 950 ml
MPCE	Mélange à pancake 250 ml	108	108	0	3,20	
MPCA	Mélange à pancake 500 ml	160	160	0	5,17	

Visa du client et observations éventuelles **Visa du fournisseur**

Réserves sur la livraison :
Erreur de référence pour le sirop d'érable doré canne 950 ml reçu à la place sirop d'érable brun canne 950 ml

RESSOURCE 5 Marchandises reçues

Exemple de livraison conforme

Livraison reçue

(Ne pas prendre en compte le nombre de colis)

RESSOURCE 6 Document transporteur (lettre de voiture)

FERME MARTINETTE	KANATA	RÉCÉPISSÉ D'EXPÉDITION N°559630	DHL
1728 chemin Martineau, Coaticook Québec CANADA	1 rue Lefèvre-Utile 56000 VANNES		11 rue Guillaume-Le-Bartz 56000 VANNES
Date : 01/02/N	**Dpt :** 56		

Nature de la marchandise : RAS	Nombre colis	Poids en kg	Port dû	TVA	Débours	Remboursement	TOTAL
	9	150	XXX	XXX	XXX	XXX	XXX
	Unité de manutention					**Matières dangereuses**	
	Nombre		Nature UM			Oui	Non
	2		Palette				

Instructions de l'expéditeur : RAS	Reçu l'expédition conforme et en bon état : Réserves éventuelles : Le :

RESSOURCE 7 Bon de commande

BON DE COMMANDE (exemplaire client) N° 798		
KANATA		1 rue Lefevre-Utile 56000 VANNES
Code	**Désignation**	**Quantité commandée**
SEMAR1	Sirop d'érable doré canne 540 ml	144
SEMAR2	Sirop d'érable doré canne 750 ml	170
SEMAR3	Sirop d'érable doré canne 950 ml	200
MPCE	Mélange à pancake 250 ml	108
MPCA	Mélange à pancake 500 ml	160
	Total	782

RESSOURCE 8 Extrait du catalogue KANATA

KANATA
UN GOÛT D'AILLEURS

Désignation	PA HT en €	Coefficient multiplicateur
Coffret dégustation	30,00	3
Coffret cadeau bison	22,83	3,5
Coffret cadeau « Gros Becs »	7,14	3,5
Trio glacé vin-cidre-poiré	39,40	2,5
Coffret 12 cadeaux surprise	14,28	3,5

Tous les coffrets contiennent des produits d'épicerie fine et de l'alcool.

RESSOURCE 9 Détail des taux de TVA en vigueur en France

- **Le taux normal de TVA est fixé à 20 %** pour la majorité des ventes de biens et prestations de services : il s'applique à tous les produits ou services pour lesquels aucun autre taux n'est expressément prévu.
- **Le taux réduit de 10 %** est notamment applicable aux produits agricoles non transformés, au bois de chauffage, aux travaux d'amélioration du logement qui ne bénéficient pas du taux de 5,5 %, à certaines prestations de logement et de camping, aux foires et salons, jeux et manèges forains, aux droits d'entrée des musées, zoos, monuments, aux transports de voyageurs, au traitement des déchets, à la restauration.
- **Le taux réduit de 5,5 %** concerne l'essentiel des produits alimentaires, les produits de protection hygiénique féminine, équipements et services pour handicapés, livres sur tout support, abonnements de gaz et électricité, fourniture de chaleur issue d'énergies renouvelables, fourniture de repas dans les cantines scolaires, billetterie de spectacle vivant et de cinéma, certaines importations et livraisons d'œuvres d'art, travaux d'amélioration de la qualité énergétique des logements, logements sociaux ou d'urgence, accession à la propriété.
- **Le taux particulier de 2,1 %** est réservé aux médicaments remboursables par la Sécurité sociale, aux ventes d'animaux vivants de boucherie et de charcuterie, aux non-assujettis, à la redevance télévision, à certains spectacles et aux publications de presse inscrites à la Commission paritaire des publications et agences de presse.
- **Le taux de 0 %** est limité aux vaccins contre le Covid-19 et aux tests de dépistage.

Source : www.economie.gouv.fr/cedef/taux-tva-france-et-union-europeene

Mission 2 Rendre l'unité commerciale attractive et fonctionnelle

M. Robert vous indique que lorsqu'il référence un nouveau produit, il est important de le mettre en valeur. Pour cela, il existe différents outils tels que la PLV ou la tête de gondole. Pour optimiser la gestion des stocks et éviter le surstockage, il est important de calculer la capacité du rayon. Vous êtes missionné(e) par M. Robert pour implanter le nouveau produit référencé, à savoir le coffret dégustation, en tête de gondole du magasin.

Activité 3 : Implanter les produits *(temps indicatif : 30 minutes)*

M. Robert vous explique que la mise en valeur et l'implantation des nouveaux produits est essentielle pour le magasin. Cette implantation passe par l'optimisation de l'espace disponible.

À partir des ressources 10, 11 et 12, et de vos compétences :

3.1 Calculer la capacité de stockage optimale du rayon.

Conseil – Épreuve E2
Il est nécessaire de déterminer le nombre de produits sur la longueur, sur la hauteur et enfin sur la profondeur pour une étagère. Attention : la casquette ne compte pas comme une étagère.

Activité 4 : Mettre en valeur l'offre produit *(temps indicatif : 30 minutes)*

Le succès du magasin repose en partie sur une politique commerciale dynamique avec des actions commerciales régulières qui permettent de fidéliser et d'attirer de nouveaux clients.

À partir des ressources 13 à 16 et de vos compétences :

4.1 Proposer trois actions de mise en valeur de l'offre dans le magasin.

4.2 Proposer deux actions de fidélisation.

4.3 Déterminer le réseau social adéquat pour communiquer sur le coffret dégustation. Justifiez votre choix.

4.4 Rédiger le post sur le réseau social choisi.

Conseil – Épreuve E2
Il est nécessaire d'indiquer le type d'action, d'en faire un descriptif et de définir des objectifs qualitatifs.
Pensez à vous appuyer sur des évènements calendaires, saisonniers ou commerciaux.

Conseil – Épreuve E2
Soyez attentif à la syntaxe et l'orthographe qui sont essentiels dans la rédaction d'un post.

DOSSIER RESSOURCES DE LA MISSION 2

RESSOURCE 10 Tête de gondole

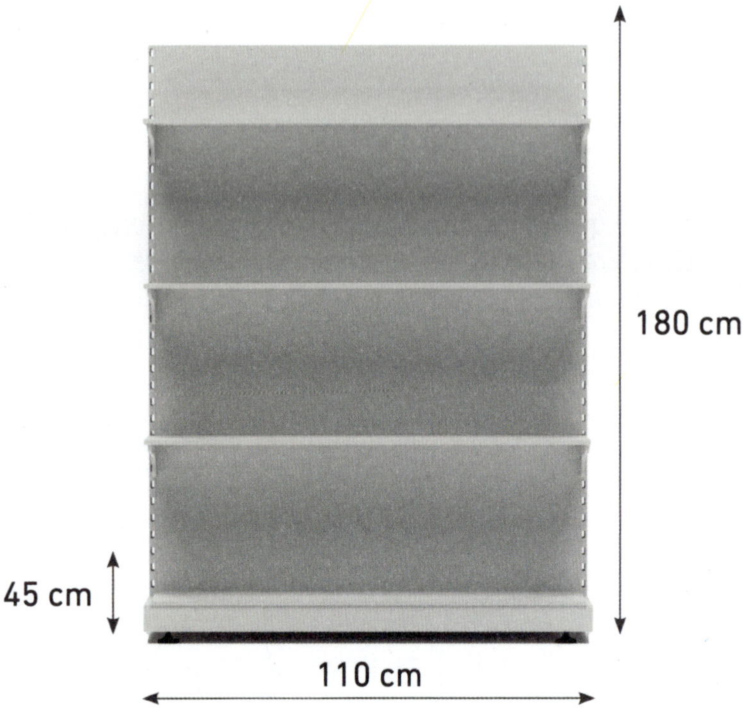

RESSOURCE 11 Instructions de M. Robert pour la mise en rayon

- Laissez une étagère libre pour mettre en scène le produit.
- Présentez les coffrets cadeaux à plat sur les étagères.

RESSOURCE 12 Dimensions d'un coffret dégustation

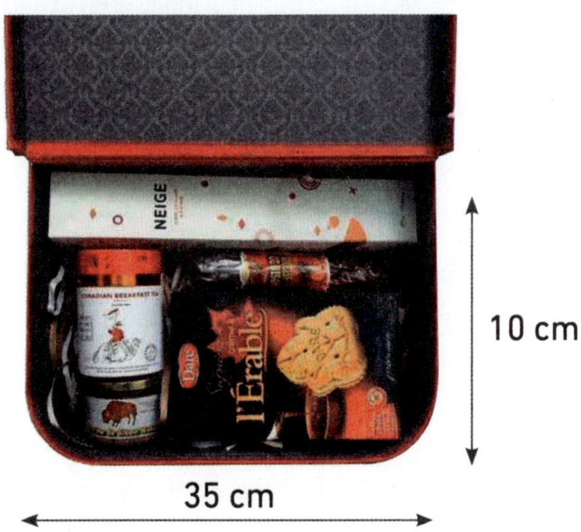

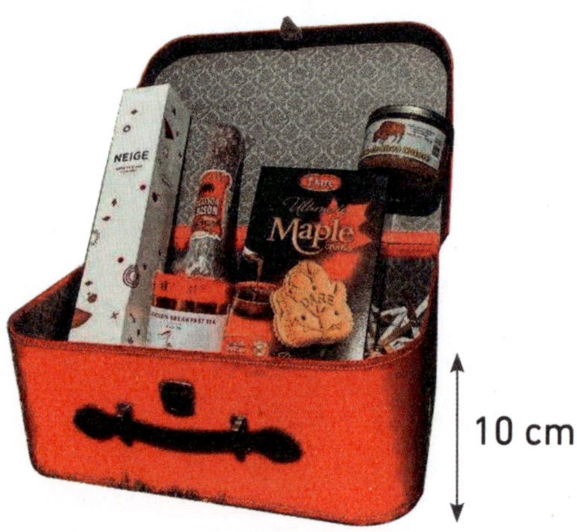

RESSOURCE 13 Calendrier des événements saisonniers

www.oberlo.fr

RESSOURCE 14 Les profils utilisateurs selon les réseaux

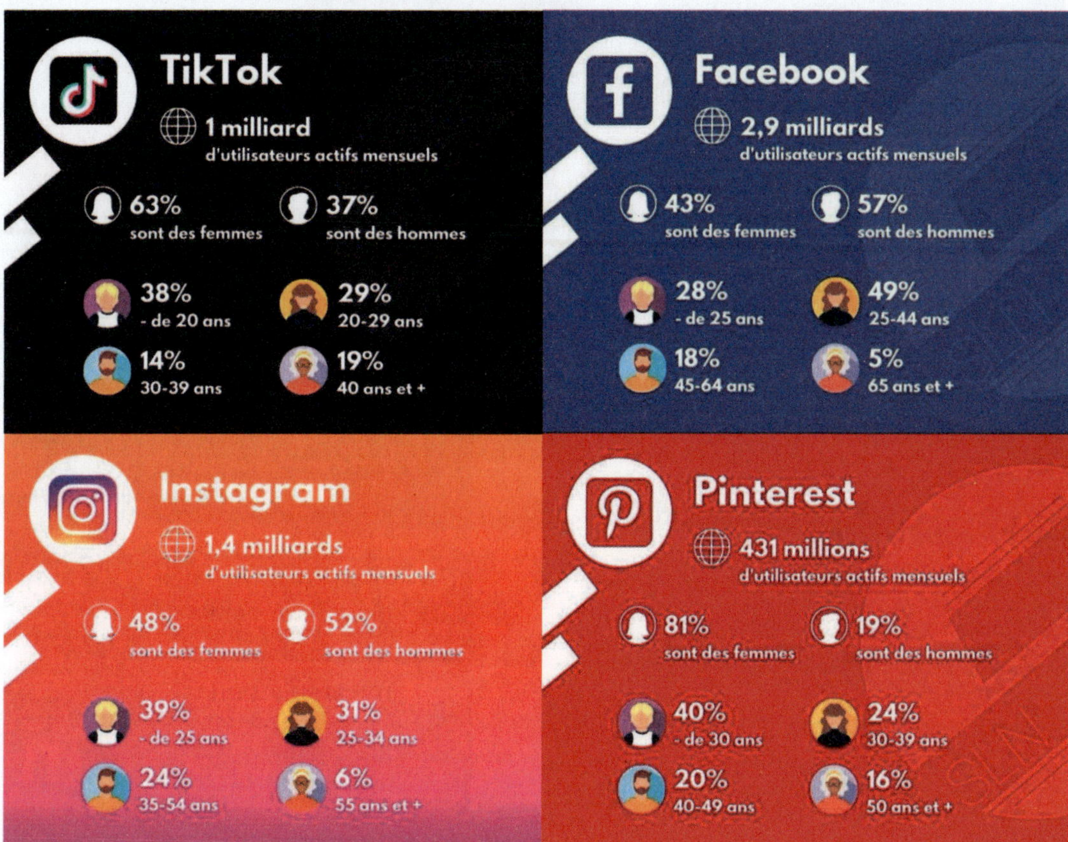

www.ludosln.net

RESSOURCE 15 Conseils de M. Robert sur le profil des clients Kanata

Nos clients sont autant des hommes que des femmes avec une CSP élevée. Leur pouvoir d'achat est donc assez important.

Ils ont plus de 25 ans et sont passionnés par les pays nord-américains et la gastronomie.

RESSOURCE 16 Conseils pour rédiger un post sur les réseaux sociaux

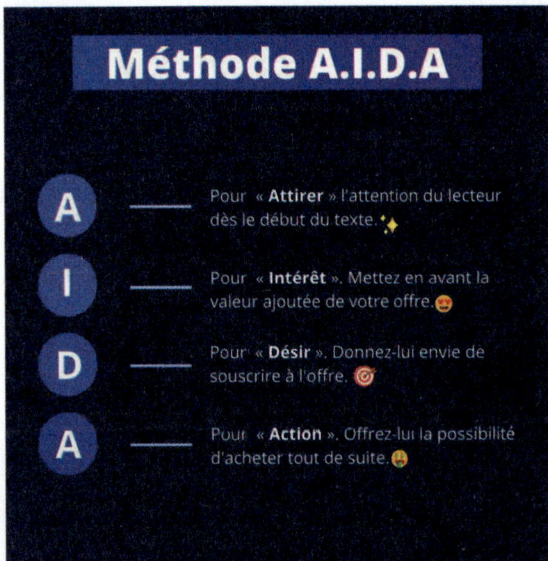

Source: https://blog.waalaxy.com/methode-aida

Source : http://lightningboltz.com

GRILLE D'ÉVALUATION DES COMPÉTENCES

Niveau de compétence	
MI	Maîtrise insuffisante
MF	Maîtrise faible
MS	Maîtrise satisfaisante
TBM	Très bonne maîtrise

MISSION 1 - Assurer les opérations préalables à la vente		COMPÉTENCES	INDICATEURS			
Activité 1 : Optimiser les stocks			MI	MF	MS	TBM
1.1	Calculer le stock d'alerte pour préparer l'approvisionnement de février sur les sirops d'érable et mélanges à pancake.	Veiller à la gestion rigoureuse des stocks et aux réapprovisionnements en tenant compte des règles de sécurité et d'hygiène.	N'a pas su calculer le stock d'alerte ni le stock de sécurité.	A su calculer le stock de sécurité mais pas le stock d'alerte.	A su correctement calculer le stock d'alerte pour un produit.	A su correctement calculer le stock d'alerte pour les 2 produits.
1.2	Après réception de la livraison de février, valoriser le stock selon la méthode du CUMP. Indiquer le détail des calculs pour un produit.	Enrichir et mettre à jour le SIC.	N'a pas su calculer le CUMP.	A su calculer le CUMP mais sans prendre en compte les anomalies dans le BL.	A su calculer le CUMP en prenant en compte les anomalies dans le BL.	A su calculer le CUMP en prenant en compte les anomalies dans le BL sous forme de tableau.
1.3	Indiquer les éléments à compléter sur le bon de transport.	Veiller à la gestion rigoureuse des stocks et aux réapprovisionnements en tenant compte des règles de sécurité et d'hygiène.	A identifié moins de 4 éléments à indiquer sur le bon de transport.	A identifié au moins 4 éléments à indiquer sur le bon de transport.	A identifié au moins 6 éléments à indiquer sur le bon de transport.	A identifié les 8 éléments à indiquer sur le bon de transport.
1.4	Relever les anomalies constatées en indiquant les actions à mener pour les résoudre.	Réceptionner, contrôler et stocker les marchandises.	A relevé 0 ou 1 anomalie sans action.	A relevé 1 ou 2 anomalies mais sans action à mener.	A relevé les 2 anomalies mais les 2 actions à mener ne sont pas cohérentes.	A relevé les 2 anomalies et les 2 actions à mener (cohérentes).
Activité 2 : Fixer le prix de vente			MI	MF	MS	TBM
2.1	Calculer le prix de vente TTC pour chaque produit, détailler les calculs.	Établir le prix en fonction de variables commerciales.	N'a pas su calculer le PV TTC.	A su calculer le PV TTC de 1 ou 2 références.	A su calculer le PV TTC de 3 ou 4 références.	A su calculer le PV TTC de 5 ou 6 références.
2.2	Calculer la marge dégagée pour chaque produit, détailler les calculs.	Établir le prix en fonction de variables commerciales.	N'a pas su calculer la marge.	A su calculer la marge pour chaque produit mais avec erreurs d'arrondis ou de calcul pour certains produits.	A su calculer la marge pour chaque produit avec le détail des formules.	A su calculer la marge pour chaque produit avec le détail des formules et sous forme de tableau.
MISSION 2- Rendre l'unité commerciale attractive et fonctionnelle		COMPÉTENCES	INDICATEURS			
Activité 3 : Implanter les produits			MI	MF	MS	TBM
3.1	Calculer la capacité de stockage optimale du rayon.	Implanter les produits selon une logique commerciale et/ou d'entreprise.	Les calculs sont faux.	A su calculer la capacité de stockage sans détailler ses calculs et a omis de supprimer soit la casquette soit le rayon de présentation.	A su calculer la capacité de stockage en détaillant l'ensemble des calculs.	A su calculer la capacité de stockage en détaillant l'ensemble des calculs avec une phrase de conclusion.

MISSION 2- Rendre l'unité commerciale attractive et fonctionnelle (suite)		COMPÉTENCES	INDICATEURS			
Activité 4 : Mettre en valeur l'offre produit			**MI**	**MF**	**MS**	**TBM**
4.1	Proposer trois actions pour mettre en avant les produits en tête de gondole à partir des facteurs d'ambiance.	Mettre en place la signalétique.	N'a cité aucune action	A cité 1 ou 2 solutions sans justification ni illustration.	A cité 1 ou 2 solutions avec justification et/ou illustration.	A cité 3 solutions avec une justification et/ou une illustration.
4.2	Proposer 2 actions de fidélisation afin de mettre en avant le produit.	Mettre en scène l'offre et optimiser la visibilité.	A proposé 0 ou 1 action de fidélisation cohérente ou non et sans explication.	A proposé 2 actions de fidélisation cohérentes mais sans explication.	A proposé 2 actions de fidélisation cohérentes sans méthode mais avec des explications.	A proposé 2 actions de fidélisation cohérentes en respectant la méthode QQOQCP.
4.3	Déterminer le réseau social adéquat pour communiquer sur le coffret dégustation.	Mettre en scène l'offre et optimiser la visibilité.	N'a pas cité le bon réseau social.	A cité le bon réseau social mais sans justification.	A cité le bon réseau social mais sans s'appuyer sur les pourcentages.	A cité le bon réseau social en s'appuyant sur les pourcentages, à savoir : hommes/femmes, et nombre d'utilisateurs de + 25 ans.
4.4	Rédiger le post sur le réseau social choisi.	Mettre en scène l'offre et optimiser la visibilité.	N'a pas su réaliser une matrice lisible, avec moins de 3 éléments.	A su réaliser une matrice lisible avec 3 éléments.	A su réaliser une matrice lisible, avec a minima : méthode AIDA, image, lien et partage.	A su réaliser une matrice lisible, avec les 6 éléments demandés.

ENTRAÎNEMENT À L'ÉPREUVE E2

N° 2

Analyse et résolution de situations professionnelles

Option A : animation et gestion de l'espace commercial

Contexte professionnel

Commerçant de centre-ville depuis 80 ans, Monoprix s'est donné pour ambition d'être la référence en matière de commerce de proximité par une expérience différenciante en magasin et un relationnel client incomparable. Ce concept s'exprime aussi par l'omnicanalité puisque l'enseigne dispose d'un site marchand en plus de ses magasins physiques, afin de rendre possibles toutes les expériences d'achat.

L'enseigne a appris à connaître les modes de vie des citadins, à anticiper leurs besoins et à leur proposer des solutions sur mesure. Elle concentre ses efforts vers davantage de personnalisation des échanges clients *via* ses collaborateurs en magasin et son programme fidélité.

Monoprix propose au sein de ses rayons une offre alimentaire mais également des offres Beauté, Mode ou Maison. À l'écoute des tendances, l'enseigne renouvelle régulièrement son assortiment afin de proposer une offre à la fois étendue et originale visant à satisfaire toutes les envies. Ses marques Monoprix et Monoprix Bio conjuguent saveur, qualité nutritionnelle et rendent le bio accessible.

Vous venez de rejoindre l'équipe du magasin Monoprix de Nantes en tant qu'employé(e) commercial(e). Vos missions sont d'assurer la présentation des produits en rayon, de gérer les stocks et le réassortiment de façon autonome. En contact avec les clients, vous les conseillez et les orientez durant leur expérience d'achat. Le manageur d'équipe vous confie également des actions d'animation : elles doivent être originales et pertinentes pour satisfaire et développer cette clientèle exigeante.

Vous participez à deux événements commerciaux menés parallèlement dans le magasin : le Nouvel An chinois et la Chandeleur (du 22 janvier au 2 février).

Mission 1	Assurer les opérations préalables à la vente	........../10
Mission 2	Rendre l'unité commerciale attractive et fonctionnelle	........../20
Mission 3	Participer à l'évaluation et à l'analyse des performances des actions commerciales	........../10

Consultez la grille d'évaluation des compétences page 270

Mission 1 Assurer les opérations préalables à la vente

M. Guiton, manageur de l'épicerie sucrée, souhaite enrichir son assortiment à l'occasion de la Chandeleur. Il a donc lancé un appel d'offres auprès de trois producteurs locaux pour 80 bouteilles de jus de pomme. Il souhaite trouver un fournisseur qui pratique un tarif intéressant et qui sera capable de livrer rapidement en cas de besoin de réassortiment pendant l'opération.

Activité 1 : Sélectionner un fournisseur *(temps indicatif : 45 minutes)*

À partir des ressources 1 à 3 et de vos compétences :

1.1 Consulter les offres reçues et réaliser un tableau comparatif des trois fournisseurs, en sélectionnant des éléments de comparaison en lien avec le contexte professionnel.
Remarque : la quantité de bouteilles achetées peut être supérieure au besoin si l'unité de vente y contraint.

Conseil – Épreuve E2
Vous devez être capable de réaliser un tableau simple à double entrée.

1.2 À partir du tableau comparatif, sélectionner le fournisseur le mieux adapté en justifiant ce choix.

Conseil – Épreuve E2
La réponse sans la justification ne suffit pas : il faut impérativement justifier le choix.

Activité 2 : Contrôler la livraison

M. Guiton vous charge de contrôler une partie des produits reçus ce jour, 17 janvier, pour l'opération « Chandeleur ».

À partir des ressources 4 et 5, et de vos compétences :

2.1 Comparer le bon de commande et le bon de livraison et indiquer les anomalies détectées en précisant les références de produits concernées.

Conseil – Épreuve E2
Il vous faut connaître le rôle et le fonctionnement des documents commerciaux pour détecter les anomalies éventuelles.

2.2 Rédiger le contenu du mail à envoyer au fournisseur pour, d'une part, l'informer des constats observés lors de cette livraison, et, d'autre part, demander la rectification des anomalies.

Conseil – Épreuve E2
N'oubliez pas de reproduire, sur votre copie, les éléments de forme d'un mail.

Activité 3 : Déterminer le prix de vente

Afin d'être opérationnel le 22 février dans l'implantation de l'opération « Chandeleur », vous déterminez les prix de vente à afficher en magasin.

À partir des ressources 4 et 6, et de vos compétences :

3.1 Consulter les prix d'achat et calculer les prix de vente TTC pour chacune des 6 références de produits, en tenant compte des exigences de M. Guiton sur la marge, le coefficient multiplicateur et le taux de marque.

Conseil – Épreuve E2
Les notions de marge et de coefficient multiplicateur sont les basiques de gestion d'un commerçant. Il faut savoir distinguer taux de marque et taux de marge.

DOSSIER RESSOURCES DE LA MISSION 1

RESSOURCE 1 Offre de l'entreprise Côteaux Nantais

Côteaux Nantais
La Nature en Biodynamie

3 place Pierre-Desfossé
44120 Vertou

Monoprix Nantes
2 rue du Calvaire – BP 94
44046 NANTES

Objet : Proposition de prix
Tarifs pour les deux références demandées :

Désignation	Tarif pour la référence demandée	Unité de vente	Remise accordée
Jus de pomme 1 L (réf. API568)	2,75 €	Carton de 6 bouteilles	3 % à partir de 60 bouteilles

Frais de transport : franco de port
Délai de paiement : 45 jours fin de mois
Délai de livraison : 2 jours

RESSOURCE 2 Offre de l'entreprise Le Pressoir d'Or

De : contact@pressoirdor.fr
À : contactpro@monoprixnantes.fr
Date : 4 janvier N
Objet : Réponse appel d'offres

Monsieur,
Je vous prie de trouver ci-dessous notre offre de tarifs et de conditions commerciales suite à votre appel d'offres concernant le produit « Jus de pomme » (1 L) :

– Prix unitaire HT : 2,85 €
– Remise : 3 % à partir de 100 € d'achat
– Délai de paiement : 15 jours
– Unité de vente : carton de 8 bouteilles
– Délai de livraison : 5 jours (forfait de 35 €)

Cordialement,
Pierre Laubi
Le Pressoir d'Or 27150 Boisemont

le Pressoir d'Or

RESSOURCE 3 Offre de l'entreprise Bissardon (contact téléphonique)

Fiche appel téléphonique

Appel le : 05/01/N
Entreprise : BISSARDON Jus de fruits SAS 42740 Saint-Paul-en-Jarez
Contact : M. Lucas (service commercial)
Téléphone : 04 77 73 90 41

Message

- Prix jus de pomme 1 L : à l'unité 2,70 € HT (vendu par carton de 6)
- Remise 5 % à partir de 15 cartons
- Livraison franco jusqu'à 5 cartons, ensuite forfait de 25 € (délai de 4 jours)
- Paiement en 30 jours

RESSOURCE 4 Le bon de commande

MONOPRIX
2 rue du Calvaire
44046 NANTES
02 40 48 20 20
contactpro@monoprixnantes

Les Délices de la ferme
Rue de Sillé - L'Hommeau
72650 AIGNE

Bon de commande n° 458 du 13/01/N

Référence	Désignation	Unité de vente	Quantité en UV	Prix d'achat unitaire
C0156	Confiture Fraise Rhubarbe	Carton de 12	4	3,45 €
C0155	Confiture Fraise Menthe	Carton de 12	2	3,55 €
C0147	Confiture Pomme Cannelle	Carton de 12	5	3,15 €
C0149	Confiture Rhubarbe Orange	Carton de 12	2	3,45 €
GE32	Gelée de coing	Carton de 10	3	2,95 €
GE35	Gelée de cassis	Carton de 10	3	3,10 €

RESSOURCE 5 Le bon de livraison

Les Délices de la ferme
Rue de Sillé - L'Hommeau
72650 AIGNE
02 43 25 30 82
delicesdelaferme@orange.fr

Monoprix
2 rue du Calvaire
44046 NANTES

Bon de livraison n° 542 du 17/01/N

Commande n° 458 du 13/01/N
Livraison : par transporteur (Transport Express)

Référence	Désignation	Quantité livrée
C0147	Confiture Pomme Cannelle	48
C0149	Confiture Rhubarbe Orange	24
C0155	Confiture Fraise Menthe	24
C0156	Confiture fraise Rhubarbe	60
GE23	Gelée de groseille	30
GE35	Gelée de cassis	30

Observations : Rien à signaler sur état et nombre cartons

Signature

RESSOURCE 6 Les indicateurs de fixation des prix de vente

C0156	Confiture fraise rhubarbe	Coefficient multiplicateur de 1,3
C0155	Confiture fraise menthe	
C0147	Confiture pomme cannelle	Taux de marge de 27 %
C0149	Confiture rhubarbe orange	
GE32	Gelée de coing	Marge commerciale de 1,50
GE35	Gelée de cassis	Marge commerciale de 1,60

Taux de TVA : 5,5 %
Prix de vente arrondis à deux décimales

Mission 2 Rendre l'unité commerciale attractive et fonctionnelle

Pour les clients porteurs de la carte de fidélité de l'enseigne, Monoprix propose, sur certains produits, –60 % ou –50 % sur le deuxième article acheté. Votre manager vous demande de préparer le contenu de la signalétique pour le stop-rayon qui mettra en avant le produit « Crêpes au froment Monoprix Bio ».

Activité 4 : Déterminer le prix promotionnel

(temps indicatif : 60 minutes)

À partir de la ressource 7 et de vos compétences :

4.1 Dans un tableau, déterminer :
- le prix unitaire du produit avec la promotion ;
- le prix pour l'achat de 2 paquets sans la promotion ;
- le prix pour l'achat de 2 paquets avec la promotion ;
- le prix des deux paquets au kg avec la promotion.

Conseil – Épreuve E2
La présentation sous forme de tableau est une consigne qu'il faut respecter.

4.2 Proposer l'étiquette qui sera disposée près du produit « Crêpes au froment Monoprix Bio » et schématiser le stop-rayon.

Conseil – Épreuve E2
L'utilisation de stylos de différentes couleurs vous permet de mettre en valeur votre réponse.

Activité 5 : Implanter les produits

Mme Dutour, responsable de l'épicerie salée, vous sollicite pour l'implantation d'une des têtes de gondole de l'opération « Nouvel An chinois ».

À partir des ressources 8 et 9 et de vos compétences :

5.1 Consulter les annotations de Mme Dutour sur le prospectus afin de proposer un squelette d'implantation présentant une sélection de 8 références de produits asiatiques à disposer en tête de gondole.

Conseil – Épreuve E2
Le vocabulaire du monde commercial doit être connu. Alimentez régulièrement votre lexique avec les termes peu rencontrés comme « squelettes d'implantation ».

M. Guiton, responsable de l'épicerie sucrée, s'interroge sur la place attribuée en rayon pour chacune des références de miel des gammes « Monoprix Gourmet » et « Monoprix Bio » figurant dans le prospectus « Chandeleur ». Il vous demande de vérifier les linéaires attribués.

À partir de la ressource 10 et de vos compétences :

5.2 Observer l'extrait de linéaire et déterminer les indices de sensibilité au chiffre d'affaires pour chacune des références. Vous présenterez vos réponses dans un tableau en indiquant et en calculant, pour chaque produit :
- le linéaire développé en cm ;
- le chiffre d'affaires réalisé ;
- le pourcentage de linéaire occupé ;
- le pourcentage de chiffre d'affaires et l'indice de sensibilité au chiffre d'affaires.

Conseil – Épreuve E2
Soyez attentif au libellé des questions. Il vous est demandé 5 calculs différents par produit.

5.3 À partir des indices de sensibilité obtenus, proposer une analyse sur la place occupée par chacune des références de miel.

Conseil – Épreuve E2
Le résultat d'un calcul doit toujours s'interpréter, notamment celui des indices car il permet de prendre les bonnes décisions.

Activité 6 : Proposer des actions commerciales

M. Guiton et Mme Dutour cherchent des idées pour rendre ces animations plus attractives.

6.1 Proposer, pour chacune des opérations « Nouvel an chinois » et « Chandeleur », une action différente susceptible de mettre en valeur l'offre dans chacun des rayons et de favoriser l'achat d'impulsion. Justifier les propositions.

Conseil – Épreuve E2
Les actions commerciales sont un classique pour tout commerçant souhaitant dynamiser son enseigne. Les actions proposées doivent être cohérentes avec l'image de l'enseigne.

À partir de la ressource 11 et de vos compétences :

6.2 Communiquer sur l'événement « Chandeleur » sur la page Facebook du magasin en proposant un message invitant à venir profiter de l'opération.

Conseil – Épreuve E2
Le message rédigé doit tenir compte du support de communication utilisé. On ne rédige pas un message Facebook comme on rédige un courrier commercial.

DOSSIER RESSOURCES DE LA MISSION 2

RESSOURCE 7 Préconisations pour la réalisation du stop-rayon

Exemples de stop-rayon et d'étiquette utilisé habituellement

Pâte à tartiner "Nutella"
Le pot de 975 g
8€53 les 2 au lieu de 11€38
4€38 le kg au lieu de 5€84

PLV à réaliser

PV TTC pratiqué avant l'opération promotionnelle : **2,65 € le paquet (16,57 € le kg)**

Promotion à appliquer : **–60 % sur le 2e paquet**

Crêpes au froment Monoprix Bio
La barquette de 4 (160 g)

RESSOURCE 8 Extrait du prospectus annoté par Mme Dutour

La famille « Nouilles » est à mettre en avant. Elle doit être sur un niveau très vendeur.

La famille « Vermicelles » doit être visible.

Variez les % et les marques. Essayez, dans la mesure du possible, d'équilibrer les -60 %, les -50 % et les -30 %.

Proposez une implantation horizontale par famille de produits pour clarifier l'offre.

RESSOURCE 9 Exemple de schématisation d'une tête de gondole pour 8 références

Désignation : Sucre en poudre Marque : Monoprix % promotion : 50 %	Désignation : ... Marque : ... % promotion : ...
Désignation : ... Marque : ... % promotion : ...	Désignation : ... Marque : ... % promotion : ...
Désignation : ... Marque : ... % promotion : ...	Désignation : ... Marque : ... % promotion : ...
Désignation : ... Marque : ... % promotion : ...	Désignation : ... Marque : ... % promotion : ...

50 cm

RESSOURCE 10 Le linéaire de miels « Monoprix Gourmet » et « Monoprix Bio »

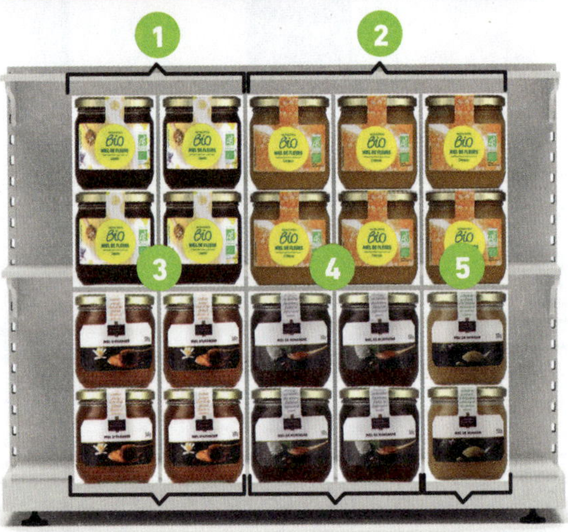

1 Monoprix Bio Miel de fleurs liquide
Chiffre d'affaires N–1 : 875 €

2 Monoprix Bio Miel de fleurs crémeux
Chiffre d'affaires N–1 : 654 €

3 Monoprix Gourmet Miel d'oranger
Chiffre d'affaires N–1 : 742 €

4 Monoprix Gourmet Miel de montagne
Chiffre d'affaires N–1 : 928 €

5 Monoprix Gourmet Miel de romarin
Chiffre d'affaires N–1 : 423 €

Diamètre d'un pot de miel : 8 cm

RESSOURCE 11 Publication précédente sur Facebook

Mission 3 Participer à l'évaluation et à l'analyse des performances des actions commerciales

Nous sommes début février. Vous faites le point sur les différents indicateurs pour préparer la réunion-bilan des deux actions commerciales de janvier avec les responsables des deux rayons épicerie sucrée épicerie salée.

Activité 7 : Analyser les résultats des actions commerciales

(temps indicatif : 30 minutes)

À partir des ressources 12 et 13, et de vos compétences :

7.1 Consulter le tableau de bord de l'année dernière (N-1) et calculer les indicateurs suivants concernant les deux opérations de cette année (N) :
- pourcentage d'évolution du chiffre d'affaires des deux opérations entre N–1 et N ;
- part du chiffre d'affaires de chacune des opérations dans le chiffre d'affaires total en N ;
- pourcentage d'évolution du nombre de produits vendus sur les deux opérations entre N-1 et N ;
- taux de transformation en pourcentage.

Présenter les résultats dans un tableau.

Conseil – Épreuve E2
Le calcul de pourcentages est fréquent dans le monde du commerce. Le calcul d'un pourcentage d'évolution et celui de la part de chiffre d'affaires ne font pas appel à la même démarche de calcul.

7.2 Préparer le tableau de bord de l'année N en commentant les résultats obtenus pour chacun des indicateurs.

7.3 Citer deux éléments qui peuvent justifier les résultats obtenus pour l'année N.

DOSSIER RESSOURCES DE LA MISSION 3

RESSOURCE 12 Extrait d'éléments du tableau de bord de l'opération du 23/01/N-1 au 03/02/N-1

Météo	Événements :		Observations :
	– Opération « Nouvel An chinois » – Opération « Chandeleur »		– Travaux de voirie devant le magasin – Prospectus « Nouvel An chinois » distribué sur la zone primaire
Chiffre d'affaires réalisé en € sur les produits des deux opérations	1 586 € (– 6 %)	Nombre d'articles vendus sur les deux opérations	258 (– 4 %)
Part du chiffre d'affaires pour : – l'opération « Nouvel An chinois » – l'opération « Chandeleur »	 64 % 36 %	Taux de transformation sur les opérations	14 %
Évolution des passages en caisse (par rapport à N-2)	– 3 %	Part d'achats dans l'univers épicerie (par rapport à N-2)	35 % (+ 2 %)

Points de réussite : une augmentation de 2 % des encartés (opération promotionnelle séduisante)
Points à améliorer :
– Ajouter au prospectus « Nouvel An chinois » l'opération « Chandeleur » afin de toucher une plus large clientèle.
– Proposer des actions de valorisation de l'offre.

RESSOURCE 13 Ébauche du tableau de bord N

Météo	Événements :	Observations :
	*– Opération « Nouvel An chinois » – Opération « Chandeleur »*	*– Prospectus couplant « Nouvel An chinois » et « Chandeleur » distribué sur la zone primaire – Communications sur Facebook – Nouvelles références pour la Chandeleur d'un producteur local*

- Chiffre d'affaires N sur les produits des deux opérations : 1 995 €
- Chiffre d'affaires N « opération Chandeleur » : 877 €
- Chiffre d'affaires année N « Nouvel An chinois » : 1 118 €
- Nombre de produits vendus sur les deux opérations en N : 327
- Nombre de clients sur la période du 22 janvier au 2 février : 5 653
- Nombre de clients ayant acheté au moins un produit des deux opérations : 1 074.

GRILLE D'ÉVALUATION DES COMPÉTENCES

Niveau de compétence	
MI	Maîtrise insuffisante
MF	Maîtrise faible
MS	Maîtrise satisfaisante
TBM	Très bonne maîtrise

MISSION 1 - Assurer les opérations préalables à la vente		COMPÉTENCES	INDICATEURS			
Activité 1 : Sélectionner un fournisseur			**MI**	**MF**	**MS**	**TBM**
1.1	Consulter les offres reçues et réaliser, en sélectionnant des éléments de comparaison utiles, un tableau comparatif des 3 fournisseurs.	Établir les commandes auprès des fournisseurs indépendants sélectionnés avec la hiérarchie, en tenant compte des contraintes.	N'a pas su déterminer des critères de sélection d'un fournisseur.	A su identifier une partie des critères mais pas suffisamment pour sélectionner un fournisseur.	A su identifier et déterminer une majorité des critères et présenter un tableau de comparaison.	A su déterminer et présenter l'ensemble des critères de comparaison dans un tableau.
1.2	Sélectionner, à partir du tableau comparatif, le fournisseur le mieux adapté et justifier le choix.	Établir les commandes auprès des fournisseurs indépendants sélectionnés avec la hiérarchie, en tenant compte des contraintes.	N'a pas sélectionné de fournisseur.	N'a pas sélectionné le fournisseur le mieux adapté.	A su identifier le fournisseur le mieux adapté sans justifier sa réponse.	A su identifier le fournisseur le mieux adapté en tenant compte du contexte pour justifier sa réponse.
Activité 2 : Contrôler la livraison			**MI**	**MF**	**MS**	**TBM**
2.1	Comparer le bon de commande et le bon de livraison et indiquer les anomalies détectées en précisant les références de produits concernées.	Réceptionner, contrôler et stocker les marchandises.	A relevé 0 ou 1 anomalie sans précision sur les références et quantités.	A relevé 1 ou 2 anomalies avec les références et/ou quantités.	A relevé les 3 anomalies mais manque de précision sur les références et/ou les quantités.	A relevé les 3 anomalies en précisant les références et les quantités.
2.2	Rédiger mail à envoyer au fournisseur pour l'informer des constats observés et demander la rectification des anomalies.	Réceptionner, contrôler et stocker les marchandises.	N'a pas su rédiger ni mettre en forme le mail.	A su rédiger le mail mais avec de nombreuses maladresses dans la forme et le contenu.	A su rédiger un mail avec quelques erreurs dans la forme et/ou le respect du contexte.	A su rédiger et mettre en forme un mail clair et cohérent par rapport au contexte.
Activité 3 : Déterminer le prix de vente			**MI**	**MF**	**MS**	**TBM**
3.1	Consulter les prix d'achat et calculer les prix de vente TTC pour chacune des 6 références de produits en tenant compte des exigences sur la marge, le coefficient multiplicateur et le taux de marque.	Établir le prix en fonction de variables commerciales.	N'a pas su calculer le PV TTC.	A su calculer le PV TTC de 1 ou 2 références.	A su calculer le PV TTC de 3 ou 4 références.	A su calculer le PV TTC de 5 ou 6 références.
MISSION 2 - Rendre l'unité commerciale attractive et fonctionnelle		COMPÉTENCES	INDICATEURS			
Activité 4 : Déterminer le prix promotionnel			**MI**	**MF**	**MS**	**TBM**
4.1	Dans un tableau, déterminer : le PU du produit avec la promotion ; le prix pour l'achat de 2 paquets sans la promotion ; le prix pour l'achat de 2 paquets avec la promotion ; le prix des deux paquets au kg avec la promotion.	Établir le prix en fonction de variables commerciales.	N'a pas su calculer les prix demandés.	A su calculer 1 ou 2 prix sans présenter ses réponses dans un tableau.	A su calculer 2 prix en présentant les réponses dans un tableau ou 3 prix sans un tableau.	A su calculer 3 ou 4 éléments et présenter ses réponses dans un tableau.
4.2	Proposer l'étiquette qui sera disposée près du produit « Crêpes au froment Monoprix Bio » et schématiser le stop-rayon.	Étiqueter les produits et les sécuriser.	N'a pas su proposer d'étiquette prix ni de stop-rayon.	A su proposer une étiquette prix avec l'ensemble des informations ou un stop-rayon complet.	A su proposer une étiquette prix et un stop-rayon mais il manque quelques informations ou certaines sont erronées.	A su proposer une étiquette prix avec l'ensemble des informations et schématiser un stop-rayon complet, respectant la mise en forme.

	Activité 5 : Implanter les produits		MI	MF	MS	TBM
5.1	Consulter les annotations sur le prospectus afin de proposer un squelette d'implantation présentant une sélection de 8 références de produits asiatiques à disposer en tête de gondole.	Implanter les produits selon une logique commerciale et/ ou d'entreprise.	N'a proposé aucune implantation ou seulement implanté une référence qui respecte les consignes.	A proposé une implantation avec 2 à 4 références qui respectent les consignes d'implantation.	A proposé une implantation cohérente avec les consignes données pour 5 à 6 références.	A proposé une implantation cohérente avec les consignes données pour 7 à 8 références.
5.2	Observer l'extrait de linéaire et déterminer les indices de sensibilité au CA pour chacune des références. À présenter dans un tableau, en indiquant et calculant, pour chaque produit : le linéaire développé en cm, le CA réalisé, le pourcentage de linéaire occupé, le pourcentage de CA et enfin l'indice de sensibilité au CA.	Implanter les produits selon une logique commerciale et/ ou d'entreprise.	N'a pas su calculer les éléments demandés.	A su indiquer et calculer au moins 1 ou 2 éléments et présenter ou non les résultats dans un tableau.	A su indiquer et calculer au moins 3 ou 4 éléments et présenter les résultats dans un tableau.	A su indiquer et calculer les éléments demandés avec peu ou pas d'erreurs et présenter les résultats dans un tableau.
5.3	À partir des indices de sensibilité obtenus, proposer une analyse sur la place occupée par chacune des références de miel.	Implanter les produits selon une logique commerciale et/ ou d'entreprise.	N'a pas su proposer d'analyse.	A su proposer une analyse correcte pour 1 à 2 références.	A su proposer une analyse correcte pour 3 ou 4 références.	A su proposer une analyse correcte pour les 5 références.
	Activité 6 : Proposer des actions commerciales		**MI**	**MF**	**MS**	**TBM**
6.1	Proposer, pour chacune des opérations « Nouvel An chinois » et « Chandeleur », une action différente susceptible de mettre en valeur l'offre dans chacun des rayons et de favoriser l'achat d'impulsion. Justifier.	Proposer des actions commerciales génératrices de trafic dans l'unité commerciale.	N'a pas su proposer d'action pour les deux opérations.	A su proposer une action pour une seule des opérations et/ ou les deux propositions manquent de pertinence.	A su proposer une action pour chacune des opérations mais une des réponses manque de pertinence ou de justification.	A su proposer et justifier une action pertinente pour chacune des opérations.
6.2	Communiquer sur l'événement « Chandeleur » sur la page Facebook du magasin en proposant un message invitant à venir profiter de l'opération.	Communiquer sur l'évènement.	N'a pas su proposer de message.	A su proposer un message mais maladroit dans la formulation.	A su proposer un message cohérent par rapport au contexte mais qui manque d'accroche.	A su proposer un message court, accrocheur et cohérent par rapport au contexte.
	MISSION 3 - Participer à l'évaluation et à l'analyse des performances des actions commerciales	**COMPÉTENCES**	**INDICATEURS**			
	Activité 7 : Analiser les résultats des actions commerciales		**MI**	**MF**	**MS**	**TBM**
7.1	Consulter le tableau de bord et calculer les indicateurs suivants : pourcentage d'évolution du CA des deux opérations entre N-1 et N ; part du CA de chacune des opérations dans le CA total en N ; pourcentage d'évolution du nombre de produits vendus sur les deux opérations entre N-1 et N ; taux de transformation en pourcentage. Présenter les résultats dans un tableau.	Participer à l'évaluation et à l'analyse des performances des actions commerciales.	N'a pas su calculer les indicateurs.	A su calculer 1 ou 2 indicateurs.	A su calculer 3 indicateurs.	A su calculer les 4 indicateurs.
7.2	Préparer le tableau de bord de l'annéeles N en commentant les résultats obtenus pour chacun des indicateurs.	Participer à l'évaluation et à l'analyse des performances des actions commerciales.	N'a pas su analyser les indicateurs.	A su analyser 1 ou 2 indicateurs.	A su analyser 3 indicateurs.	A su analyser les 4 indicateurs.
7.3	Citer deux éléments qui peuvent justifier les résultats obtenus pour l'année N.	Participer à l'évaluation et à l'analyse des performances des actions commerciales.	N'a pas su citer d'élément de justification.	A cité deux éléments non pertinents.	A su citer deux éléments dont un manque de pertinence.	A su citer deux éléments pertinents pour justifier les résultats.

Couverture : Mesquita FMS / E+

p. 25 : Nomad_Soul/stock.adobe.com ; p. 26h : Mangostar/stock.adobe.com ; p. 26b : Serge Nied Studio Chlorophylle/stock.adobe.com ; p. 28h : pixarno/stock.adobe.com ; p. 28m : vitaly tiagunov/stock.adobe.com ; p. 28h : Mangostar/stock.adobe.com ; p. 28m : Joueclub ; p. 29h : AliFuat/stock.adobe.com ; p. 30h : Mangostar/stock.adobe.com ; p. 32h Mangostar/stock.adobe.com ; p. 35h : Athur&Manon ; p. 35m : Le Clos de Laure ; p. 36h : Les Confituriers du Vieux Chérier ; p. 36m : Maison Francis Miot ; p. 37 : Arthur&Manon ; p. 38h : Bohdan Tsyhanov/stock.adobe.com ; p38b : PhotoKD/stock.adobe.com ; L.Bouvier/stock.adobe.com ; guy/stock.adobe.com ; p. 39 : pressmaster/stock.adobe.com ; p. 40h : miya227/stock.adobe.com ; p. 42 : Siwakorn/stock.adobe.com ; p. 44h : Gorodenkoff/stock.adobe.com ; p. 44mg : alexlmx 2018/stock.adobe.com ; p. 44md : amnarj2006/stock.adobe.com ; p. 46h : miya227/stock.adobe.com ; p. 48h : miya227/stock.adobe.com ; p. 48m(a) : lpajoel/stock.adobe.com ; p. 48m(b) : sveta/stock.adobe.com ; p. 48m(c) : meailleluc.com/stock.adobe.com ; p. 48m(d) : esoxx/stock.adobe.com ; p. 48m(e) : esoxx/stock.adobe.com ; p. 49m(f) : nosorogua/stock.adobe.com ; p. 49m(g) : DR ; p. 49h : ZAKLEFTY/stock.adobe.com ; blattwerkstatt/stock.adobe.com ; Michel Bazin/stock.adobe.com ; p. 50h : miya227/stock.adobe.com ; p. 50b : Robert Kneschke/stock.adobe.com ; p. 53b : Image'in - stock.adobe.comImage'in/stock.adobe.com ; uckyo/stock.adobe.com ; gitusik/stock.adobe.com ; jurij_kachkovskij/stock.adobe.com ; p. 55mg et md : alexlmx2016/stock.adobe.com ; p. 55m : amnarj2006/stock.adobe.com ; p. 56 (1) : phonlamaiphoto/stock.adobe.com ; p. 56 (2) : Oleksandr Delyk/stock.adobe.com et nukies1234/stock.adobe.com ; p. 56 (3) : M.studio/stock.adobe.com ; p. 56 (4) : Sergey T./stock.adobe.com ; p. 56 (5) : 2015 Rhonda Roth/stock.adobe.com ; p. 56 (6) : Aleksander Kaczmarek/stock.adobe.com ; p. 57 : Natalia Deriabina/stock.adobe.com ; p. 58h : contrastwerkstatt/stock.adobe.com ; p. 58m (1) : alexlmx 2018/stock.adobe.com ; ; p. 58m (2) : karandaev/stock.adobe.com ; p. 58m (3) : FOOD-micro/stock.adobe.com ; p. 58b : Sergii Moscaliuk/stock.adobe.com ; p. 59g : Sergii Moscaliuk/stock.adobe.com ; p. 59d : michaeljung/stock.adobe.com ; p. 60h : contrastwerkstatt/stock.adobe.com ; p. 61 : wuthrich didier/stock.adobe.com ; p. 62 : Redzen/stock.adobe.com ; p. 64h : contrastwerkstatt/stock.adobe.com ; p. 65m : Redzen/stock.adobe.com ; p. 65b : Terra Etica ; p. 66h : contrastwerkstatt/stock.adobe.com ; p. 68h : Brad Pict/stock.adobe.com ; p. 68b : nasik/stock.adobe.com ; p. 69 : sylv1rob1/Shutterstock ; p. 70 : Marcin Mularczyk/stock.adobe.com ; p. 71 : Ivanko/stock.adobe.com ; p. 73 : Reactivit ; p. 74h : Nikola Nikolovski/stock.adobe.com ; p. 76h : Nikola Nikolovski/stock.adobe.com ; p. 77 : Warning signs/stock.adobe.com ; Arcady/stock.adobe.com ; Ms VectorPlus/stock.adobe.com ; T. Michel/stock.adobe.com ; Daniel Berkmann/stock.adobe.com ; Scriblr/stock.adobe.com ; p. 78h : Nikola Nikolovski/stock.adobe.com ; p. 80h : Nikola Nikolovski/stock.adobe.com ; p. 80m (doc 1) : **Владимир Шерстнев**/stock.adobe.com ; p. 80m (doc 2) : esoxx/stock.adobe.com ; esoxx/stock.adobe.com ; p. 80b (annexe 1) : customdesigner/stock.adobe.com ; alexlmx/stock.adobe.com ; Sergey Ilin/stock.adobe.com ; pixelrobot/stock.adobe.com ; p. 81h : Wire_man/stock.adobe.com ; Agence Design/stock.adobe.com ; p. 81 : Sony/BOSE ; p. 82h : Nikola Nikolovski/stock.adobe.com ; p. 83 (1) : MoreVector/stock.adobe.com ; p. 83 (2) : AlenKadr/stock.adobe.com ; p. 83 (3) : mdbildes/stock.adobe.com ; p. 83 (4) : Maxal Tamor/stock.adobe.com ; p. 83 (5) : alexshyripa/stock.adobe.com ; p. 83 (6) : Inga Nielsen/stock.adobe.com ; p. 83 (7) : sveta/stock.adobe.com ; p. 83 (8) : Nik_Merkulov/stock.adobe.com ; p. 83b : korovina/stock.adobe.com ; p. 84 (2) : jusep/stock.adobe.com ; p. 84 (2) : tayyab/stock.adobe.com ; p. 84 (2) : Manolo Gargano/stock.adobe.com ; p. 84 (5g) : kazy/stock.adobe.com ; p. 84b (5m) : Janis Abolins/stock.adobe.com ; p. 84b (5d) : sveta/stock.adobe.com ; p. 85 : Piman Khrutmuang/stock.adobe.com ; p. 86 : Goncharov_Artem/Shutterstock ; p. 88 : analysis121980/stock.adobe.com ; p. 89 : Pixel-Shot/stock.adobe.com ; p. 90h : missty/stock.adobe.com ; p. 90b : dashadima/stock.adobe.com ; p. 91 : dashadima/stock.adobe.com ; p. 92h : missty/stock.adobe.com p. 92b : dashadima/stock.adobe.com ; p. 93h : missty/stock.adobe.com ; p. 94h : missty/stock.adobe.com ; p. 94m : fotofabrika/stock.adobe.com ; p. 95 : C. Blachet ; p. 97h : SARL Guinot ; p. 100h Olena/stock.adobe.com ; p. 100b : La Petite Fleuriste nomade ; p. 102h : pavelvozmischev/stock.adobe.com ; p. 103 : Yasemin Yurtman Candemir/Shutterstock ; p. 104h : leungchopan/stock.adobe.com ; p. 104m : Onidji/stock.adobe.com ; p. 105 : goodluz/stock.adobe.com ; p. 106h : leungchopan/stock.adobe.com ; p. 107h : leungchopan/stock.adobe.com ; p. 107m : Siwakorn/stock.adobe.com ; p. 108h : leungchopan/stock.adobe.com ; p. 108m : DR ; rumruay/Shutterstock ; DR ; Winai Tepsuttinun/stock.adobe.com ; DR ; Dario Sabljak/stock.adobe.com ; Onidji/stock.adobe.com ; DR ; Oleksander Kharchenko/stock.adobe.com ; p. 110h : leungchopan/stock.adobe.com ; p. 111 : Dmitry Kalinovsky/Shutterstock ; p. 113 : Intersport ; p. 114h : goodluz/stock.adobe.com ; p. 114m : Kabardins photo/stock.adobe.com ; p. 116 : BillionPhotos.com/stock.adobe.com ; p. 94m : Alex Smith/stock.adobe.com ; p. 117 : berni0004/Shutterstock ; p. 118h : deagreez/stock.adobe.com ; p. 119h : Brad Pict/stock.adobe.com ; p. 120h : deagreez/stock.adobe.com ; p. 12h : deagreez/stock.adobe.com ; p. 122m : fizkes/stock.adobe.com ; p. 122b : pict rider/stock.adobe .com ; p. 124h : deagreez/stock.adobe.com ; p. 124m : Mymemo/stock.adobe.com ; p. 125 (1) goodluz/stock.adobe.com ; (2) : deagreez/stock.adobe.com ; (3) calcassa/stock.adobe.com ; (4) Zarya Maxim/stock.adobe.com ; (5) Andrey Popov/stock.adobe.com ; p. 127 : Good Studio/stock.adobe.com ; p. 128 : Piman Khrutmuang/stock.adobe.com ; p. 130h : deagreez/stock.adobe.com ; p. 131h : Prostock-studio/stock.adobe.com ; p. 132 : Fitizzy ; p. 133 : Stanisic Vladimir/stock.adobe.com ; p. 141 : alexlmx 2018/stock.adobe.com ; p. 143 : mimpki/stock.adobe.com ; p. 144h : Drobot Dean/stock.adobe.com ; p. 144b : KIABI ; p. 145hg : KIABI ; p. 145hd : S. Laisney ; p. 146h : Drobot Dean/stock.adobe.com ; p. 146m : Tarzhanova/stock.adobe.com ; nys /stock.adobe.com ; vitaly tiagunov/stock.adobe.com ; malvine_99/stock.adobe.com ; p. 147h : S. Laisney ; p. 148h : Drobot Dean/stock.adobe.com ; p. 149h : Magdalena/stock.adobe .com ; p. 149m : ssstocker/stock.adobe.com ; p. 150 : Drobot Dean/stock.adobe.com ; p. 151 : S. Laisney ; p. 152h : Drobot Dean/stock.adobe.com ; p. 154h : Drobot Dean/stock.adobe.com ; p. 157g : S. Laisney ; p. 159 : Self Stock ; p. 160 : Self Stock ; p. 161 : Coffea ; p. 162h : deagreez/stock.adobe.com ; p. 162b-163 : DR Coffea/M. Dieye ; p. 164h : deagreez/stock.adobe.com ; p. 164m : happyvector071/stock.adobe.com ; p. 164b : DR Coffea ; p. 165 : deagreez/stock.adobe .com ; p. 166h : deagreez/stock.adobe.com ; p. 167 : Coffea ; p. 168h : deagreez/stock.adobe.com ; p. 168m : Maen CG/Shutterstock ; p. 168b : scharfsinn86/stock.adobe.com ; p. 171-172 : Du Bruit dans la Cuisine ; p. 174 : Pascal SITTLER/REA ; p. 175 : Xavier POPY/REA ; p. 176h : New Africa/stock.adobe.com ; p. 178h : New Africa/stock.adobe.com ; p. 180h : New Africa/stock.adobe.com ; p. 182h : New Africa/stock.adobe.com ; p. 184h : New Africa/stock.adobe.com ; p. 187h : REDPIXEL/stock.adobe.com ; p . 190 : REDPIXEL.PL/stock.adobe.com ; p. 191 : CULTURA ; p. 192h : goir/stock.adobe.com ; p. 192m : Pixsooz/stock.adobe.com ; p. 192b : oppona/stock.adobe.com ; p. 193h : wooster/stock.adobe.com ; p. 194h : goir/stock.adobe.com ; p. 194m : A Stefanovska/stock.adobe .com ; p. 194bg : 1001color/stock.adobe.com ; p. 194bd : imagedb.com/stock.adobe.com ; p. 196h : michaeljung/stock.adobe.com ; p. 198h : rdrgraphe/stock.adobe.com ; p. 200h : rdrgraphe/stock.adobe.com ; p. 201h : IjinanDesign /stock.adobe.com ; p. 201m (1) : exclusive-design/stock.adobe.com ; p. 201m (2) : Brad Pict ; p. 201b : dragonstock/stock.adobe.com ; p. 202 : zhaluldesign/Marc/klesign/Daniel Berkmann/blankstock/M.studio/stock.adobe.com ; p. 203h : Prostock-studio/stock.adobe.com ; p. 204 : Jus2Pom/stock.adobe.com ; p. 206h : sylv1rob1/stock.adobe.com ; p. 207 : Aleksandr/stock.adobe.com ; p. 208h : gstockstudio/stock.adobe.com ; p. 208b : Nomad_Soul/stock.adobe.com ; p. 209h : Prostock-studio/Shutterstock ; p. 210h : gstockstudio/stock.adobe.com ; p. 212h : gstockstudio/stock.adobe.com ; p. 214h : gstockstudio/stock.adobe.com ; p. 217h : Yuliasis/stock.adobe.com ; p. 217m : Walter Cicchetti/Shutterstock ; p. 219h : Mykolastock/Shutterstock ; p. 220h : picoStudio/stock.adobe.com ; p. 220m : Louis Renaud/stock.adobe.com ; p. 223m : Hetizia/stock.adobe.com ; p. 223b : gilitukha/stock.adobe.com ; p. 224h : gpointstudio/stock.adobe.com ; p. 224b : Oxana/stock.adobe.com ; p. 226h : gpointstudio/stock.adobe.com ; p. 226m : Suntichai/stock.adobe.com ; p. 227h : zolotareva_elina/stock.adobe.com ; p. 228h : gpointstudio/stock.adobe.com ; p. 230h : gpointstudio/stock.adobe.com ; p. 230b : dihard/stock.adobe.com ; p. 232h : gpointstudio/stock.adobe.com ; p. 233hg : Raman Khilchyshyn/stock.adobe.com ; p. 233hd : tunach17/stock.adobe.com ; p. 233m : gilitukha/stock.adobe.com ; p. 235h : contentdealer/stock.adobe.com ; p. 236h : lev dolgachov/stock.adobe .com ; p. 237 : Prostock-studio/stock.adobe.com ; p. 238 : nanuvision/stock.adobe.com ; p. 239 : M. Steckler ; p. 241 : Bricomarché ; p. 242 : DR/Bricomarché ; p. 243h et b : Bricomarché ; p. 243m : wabeno/stock.adobe.com ; p. 245 : fizkes/stock.adobe.com ; p. 246 : Fox/stock.adobe.com ; p. 249 : Vytautas Kielaitis/Shutterstock ; p. 253-254-258 : Monoprix

La plupart des personnages et toutes les situations de cet ouvrage sont fictifs.
Toute ressemblance avec des personnes ou des situations existantes ou ayant existé ne peut être que fortuite.

N° de projet : 10288718 - Dépôt légal : avril 2023
Imprimé en mars 2023 en France par FOT Imprimeurs